Toyota by Toyota

Samuel Obara e Darril Wilburn
organizadores

Toyota by Toyota:

As técnicas que revolucionaram a indústria conforme líderes que aprenderam na fonte

Tradução
Claudio Carina

Estação Liberdade

Título original: *Toyota by Toyota: Reflections from the Inside Leaders on the Techniques That Revolutionized the Industry*

Preparação Cacilda Guerra
Revisão Gabriel Joppert
Editor assistente Luis Campagnoli
Supervisão editorial Letícia Howes
Ilustrações Marco Antonio Abe
Edição de arte Miguel Simon
Editor Angel Bojadsen

CIP-BRASIL. CATALOGAÇÃO NA PUBLICAÇÃO
SINDICATO NACIONAL DOS EDITORES DE LIVROS, RJ

T677

Toyota by Toyota : as técnicas que revolucionaram a indústria conforme líderes que aprenderam na fonte / organizadores Samuel Obara, Darril Wilburn ; tradução Claudio Carina. - 1. ed. - São Paulo : Estação Liberdade, 2023.
272 p. ; 23 cm.

Tradução de: Toyota by Toyota : reflections from the inside leaders on the techniques that revolutionized the industry
Inclui índice
ISBN 978-65-86068-78-8

1. Toyota Jidosha Kogyo Kabushiki Kaisha. 2. Eficiência organizacional. 3. Eficiência industrial. 4. Liderança. 5. Produtividade industrial. I. Obara, Samuel. II. Wilburn, Darril. III. Carina, Claudio.

CDD: 658.515
23-85997 CDU: 658.5:005.336.1

Meri Gleice Rodrigues de Souza - Bibliotecária - CRB-7/6439
06/09/2023 12/09/2023

Esta publicação segue as normas do Acordo Ortográfico da Língua Portuguesa, Decreto nº 6.583, de 29 de setembro de 2008.

Editora Estação Liberdade Ltda.
Rua Dona Elisa, 116 | Barra Funda
01155-030 São Paulo – SP | Tel.: (11) 3660 3180
www.estacaoliberdade.com.br

Sumário

Prefácio

"Almeja pois por coisas grandes."
Epiteto

Por que mais um livro sobre o Sistema Toyota de Produção (TPS ou Lean)? Porque não assimilamos o básico, e essa negligência terá consequências.

O TPS se provou eficaz na redução do sofrimento das pessoas ao incrementar o potencial humano na manufatura e em empreendimentos relacionados. Durante a última década, o pensamento Lean [pensamento enxuto] se difundiu em áreas diversas, como cuidados de saúde, prestação de serviços e construção. Precisamos ajudar a boa gente dessas áreas.

Sammy Obara e o time do Grupo Honsha[1] de consultoria estão bem equipados para essa tarefa. Já somos amigos e colegas há mais de duas décadas. O capítulo de abertura deste livro — "Coragem, Humildade e Kaizen" — reflete a característica e o propósito do grupo Honsha.

Precisamos começar pelo *Propósito*, como nos lembra Epiteto. Ferramentas são secundárias, embora muitos que se dizem "especialistas" no Lean se concentrem inteiramente nelas. Suponho que seja mais fácil, mas eles prestam um grande desserviço aos que desejam aprender o Lean.

Qual é nosso Propósito? Formulada com honestidade, essa difícil pergunta acende a necessária reflexão sobre as desvantagens e a fragilidade que

1. "Honsha", em japonês significa "sede" (ou "origem") "corporativa" (*hon* = origem, *sha* = empresa). Os associados do Honsha têm experiência na Toyota como ex-membros de equipes que aprenderam com a fonte ou a origem do Lean. [N.T.]

são as razões para realizar melhorias. Ela será um tema recorrente neste volume. Meus senseis na Toyota me ensinaram: "Sem necessidade, não há atividade!" — um excelente conselho. Por isso, defina seu Propósito e use as elegantes ferramentas do Lean segundo suas necessidades.

Hansei, a palavra japonesa que significa humildade e reflexão sincera, é outro importante conceito aqui. A reflexão, em geral relegada, é fundamental para o ciclo TPS e PDCA. Este livro apresenta reflexões de diversos veteranos da Toyota — reflexões sobre como eles aprenderam o TPS e como aplicaram o aprendizado em empresas no mundo todo.

Meus treinos de aikido me prepararam para o "modelo" Toyota. Eu o entendo como *Do*, ou caminho — que continuarei trilhando pelo resto da minha vida. Não tenho dúvida de que a equipe Honsha vai estar caminhando comigo.

Pascal Dennis
Presidente, Lean Pathways, Inc. (www.leansystems.org)
Autor de, entre outros, Produção Lean simplificada *e* Fazendo acontecer a coisa certa

Introdução

Por que você deveria comprar mais um livro sobre o Lean? O número de publicações sobre o assunto vem aumentando, à medida que cada vez mais novas organizações buscam maneiras de se manter competitivas em tempos difíceis.

Será que precisamos mesmo de mais livros sobre o tema? Haverá realmente novas técnicas ainda não exploradas? Quanto mais se pode escrever sobre um tópico que, em sua essência, é simples e atemporal? Será que mais discussões sobre o Lean não tendem a tornar o tópico mais complicado? Não dá para ser inovador sem inventar complicações para o sistema?

Talvez a resposta que desejamos ouvir é que sim, você deve comprar outro livro sobre o Lean (mesmo se tiver ganhado este de presente, por favor, leia-o).

O propósito deste livro nunca foi cobrir os tópicos já bem explicados sobre o "como fazer" na implantação do Lean, nem o conceito do "kit de ferramentas completo", como o Lean costuma ser considerado, e muito menos ensinar qualquer coisa nova sobre as metodologias do Lean. Tampouco é o objetivo dos autores torná-lo um perito no tópico sobre o qual escrevem.

O objetivo de cada autor foi compartilhar suas experiências de aprendizado do Sistema Toyota de Produção (Toyota Production System, TPS) quando trabalhavam em suas áreas na Toyota. A maneira como aprenderam uma metodologia, uma técnica ou um conceito específico que escolheram para compartilhar com você. Como cada autor teve uma experiência de aprendizado única, você tem a vantagem de conhecer as diferentes abordagens de ensino utilizadas, bem como a maneira peculiar como esses autores traduzem esse aprendizado para o leitor. Os autores não são escritores profissionais, mas se consideram aprendizes e estudantes profissionais do Lean. Sabendo disso, fizeram o melhor possível para transmitir o que aprenderam a você, leitor. Embora cada um deles tenha uma abordagem específica, você verá pontos em comum surgirem na maneira como tiveram de romper suas próprias barreiras convencionais para aceitar um modo totalmente diferente de pensar. O Modelo Toyota.

O fio mais comum que entretece suas histórias é que todos tiveram de aprender da maneira mais difícil. Gostaríamos de dizer que ao ler este livro você vai conseguir aprender da maneira mais fácil. Mas, infelizmente, não é bem assim. Nosso desejo é que você se veja nas nossas experiências e nas nossas lutas, que se fortaleça ao saber que tem muitos companheiros nessa jornada Lean, e que todos nós tropeçamos. Os que já estão nesse caminho há algum tempo também sabem que não existe uma maneira mágica e indolor de aprender o Lean.

Outro elemento em comum ao longo deste volume é o absoluto respeito que cada autor tem pela Toyota e por seus mentores, muitas vezes referidos como nossos senseis.

Em futuros livros, certamente cobriremos tópicos adicionais, mas também veremos alguns dos mesmos tópicos sendo descritos por outros que aprenderam em diferentes contextos e situações. A abundância de experiências específicas e diferenciadas pode, por si só, ser um sensei eficaz.

Ao todo, este livro combina um total de 105 anos de experiência dentro da Toyota, em divisões tão diversas como vendas, treinamento, logística, produção e recursos humanos. Apresenta a experiência de pessoas que trabalharam de perto com Taiichi Ohno, o maior sensei do TPS, e de quem trabalhou com seus alunos diretos, como Fujio Cho. Traz a experiência desenvolvida ao longo de anos de imersão na Toyota em localidades como Estados Unidos, Brasil, Venezuela, Europa e Japão. Em suma, apresenta depoimentos pessoais de quem aprendeu vivendo o sistema.

Quando falamos com nossos alunos, sabemos que muitas vezes eles se sentem frustrados ante a dificuldade de aprender o Lean. Sabemos que às vezes gostariam que não tivéssemos sido tão duros com eles. Nossa esperança é que, ao ler estes capítulos, você entenda que também tivemos que acender essa lâmpada na nossa cabeça. Também tivemos nossos momentos de descoberta. Cometemos nossa cota de erros, até aprendermos que humildade e coragem andam de mãos dadas com o espírito Kaizen. E, mesmo que as situações possam mudar, esses princípios jamais mudarão.

Boa leitura!
Sammy Obara e Darril Wilburn

Sobre os autores

Stephen J. Ansuini

Comecei a trabalhar na Toyota Motor Manufacturing de Kentucky (TMMK) em 1987, na área de desenvolvimento de profissionais especializados, responsável pelo treinamento intermediário e avançado em manutenção. Em 1988, desenvolvi o primeiro Sistema Toyota de Produção (TPS) para escritórios (Office Lean) e o TPS para manutenção produtiva total (Total Productive Maintenance, TPM). Em 1989, dei início ao Sistema de Sugestões TMMK e em 1990 assessorei a implantação do Círculo de Qualidade. Durante esse período, também participei do início das atividades da planta da Toyota Motor Manufacturing de Indiana, fornecendo treinamento e desenvolvimento aos membros da equipe de manutenção. Mais tarde, em 2004, trabalhei na avaliação de pré-contratação e suporte ao desenvolvimento de sistemas para a Toyota Motor Manufacturing de Baja California, no México. Em 2005, participei do início das atividades da fábrica da Toyota Motor Manufacturing no Texas. Em seguida, passei a atuar no North American Production Support Center, em Georgetown, Kentucky. Aposentei-me da Toyota em maio de 2007, com mais de vinte anos de experiência. Antes da Toyota, trabalhei dez anos na Mack Trucks e, antes disso, servi no Corpo de Fuzileiros Navais dos Estados Unidos.

Com o Honsha, trabalhei para o estado de Washington e com um dos maiores bancos hipotecários dos Estados Unidos. Também sou proprietário do Center for Employee Development. Tive várias empresas da Fortune 100 como clientes na elaboração de competências Lean, com reduções significativas de incidentes de segurança, aperfeiçoamento de giros de estoque e redução de custos operacionais. Também estou trabalhando com a Faculdade Comunitária de Jackson, em Michigan, na montagem de um Simulador de Ambiente Lean, em uso nas aulas desde 2012, cuja função é imergir os participantes em um ambiente onde possam experimentar com os princípios e ferramentas do Lean em uma aula de oito horas.

s.ansuini@honsha.org
www.honsha.org

Gerson Valentim Damiani

Ao iniciar minha carreira profissional na Toyota do Brasil, em setembro de 1990, tive a oportunidade de trabalhar na fábrica da Toyota em Tahara, uma das mais importantes do Japão. No Brasil, trabalhei com Sakamaki-san, um dos que ajudaram Taiichi Ohno na implantação do Sistema Toyota de Produção. Saí da Toyota em 2007 como supervisor das áreas de prensagem, fundição, tratamento térmico, torneamento e montagem de eixo traseiro.

Poucos meses depois, tive o privilégio de ingressar como sócio do Honsha. A primeira empresa que comecei a apoiar como sensei Honsha foi The Tech Group. Não sabia falar espanhol, mas consegui aprender o idioma em oito semanas no México — especificamente, na linda cidade de Guadalajara —, onde conheci a Virgem de Guadalupe, que mantenho até hoje perto do coração.

Um dos projetos que, acredito, fez história foi o trabalho realizado na Carl Zeiss Vision de Tijuana, onde mudamos um processo em prática havia 25 anos para fabricar lentes para óculos. Para mim foi uma grande honra ter trabalhado com Sammy e Fukamizu nesse projeto, mas não posso me esquecer de Rodolfo Moreno, então gerente de engenharia que acreditou no projeto desde o começo.

Outro projeto que não consigo deixar de mencionar foi o da Mars Spain, onde o gerente da planta, o brasileiro Demétrio Otero, nascido na cidade do Recife (PE), teve uma difícil missão. Demétrio convidou o Honsha para ajudar a mudar a empresa e a cultura dos funcionários. Um ano depois, a fábrica da Espanha se tornou uma referência de Lean para todas as instalações da companhia na Europa.

Atualmente, como sócio sênior do Honsha, posso dizer que todos os projetos que realizei nesses quase vinte anos foram para mim motivo de grande honra, sempre atuando em empresas com a paixão de ensinar que aprendi na minha carreira de dezesseis anos na Toyota. Gostaria de aproveitar a oportunidade para agradecer a confiança dos clientes com que trabalhei nesses últimos anos.

Não posso deixar de agradecer aos senseis que tanto me ensinaram na Toyota; são eles Sakamaki-san, Ichii-san, Niyama-san, Torata-san, Nakata-san, Ando-san, Carlos (Coloral)-san e Fukamizu-san. Acredito que eles foram os mentores que me ensinaram tudo o que sei sobre o Lean; posso dizer com certeza que aprendi com os melhores senseis do mundo.

Sou muito grato à minha esposa, Solange Romera Damiani, que foi mãe e pai dos nossos filhos durante os últimos quatro anos, enquanto eu passava muitos dias fora de casa e no exterior para ensinar o que aprendi na Toyota. A você, minha mulher, digo que a amo como sempre amei. Obrigado por estar na minha vida.

Aos meus filhos, Rennan Romera Damiani e Giovanna Romera Damiani, agradeço pela colaboração com a mãe de vocês em todos esses anos em que estive longe, por estudarem bastante, tirarem boas notas na escola e, principalmente, por continuarem humildes, honestos e responsáveis. Papai ama muito vocês. Lembrem-se disso.

Agradecimentos especiais ao meu bom amigo Francisco Estrada (Paco), pela grande ajuda na tradução do capítulo. Obrigado, meu amigo.

g.damiani@honsha.org
www.honsha.org

Carlos Yukio Fukamizu

Trabalhei na Toyota do Brasil de 1988 a 2004, e entre 1990 e 1993 na Toyota do Japão, na fábrica de Kamigo.

Como gerente de produção, conversava com a gerência e a equipe de produção para planejar, dirigir e supervisionar o controle de produção das instalações de fabricação dos bens de consumo usando metodologias do

Sistema Toyota de Produção (TPS). Os métodos eram essenciais para analisar as necessidades de tecnologia e os recursos necessários para coordenar e direcionar projetos e elaborar planos detalhados para aprimorar a segurança, a qualidade, a produtividade e a redução de custos.

Também fui responsável pelas atividades do círculo de Controle de Qualidade, com foco na melhoria das condições de trabalho e na criação de um bom ambiente para os funcionários, com melhorias em segurança, qualidade e produtividade.

Em busca de um novo desafio, saí da Toyota em 2004 e me mudei para os Estados Unidos, para trabalhar como engenheiro de manufatura Lean em uma empresa americana. Desde 2008 tenho atuado como consultor no México, na Espanha, na Lituânia, nos Estados Unidos e também na América do Sul. Tive ótimas experiências e resultados implantando conceitos do TPS em diversos setores, como petcare, lentes de vidro, metalurgia, bancos, restaurantes e componentes eletrônicos. Na minha experiência, a implantação do Lean é igual para qualquer processo, independentemente do tipo de indústria. Mas é claro que todos os empreendimentos Lean devem começar por uma compreensão profunda dos processos, dos clientes e da cultura.

c.fukamizu@honsha.org
www.honsha.org

Renato Eiji Kitazuka

Assim que me formei engenheiro mecânico, na FEI - Faculdade de Engenharia Industrial no Brasil, ingressei na Toyota do Brasil para iniciar uma fascinante jornada. A Toyota já estava no Brasil havia cinquenta anos, produzindo basicamente o mesmo produto: o Bandeirantes. Fui contratado para fazer parte de um novo momento da Toyota do Brasil, que após um breve teste no mercado brasileiro com a montagem do Corolla no Brasil decidiu fortalecer sua posição no mercado local e desenvolver uma cadeia de fornecedores para atender às exigências do famoso Sistema Toyota de Produção (TPS), processo do qual tive a honra de fazer parte.

Antes disso, tinha trabalhado em uma empresa muito tradicional de produção em massa dedicada à manufatura de fixadores. Quando ingressei na Toyota, o TPS se tornou uma paixão para mim. Depois de aprender o sistema na fonte, decidi aceitar um novo desafio e saber mais sobre a implantação do TPS fora do ambiente da Toyota. Assim, fui para a Delphi Automotive Systems, para liderar a implantação do Lean numa fábrica em Jaguariúna (SP).

A planta de Jaguariúna se tornou um modelo de aplicação do TPS/Lean na Delphi e no Brasil, o que abriu as portas do mundo para mim. Fui trabalhar com implantação do Lean em empresas na América do Sul e na Europa. Depois de mais de dez anos no setor de manufatura, resolvi partir para um novo desafio e implantar os conceitos do Lean no segmento de serviços dedicados ao setor de educação nos Estados Unidos, atuando na McGraw Hill Education - CTB, em Indianápolis, Indiana, onde convertemos as operações de digitalização de documentos num centro de excelência Lean.

Nessa transição, abracei a oportunidade e retornei às origens. Voltei à indústria de fixadores onde os conceitos de produção em massa são quase parte da indústria, e com muita criatividade conseguimos conciliar e adaptar os modelos JIT do TPS e revolucionar a gestão da produção da Acument Global Technologies e Fontana Gruppo.

Por fim, fui convidado a assumir e liderar as ações de transformação da AllianceOne, uma empresa dedicada ao setor de serviços de atendimento ao consumidor, onde lidero a transformação Lean e a implantação do sistema de desenvolvimento de gestão e liderança de operações ou FMDS (Floor Management Development System) adotado pela Toyota.

Assim como a paixão pelo TPS orienta minha carreira, a paixão pela minha família orienta minha vida, pois meus pais foram os modelos que fizeram de mim o que sou; minha esposa Alessandra é minha outra metade e quem me dá confiança para superar todas as barreiras e desafios; meus filhos, Bruno e Diego, são minha felicidade, minhas maiores realizações ainda em curso.

r.kitazuka@honsha.org
www.honsha.org

Greg Lane

Meus 32 anos de implantação do Lean pelo mundo afora começaram na Toyota, quando fui um dos poucos selecionados para ser treinado no Japão como elemento-chave especializado no Sistema Toyota de Produção. Fui treinado por mestres da companhia, entre os quais Ohba-san, depois voltei para treinar outros na New United Motor Manufacturing, Inc., uma *joint venture* Toyota/General Motors. Entrei na Toyota para aprender sobre seu bem-sucedido sistema de produção após trabalhar como engenheiro (sou formado em engenharia mecânica) para empresas mais tradicionais, e em seguida concluir meu mestrado em administração de empresas.

Meu trabalho de implantação do Lean me levou a 32 países e me permitiu assessorar diversos tipos de organizações. A continuação do meu aprendizado em Lean foi aprimorada de maneira significativa quando comprei e transformei lucrativamente minha empresa de manufatura; foi algo que de fato ligou diretamente os princípios aos meus próprios lucros e perdas. O principal tipo de suporte em que me concentrei durante os últimos oito anos foi o "made-to-order" (feito sob encomenda) em pequenas e médias empresas, incluindo divisões de grandes corporações como Continental e Whirlpool em áreas em que a abordagem Lean tradicional se mostrou difícil.

Compartilho minhas experiências como membro do corpo docente dos Lean Institutes nos Estados Unidos e na Espanha, e como palestrante para alunos de pós-graduação de Lean na Universidade de Barcelona e na Universidade Politécnica da Catalunha. Além de diversos artigos em revistas, publiquei os livros *Made-to-Order Lean: Excelling in a High-Mix, Low-Volume Environment* [Lean sob medida: Excelência em um ambiente de High-Mix, Low-Volume] e *Mr. Lean Buys and Transforms a Manufacturing Company: The True Story of Profitably Growing an Organization with Lean Principles* [Sr. Lean compra e transforma uma empresa de manufatura: A verdadeira história do crescimento lucrativo de uma organização com princípios Lean].

glane@LowVolumeLean.com
www.LowVolumeLean.com

Robert Martichenko

Sou CEO da LeanCor, LLC, cujo propósito é assessorar seus clientes na preparação de funcionários, no aperfeiçoamento de processos e na implantação e operação da cadeia de suprimentos Lean. Para atingir esse objetivo, a LeanCor oferece serviços terceirizados de logística Lean, armazenamento e gerenciamento de instalações, treinamento no Lean e serviços de consultoria na cadeia de suprimentos Lean.

Tenho anos de experiência em cadeia de suprimentos, logística e implantação Lean, a qual inclui várias implantações da cadeia de suprimentos Lean em organizações de sucesso, que incluem Polaris Industries, Mitsubishi Caterpillar e Toyota Motor Manufacturing.

Sou autor dos livros *Success in 60 Seconds* [Sucesso em 60 segundos] e *Tudo que sei sobre Lean aprendi no 1º ano da escola*. Também sou coautor do livro sobre gerenciamento de logística *Lean Six Sigma Logistics* [Logística do Lean Six Sigma] e coautor do livro de exercícios *Building the Lean Fulfillment Stream* [Construindo o fluxo de realização do Lean].

Além de presidir a LeanCor, sou instrutor sênior do Lean Enterprise Institute e do Georgia Tech-Supply Chain and Logistics Institute.

Complemento minha experiência profissional com um bacharelado em matemática, um MBA em finanças e Faixa Preta em Seis Sigma.

robert@leancor.com
www.leancor.com

Patrick Muller

Como gerente de desenvolvimento de fornecedores na Toyota Motor Marketing & Engineering Europe, fui apresentado ao Sistema Toyota de Produção na Toyota Motor Company do Japão. Durante meus oito anos na empresa, vivi e respirei o "Modelo Toyota" no dia a dia. Minha equipe foi responsável pela criação e manutenção de uma base Lean de fornecedores europeus, com foco em qualidade, custo e entrega com suporte técnico Lean. Era fundamental para minha equipe garantir a alta qualidade e o planejamento de capacidade para lançamentos no prazo. Trabalhei em estreita colaboração com a Toyota Purchasing and Development como suporte técnico, usando a metodologia de análise de redução de custo do desenvolvimento de produtos e como peça-chave nas negociações de preço com fornecedores.

Atuei como sensei em vários setores e sedes de empresas no mundo todo: indústria automotiva (Toyota, Ford), fabricação de plásticos (Saint Gobain), indústria alimentícia (Mars, Agrana Fruit), assistência médica

(CHCL), indústria óptica (Carl Zeiss Vision), de embalagens (Portola Packaging), indústria eletrônica de defesa dos Estados Unidos (Natel Engineering) e instituições financeiras.

Atualmente trabalho na Merck & Co., na Flórida, como diretor global de excelência operacional.

p.muller@honsha.org
www.honsha.org

Alistair Norval

Formado em engenharia química pela Universidade de Toronto em 1979, comecei minha carreira profissional na Kodak Canada Inc. em Toronto, Ontário, no Canadá. Trabalhei em engenharia de processos e depois na garantia de qualidade. Tive a sorte de fazer parte de uma divisão escolhida para um projeto piloto de implantação do sistema Lean na Eastman Kodak Company. Após o êxito do plano, o Lean foi implantado em toda a empresa, começando pela produção e passando para vendas e marketing, pesquisa e desenvolvimento, e as funções de suporte da organização. Durante esse período, recebi treinamentos aprofundados dos mais destacados senseis internacionais, entre eles muitos ex-funcionários da Toyota, como Pascal Dennis, autor de vários livros vencedores do prêmio Shingo, como *Fazendo acontecer a coisa certa* e *Produção Lean simplificada*.

Recebi uma proposta maravilhosa de ingressar na Lean Pathways, Inc., onde passei os últimos dezessete anos fortalecendo minha formação no Sistema Toyota de Produção. Trabalho com organizações líderes no mundo todo em melhoria contínua, dando assessoria na utilização do Lean para gerar melhores resultados de negócios. São organizações de vários setores, entre os quais manufatura discreta, processos químicos contínuos, desenvolvimento de novos produtos, assistência médica e empresas de serviços. Kimberly-Clark, Lockheed Martin, Magna International, Group Health Cooperative e MultiCare Health System são alguns exemplos de empresas com que tive o prazer de trabalhar.

Minha paixão é aplicar o pensamento Lean nos processos da empresa para conseguir resultados de negócios consistentes e superiores. Gosto de trabalhar com equipes de liderança e desenvolver seus pensamentos e gerenciamento de processos Lean para alinhar, focar e motivar as organizações a se tornarem as melhores possíveis.

al.norval@leansystems.org
www.leansystems.org

Sammy Obara

Fui contratado pela Toyota do Brasil, aos dezessete anos, como estagiário em desenvolvimento de produto na divisão de protótipos. Meus treze anos seguintes como colaborador da Toyota foram divididos entre diferentes localidades, como Honsha e Motomachi, no Japão, na TDV, na Venezuela, na New United Motor Manufacturing, nos Estados Unidos, e em diversas outras missões temporárias em plantas da Toyota na Europa, em Kentucky e, mais recentemente, nas Filipinas. Embora minha formação seja em tecnologia digital, sistemas de informação e mestrado em gerência de tecnologia, notei que a mentalidade Lean se baseia muito mais no bom senso do que nos avanços tecnológicos.

Até o fim da pandemia em 2021, eu já havia visitado mais de 450 empresas, seja passando rapidamente por um Gemba [chão de fábrica], seja em práticas do Lean. Algumas das minhas experiências mais memoráveis incluem uma grande empresa que produz alimentos para animais de estimação e M&Ms. Estive em quinze instalações dessas companhias, do Brasil à Sibéria, e todas demonstraram ser um excelente modelo para a cultura Lean. Outra empresa com que tive a honra de trabalhar produz diamantes para a indústria de mineração. Além de sua seriedade para com as iniciativas Lean, ela utiliza boa parte de seus recursos (dinheiro e pessoal) na ajuda a comunidades carentes. Muitos dos seus executivos seniores passam semanas no Quênia todos os anos, em atividades que visam eliminar a pobreza. Tive a honra de participar de algumas destas missões pela África e por países em necessidade. Infelizmente, não me deram páginas suficientes neste livro para relacionar todas as empresas e suas características interessantes, mas estou feliz por ter sido exposto a um universo tão fascinante de praticantes do Lean.

Atualmente, sou um dos coordenadores do Honsha.ORG na América do Norte. O Honsha é um grupo que nasceu da associação de ex-profissionais da Toyota, com o intuito de propagar o Lean da forma mais original possível. Também leciono na Universidade Estadual de San Diego, onde moro, e ajudo outras instituições na Califórnia. Quero dedicar meu capítulo aos meus gêmeos, Andy e Ryan, e em especial à minha esposa, Miki, que me deu todo o apoio (e me trouxe sorvete) durante minha longa batalha tentando terminar meu capítulo.

s.obara@honsha.org
www.honsha.org

Bob Plummer

Comecei minha carreira com quinze anos de experiência como líder de operações de produção, que incluem uma experiência na Toyota na New United Motor Manufacturing, Inc., seguidos por quinze anos como diretor de divisão e CEO de duas empresas de serviços e produção. Sou bacharel em engenharia industrial pela Universidade Kettering, com um MBA na Harvard Business School.

Enquanto exercia o cargo de diretor de divisão e CEO, implantei o Sistema Toyota de Produção (TPS) em vários negócios. Dois dos meus principais trabalhos foram desenvolvidos na Portola Packaging, uma fábrica global de embalagens plásticas de 200 milhões de dólares, e na Siegel-Robert Automotive, uma fábrica de componentes automotivos de 450 milhões de dólares. Quando implantava o TPS e o Kaizen [melhoria], ressaltava a importância do papel da liderança.

Como líder executivo no Honsha, oriento CEOs na implantação e desenvolvimento de estratégias para construir e fortalecer seus negócios.

b.plummer@honsha.org
www.honsha.org

Art Smalley

Sou especialista na área de métodos de classe mundial para melhoria operacional e já trabalhei para inúmeras empresas no mundo todo. Fui um dos primeiros americanos a trabalhar na Toyota Motor Corporation no Japão, tendo inicialmente sido aluno em diversas universidades no Japão e depois aprendendo os princípios do Sistema Toyota de Produção (TPS) na fábrica de motores de Kamigo, que teve Taiichi Ohno como seu gerente fundador. Durante minha estada na Toyota, tive papel fundamental no desenvolvimento e na transferência de equipamentos de precisão e métodos TPS para fábricas da Toyota no exterior.

Depois de uma década no Japão, retornei aos Estados Unidos, para trabalhar como diretor de manufatura Lean na Donnelly Corporation. Em seguida, ingressei na consultoria internacional de gestão McKinsey & Company e por quatro anos fui um dos principais especialistas da empresa na área de manufatura Lean. Durante esse período, dei assessoria a diversas empresas da Fortune 500 em questões operacionais envolvendo implantação Lean e liderei projetos específicos de melhoria de custo, qualidade e entrega.

Em 2003, fundei minha própria empresa, a Art of Lean, Inc., e agora divido meu tempo atendendo uma base diversificada de clientes manufatureiros, como Parker Hannifin, Delphi, Schlumberger, Gillette, Sandia National Laboratories e muitas outras empresas em áreas de melhoria de desempenho operacional.

Além disso, atuo como membro sênior do corpo docente e consultor periódico do Lean Enterprise Institute e suas afiliadas globais, ministrando palestras para os principais executivos de manufatura do mundo todo. Através do instituto, publiquei o manual definitivo sobre a implantação de métodos básicos de produção Just in Time, intitulado *Criando o sistema puxado nivelado*, que em 2005 recebeu o prêmio Shingo de Excelência Operacional por sua contribuição para os conhecimentos de manufatura. Em 2006, fui nomeado membro vitalício da academia que concede esse prêmio, em reconhecimento às minhas contribuições para a indústria. Em 2008, fui coautor, com meu amigo e colega professor Durward K. Sobek, do livro *Entendendo o pensamento A3*, também ganhador do prêmio Shingo. Em 2010, publiquei *Toyota's Kaizen Method: Six Steps to Improvement* [Método Kaizen da Toyota: seis passos para a melhoria], em coautoria com Isao Kato.

Em meu tempo livre, gosto de marcenaria, fotografia, jogar golfe e ler livros.

artsmalley@artoflean.com
www.artoflean.com

Darril Wilburn

Darril é um professor de corpo e alma. A paixão pela melhoria contínua o levou à Toyota, onde aprendeu com os senseis. Quatro experiências importantes na Toyota ajudaram a moldar o pensamento de Darril e impactaram a maneira como ele se envolveu com organizações em todo o mundo. O primeiro foi liderar o desenvolvimento e a implementação do Toyota Way (o alinhamento interno da Toyota com seus princípios fundamentais) com a equipe de liderança executiva da Toyota de Kentucky. O segundo foi liderar o piloto global e as sessões executivas norte-americanas do Toyota Business Practice. Em terceiro lugar, ter sido aluno do grupo de senseis TPS interno da Toyota, onde aprendeu os aspectos centrais do Sistema Toyota de Produção. E, por último, fazer parte da equipe inicial da Toyota Texas e experimentar em primeira mão como a Toyota inicia uma nova operação do zero.

Essas experiências permitiram que Darril trabalhasse efetivamente com centenas de organizações em todo o mundo por meio de projetos diretos de coaching e transformação. Como sócio sênior do Honsha.ORG, ele é apaixonado por compartilhar os princípios do Lean por meio de palestras em conferências, incluindo:

- Harvard Business Review-Latin America, série de palestras no Chile, Equador, México;
- Lean Summit Brasil;
- Conferência Lean da AME Austrália;
- Lean Summit dos Estados Bálticos;
- Portugal Lean Summit;
- Conferência de Talentos de Abu Dhabi;
- Conferência Lean do Governo do Estado de Washington;
- Universidade de Administração e Economia ISM, Vilnius, Lituânia;
- CM&E Lean Conference Canadá;

Darril possui mestrado em design instrucional e bacharelado em educação. Darril também possui certificações Toyota em TPS-Standardized Work, bem como diversas certificações externas em sistemas de Liderança e Gestão.

d.wilburn@honsha.org
www.honsha.org

1 CORAGEM, HUMILDADE E KAIZEN

Darril Wilburn

Eu me considero uma das pessoas mais privilegiadas que trabalharam na Toyota. Lá, todos os funcionários recebem um treinamento inestimável para se desenvolver no local de trabalho, e eu não fui exceção. O que me faz me sentir privilegiado foi a chance de atuar em três locais, e de ter me envolvido em projetos de alto nível. Tive a oportunidade de trabalhar na Toyota Motor Manufacturing de Kentucky, a maior fábrica da América do Norte, na sede da corporação americana e, finalmente, de fazer parte da equipe que deu a partida na nova Toyota Motor Manufacturing no Texas. Além disso, atuei em projetos importantes, como o Modelo de Gestão Toyota e o Toyota Way 2001. O mais importante foi a oportunidade de ser treinado pelo grupo TPS interno da Toyota, a Divisão de Desenvolvimento de Gerenciamento de Operações (Operations Management Development Division, OMDD). Sou eternamente grato pelas oportunidades que tive na organização e a todos os maravilhosos professores e líderes que tanto fizeram para me ensinar o Modelo Toyota.

Com experiência em educação, em melhoria de processos e treinamento de liderança, fui contratado no final dos anos 1990 como coach de Desenvolvimento na fábrica de Kentucky. Meu trabalho era ensinar e treinar membros da equipe de liderança a aprimorar suas habilidades "pessoais". Fui designado a vários gerentes para identificar e desenvolver estratégias para que trabalhassem com seu pessoal de forma mais produtiva. Meu gerente típico era muito bom nos aspectos técnicos do trabalho, mas tinha dificuldade de desenvolver um relacionamento que promovesse confiança mútua, um componente-chave no Sistema Toyota de Produção (Toyota Production System, TPS).

O cargo de coach de desenvolvimento na fábrica de Kentucky fora recém-criado pela minha primeira sensei. Ela acreditava firmemente que a confiança mútua era essencial para o desenvolvimento de uma cultura TPS. Também acreditava que poderíamos desenvolver profissionais em cargos de liderança que não tivessem o talento natural necessário para construir confiança mútua. Quando era designado para treinar um novo líder, eu optava por passar boa parte do meu tempo no chão de fábrica com esses líderes, para entender suas condições de trabalho e as situações que vivenciavam no dia a dia. Minha sensei insistia na abordagem Gemba (palavra que em japonês significa "onde o trabalho é feito"), e vim a entender o porquê. A abordagem Gemba me proporcionava uma visão real da situação de cada um, no que eles se debatiam e no que se destacavam. Sentiam-se orgulhosos ao me mostrar suas linhas de produção e me apresentar às pessoas para quem trabalhavam. Sim, eu disse pessoas para quem trabalhavam; era comum os líderes da Toyota considerarem as pessoas das equipes que gerenciavam como pessoas para quem trabalhavam, e não pessoas que trabalhavam para eles. Para mim era uma nova mentalidade, mas passei a considerá-la um elemento essencial no estabelecimento de uma cultura TPS.

As sessões diárias de Gemba com os líderes designados tornaram-se algo que eu antevia com prazer. Espero ter sido capaz de agregar algum valor àqueles a quem fui designado para ajudar, talvez promovendo uma nova visão e melhorando as relações de trabalho. Mas também tenho certeza de que aprendi muito mais com eles do que eles comigo. Essas sessões de Gemba foram o início da minha jornada para aprender o TPS a partir da perspectiva das pessoas, bem como da perspectiva técnica de fabricação. Fiquei fascinado ao ver como o TPS funcionava. Sem querer ser muito dramático, foi como ouvir uma sinfonia com muitos componentes, peças e pessoas se juntando no momento certo para fazer um produto de qualidade. Quando trabalho com meus clientes de hoje, esforço-me para ajudá-los a desenvolver esse ritmo de trabalho e unidade de propósito.

Fui ficando cada vez mais fascinado com o TPS, e senti um forte desejo de aprender mais, não apenas sobre a parte de sua produção, mas como ele evoluía e como as pessoas funcionavam dentro do sistema. Quando falei sobre isso com minha sensei, ela disse: "Darril, as pessoas são parte da equação do TPS. Se você conseguir combinar isso com o aspecto técnico, terá uma combinação poderosa. Aprenda os princípios por trás das ferramentas, e como o respeito pelas pessoas (consumidores, membros da equipe, a sociedade) impulsiona o sistema." E, assim, esse se tornou meu objetivo: entender essa conexão entre pessoas e processo, os elementos que fazem do TPS um dos sistemas de trabalho mais estudados, porém menos compreendidos.

O MODELO TOYOTA 2001

Em 2001, a Toyota desenvolveu um documento interno chamado *The Toyota Way 2001*. A organização tinha crescido muito rapidamente no mundo todo e se esforçava para transmitir aos seus funcionários mais recentes a essência do que a tornara uma grande empresa. Quando a Toyota era pequena, centrada basicamente no Japão, era possível para os líderes seniores instruir os membros da equipe em grupos ou individualmente. O rápido crescimento tornou impossível disseminar o Modelo Toyota da mesma maneira. Sob a direção do então presidente da Toyota Motor Corporation, Fujio Cho, a Divisão Global de Recursos Humanos da empresa pesquisou e desenvolveu o *Toyota Way 2001* como uma forma de comunicar aos membros da equipe global o "DNA" da companhia. Na introdução, Cho afirma: "Neste livreto, identificamos e definimos o DNA fundamental da nossa empresa, que resume os elementos únicos e marcantes da sua cultura e do seu sucesso. Estes são os valores gerenciais e métodos de gestão conhecidos coletivamente como The Toyota Way."

Fiel ao espírito da Toyota, o "Modelo" foi condensado em um livreto de treze páginas. Alguém comentou comigo certa vez que ouviu dizer que o livreto levou dez anos para ser escrito. Eu disse que não tinha certeza disso, mas que fazia sentido, e acrescentei que provavelmente havia levado um ano para se escreverem mil páginas e nove anos para se condensar tudo em treze!

Quando o livreto foi publicado, Cho estimulou cada região do globo a divulgar o Modelo Toyota para os funcionários locais. Tive a sorte de ser o responsável por desenvolver o programa que usaríamos em Kentucky para ensinar os membros da equipe gerencial. Durante o processo de desenvolvimento, pude conhecer os grandes líderes da Toyota Motor Manufacturing de Kentucky e aprender com eles.

Vou apresentar aqui a versão do Honsha do Modelo Toyota que se baseia nos princípios fundamentais do Lean de melhoria contínua e respeito. No cerne desses dois princípios está o coração: Coragem, Humildade e Kaizen (Figura 1.1). A Toyota usa palavras ligeiramente diferentes; aqui, tentei pegar os conceitos originais e identificar sua raiz mais profunda.

Um exemplo é o Genchi Genbutsu. Trata-se de um elemento-chave do Modelo Toyota e muitas vezes é traduzido sucintamente como "Ir e Ver". Tal como acontece com muitos termos japoneses, a tradução sucinta não consegue captar a essência das palavras. Na fábrica de Kentucky, muita gente usava a frase "Ir e Ver" no lugar de Genchi Genbutsu, mas com frequência a ação era "Ir e Observar", ou "Ir e Fazer", mas nenhuma delas captava a essência do Genchi Genbutsu. Quando perguntei a um executivo sênior, Hiro Yoshiki, o que o Genchi Genbutsu significava para ele, explicou-me seu propósito (paráfrase minha) da seguinte forma: "A razão mais importante para 'Ir e Ver' é aprender, aprender profundamente sobre a situação e em que você pode ser necessário. A segunda razão é ensinar fazendo as perguntas que levem os membros da equipe às respostas corretas. A terceira razão é ser visto." Essa terceira razão não me pareceu muito humilde, mas percebi seu significado. Ao ser visto, é possível transmitir a todos a ideia de que a situação é importante para você e que as pessoas que trabalham no problema são importantes. Você e os outros também conseguem ter um entendimento mútuo da situação, e assim podem chegar a soluções rapidamente. Foi um momento de aprendizado fundamental para mim. A quarta razão para ir e ver, continuou Hiro, é você não precisar mais ir e ver. Isso me soou muito estranho, até ele explicar melhor. "Nós queremos ir e ver, mas não os mesmos problemas de novo e de novo; queremos ver novos problemas. Além disso, se esse tempo for usado para ensinar, serão evitados problemas no futuro, pois os membros da equipe adquirem um nível de competência mais alto."

Se quisermos aprender, ensinar, mostrar respeito e fazer outros se desenvolverem, devemos ir para a parte do nosso negócio que cria valor para o cliente. Na manufatura, nós chamamos de "chão"; outros chamam de "linha de frente". Seja na manufatura, seja em serviços, ou numa atividade sem fins lucrativos, a mensagem continua sendo a mesma: mostrar seu espírito de aprendizado, sua humildade, praticando o Genchi Genbutsu!

FIGURA 1.1

CORAGEM, HUMILDADE E KAIZEN NO CORAÇÃO

Quando desenvolvemos Coragem e Humildade, somos capazes de praticar o Kaizen. Esses três elementos trabalham juntos e nos permitem mostrar respeito pelas pessoas e desenvolver uma cultura de melhoria contínua. Foi durante meu estudo do TPS com a OMDD que Coragem, Humildade e Kaizen ganharam vida.

A OMDD tem na imersão sua forma preferencial de ensinar o TPS. Minha primeira aula aconteceu numa manhã de segunda-feira, na fábrica de um fornecedor de peças. Depois de pouco mais que uma introdução, fui levado para uma célula de trabalho que fazia dobradiças para bancos de automóvel. Meu sensei me disse: "Darril-san, esta é sua área de trabalho; por favor, encontre cem problemas, e voltarei em duas horas para ver sua lista." Tudo aquilo era muito novo para mim. Eu tinha passado muitas horas observando a linha de produção da Toyota, bem azeitada e altamente eficiente. Mas aquilo obviamente não era a Toyota. A área de produção era uma bagunça; não havia trabalho padrão e nenhum sinal de qualquer tipo de ordem. Nesse caso, parecia ser ainda mais fácil identificar desperdícios. Mas não foi. Não sei se por falta de experiência ou de confiança, achei difícil perceber algum problema, quanto mais uma centena de problemas em duas horas. Como faria isso? Já foi difícil me organizar sobre como iria observar, de modo que, de fora da célula, fiquei olhando com atenção os membros da equipe e as máquinas, andando ao redor como um cachorrinho tímido por duas horas, procurando problemas inapreensíveis. No final das duas horas, meu sensei voltou e viu que eu só tinha dois problemas na minha lista. Estava a 98 problemas da meta!

Ele olhou para mim, passou as mãos na cabeça e depois no rosto. Deve ter pensado: "Ah, não, como esse idiota veio parar aqui?" Quando se recompôs, disse: "Me diga o que você vê." Descrevi o que os membros da equipe estavam fazendo, mas que não via nada errado. Ainda estava batalhando para identificar os problemas. Meu nível de competência era tão baixo que um item evidente que não estava na minha lista era uma marreta bem pendurada, usada para martelar peças numa das máquinas. O problema deveria ter sido óbvio para qualquer um! Pelo menos a marreta era presa por um balancim, para ficar mais ao alcance do membro da equipe; isso deveria ser uma coisa boa, certo? Eu era tão ingênuo...

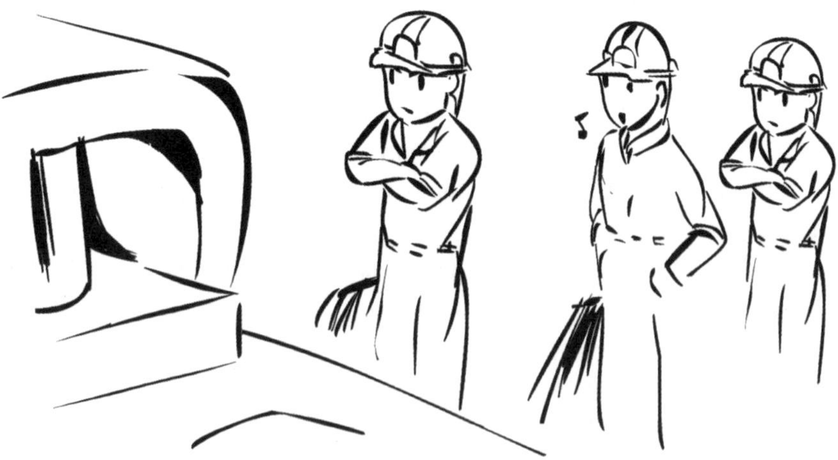

FIGURA 1.2

Nesse momento, ele ficou ainda mais frustrado. "Darril-san, venha comigo", disse. Entramos numa sala de reuniões com um quadro de papel e ele começou a me explicar como observar para entender o trabalho a fundo. Explicou que a princípio minha função não era corrigir, mas sim entender o trabalho, e depois fazer melhorias. Havia muito eu era admirador de *Os sete hábitos das pessoas altamente eficazes*, de Stephen Covey, e o que meu sensei estava me explicando era o Hábito 5, "Procure primeiro compreender, depois ser compreendido". A partir dessa perspectiva, as coisas realmente fizeram sentido para mim. Era também uma lição fundamental sobre o elemento de Humildade do Modelo Toyota. A Humildade insiste em compreender para poder desenvolver melhores soluções. Como disse Taiichi Ohno, "Observe o chão de fábrica sem preconceitos e com a mente em branco". Era o que meu sensei estava tentando me ensinar com ações, não só com palavras.

Ele continuou a me ensinar sua abordagem, e escreveu a palavra "Muri" no quadro. Explicou que Muri faz parte dos três Ms do desperdício: Muri, que se traduz como *sobrecarga*; Mura, que se traduz como *irregularidade*; e Muda, o elemento mais famoso, que se traduz como *desperdício* e contém sete componentes. Meu sensei explicou que devemos ter uma compreensão a fundo do processo inicialmente a partir da perspectiva das pessoas que fazem o trabalho. Precisamos procurar Muri e eliminá-lo do processo. Também precisamos enviar a mensagem correta, que nosso objetivo é primeiro melhorar o trabalho para as pessoas que o realizam. Isso nos ajudará a ganhar a adesão da equipe quando nos aprofundarmos no processo de melhoria. Àquela altura, só olhamos para Muri. Ele me pediu para listar o que observei no processo que poderia ser considerado Muri. Percebi que usar a marreta para martelar cada peça, centenas de vezes por dia, seria considerado uma sobrecarga, e isso finalmente entrou na minha lista. Pude ver que ficar andando dentro da célula era uma sobrecarga. Minha lista aumentou um pouco, mas da perspectiva do meu sensei continuava incompleta. "Darril-san, qual é a melhor maneira de aumentar sua compreensão do processo e sua capacidade de ver os Muri?", perguntou.

"Vou observar mais de perto e de olho em Muri", respondi.

"É claro que isso seria útil, mas o que você pode fazer para aprofundar sua compreensão mais rapidamente?"

"Você está dizendo que eu deveria aprender o trabalho?"

"Não estou dizendo, estou perguntando."

"Então preciso aprender o trabalho para entender o processo mais a fundo e ver os Muri mais de perto."

Agora a lição de Humildade ia ainda mais a fundo. Não só eu estava aprendendo novas competências de uma perspectiva Lean/TPS como também precisava aprender a fazer o trabalho de fabricação que observava. Agora eu não era apenas um aluno do sensei, mas também aluno dos membros da equipe que vinha observando. Aproximei-me deles e perguntei se podiam me ensinar o processo do trabalho. Todos sorriram, como se achassem que aquilo ia ser engraçado! E responderam: "Claro."

Depois de vestir os devidos equipamentos de proteção pessoal, comecei pela primeira máquina do processo, que juntava as duas primeiras chapas de aço planas e começava a transformá-las em dobradiças para o assento. Parecia muito fácil visto do lado de fora. O membro da equipe que me ensinou a tarefa riu várias vezes enquanto eu me atrapalhava para acompanhar a velocidade do processo. Eu virava a matéria-prima do lado errado, derrubava peças, era muito lento e desajeitado. Depois de um dia de trabalho, consegui assimilar o processo e realizar a tarefa com a ajuda do membro da equipe designado. Não tão rapidamente nem com a qualidade dele, mas com sua ajuda entendi o processo muito mais a fundo. Observando pelas lentes de Muri, consegui acrescentar muitos problemas à minha lista.

FIGURA 1.3

A máquina seguinte era a da infame "marreta pendurada por um balancim", que já mencionei (Figura 1.4). A primeira ação consistia em pegar uma chapa de aço plana e pincelar um lubrificante pegajoso na seção que entraria no lugar da chapa anterior; em seguida, encaixar um orifício na chapa num pequeno pino da máquina e depois martelar para ficar bem ajustada, mesmo se já estivesse encaixada. Bem, pelo menos era padronizado. Parecia muito errado, mas eu queria aprender a partir da perspectiva do trabalhador, por isso fiz como instruído.

FIGURA 1.4

Ao seguir esse processo, percebi que a marretada na peça era de fato uma sobrecarga, e causava um pouco de dor no final da rotação — sem mencionar um possível dano à própria peça. Também percebi que as peças nem sempre se encaixavam com perfeição, porque o pino tinha se desgastado com o tempo. Assim, se a chapa estivesse ligeiramente fora do lugar, o pino impedia que a peça ficasse bem ajustada. A marreta era claramente uma contramedida para o problema, mas não resultado de uma solução baseada nos cinco porquês. Nesse caso, como em muitos outros, uma solução superficial do problema resulta numa carga maior para trabalhador. Para mim, foi uma grande lição.

Em um dos processos, o trabalhador precisava colocar pinos e arruelas numa máquina para processamento. Os movimentos eram pegar as peças, passá-las de uma mão para a outra e cruzar os braços para pôr as peças na máquina. Mais uma sobrecarga para o trabalhador... Minha lista estava aumentando.

Nos dias seguintes, aprendi todos os processos da mesma maneira. Quando meu sensei voltou e me perguntou quais problemas eu tinha anotado na minha lista, mostrei que ela tinha aumentado e ele pareceu um pouco mais satisfeito. Perguntou se eu não tinha visto essas mesmas coisas antes. Claro, eu tinha visto os passos da operação enquanto observava o processo, mas não pelos olhos de Muri. Também constatei que estava hesitante em julgar as etapas do processo. Quando observei o processo e vi algo questionável, como a marreta, disse a mim mesmo: "Deve haver alguma razão perfeitamente adequada para fazer isso." Quando contei ao meu sensei sobre essa racionalização do que estava vendo, ele disse:

> Quando você observar o processo, procure os fatos; não se preocupe se existe ou não uma boa razão para a ação. Se a ação causar sobrecarga, escreva-a em sua lista como um problema. Se a ação for um desperdício, anote na sua lista como um problema. Talvez se mostre como um problema para cuidarmos agora ou deixarmos de lado por um tempo, mas mesmo assim anote na lista.

Essa competência requeria a combinação de Humildade e Coragem — humildade para entender o processo e coragem para identificar os problemas. Não é uma prática comum trazer problemas à tona na maioria dos ambientes de trabalho. Percebi que tendemos mais a amarrar uma marreta num balancim para martelar uma placa do que realmente reconhecer e resolver o problema pela raiz. Entendi que era muito acanhado na minha observação e que deveria ser mais corajoso e me desafiar a observar as coisas mais a fundo.

Muri foi uma lição importante. Não só ganhei muito conhecimento sobre o trabalho em si como também sobre o processo que estávamos usando para fazer melhorias. Consegui construir vínculos fortes com os membros da equipe, preparando assim a base para um rápido Kaizen num futuro próximo. Essa etapa de construir relacionamentos com a equipe não deve ser ignorada se você for um "estranho" a entrar nela. Aprender a partir da perspectiva de Muri é uma ótima maneira de promover relacionamentos.

Muitos anos depois, quando estava começando minha carreira como consultor, tive um cliente que fabricava peças de alumínio fundido. Era um serviço calorento e sujo, e me lembro de ter me sentido um pouco intimidado não só pelo trabalho, mas também pela idade avançada da força de trabalho. A fábrica tinha quase sessenta anos, e muitos funcionários estavam lá fazia mais de quarenta.

No meu primeiro dia na fábrica, imediatamente pensei nas lições que aprendera com meu sensei. Observar a partir da perspectiva de Muri: aprender o processo a fundo. Uma de minhas primeiras ações foi procurar o trabalhador mais grisalho no processo para o qual fui designado e perguntar se ele estaria disposto a me ensinar os procedimentos do seu cargo como se eu fosse um novo contratado. Ele resmungou, mas acabou concordando. Reuni toda a humildade e a coragem que tinha e comecei a aprender a função. Por causa do perigo inerente ao trabalho, nunca tive permissão para fazer aquilo sozinho, mas com o veterano ao meu lado acabei conseguindo realizar a maioria das tarefas. Depois dessa primeira semana, o gerente geral da fábrica mandou uma carta ao consultor de gestão, dizendo: "Gostamos muito de trabalhar com o Darril. Ele logo desenvolveu um excelente relacionamento com os operadores da fundição; na verdade, ele trabalhou um pouco na moldagem (sob a supervisão do operador) para aprender o serviço." Fiquei muito satisfeito por um dos meus primeiros trabalhos de consultoria estar indo tão bem, mas chocado pelo fato de que aprender a tarefa antes de tentar melhorar o processo fosse visto como algo tão incomum. Que outra forma seria eficaz? Foi a Toyota que me ensinou o poder das pequenas coisas, como aprender o processo, trabalhar no Gemba e construir relacionamentos. Na verdade, essas pequenas coisas são as grandes coisas.

Tendo me exposto ao conceito de Muri, meu sensei passou a me instruir sobre Mura e Muda. Havia um grande exemplo nessa planta de como Mura, ou "irregularidade", pode levar a Muri. Não havia um ritmo de trabalho definido, nem um *takt time*[1] estabelecido na célula. A meta era ter sete paletes de peças na expedição até o final do dia na sexta-feira. A prática habitual era trabalhar o mais rápido possível até atingir os sete paletes e depois ir com calma pelo resto da semana. Isso geralmente acontecia em algum momento da manhã das sextas-feiras, dependendo de como as máquinas funcionavam. A qualidade também era um problema. Perguntei ao supervisor da área sobre a avaliação de qualidade daquela operação, e ele respondeu que havia muitos problemas com rejeições e refugos. Perguntei à equipe sobre a taxa de acidentes no setor, e eles disseram estar com um trabalhador na célula porque um deles estava de licença médica e que a equipe perdia muitos dias de trabalho por conta de lesões. Não é preciso ser cientista para ver a possível correlação entre o aumento da velocidade do trabalho e os problemas de qualidade e segurança da célula. Não seria possível atacar todos os problemas na nossa permanência na fábrica, mas poderíamos configurar o processo para minimizar Muri e Mura.

Aquilo se encaixava bem com o que eu tinha aprendido: Muda, ou os sete tipos de desperdício. Para identificar desperdícios, meu sensei ajudou a mim e à equipe a começar o trabalho padrão. Estabelecemos o *takt time*

1. Tempo em que uma peça ou produto deve ser produzido, baseado no ritmo de vendas e na demanda do mercado. [N.T.]

e um ponto de referência, que para nós era alguém no final da célula com um cronômetro, que só deixava o trabalhador pôr uma peça na caixa no momento certo. Com o tempo, esse método fez a equipe trabalhar num ritmo mais constante, menos propenso a causar lesões. Também nos ajudou a ver como acontecia o desperdício. Estabelecemos também um trabalho padronizado para cada processo, a fim de ajustar melhor o tempo de ciclo com o *takt time*. Quando começamos a trabalhar com um padrão, eu e meu sensei voltamos ao treinamento para falar sobre Muda. Eu conhecia os sete tipos de desperdício, mas não tinha aprendido o que fazer a respeito. Ele explicou um dos desperdícios e me pediu exemplos existentes no processo. Por ter passado muito tempo aprendendo o processo, foi muito mais fácil identificar os exemplos. Quando esgotei os exemplos de memória, fomos até o chão de fábrica e ele me pediu que encontrasse outros exemplos. Acho que estava me testando, para ver o quanto eu entendia o processo, pedindo primeiro que usasse a memória. O primeiro desperdício que focamos foi a espera. Vi que pessoas esperavam a máquina concluir o ciclo antes de poderem trabalhar, ou esperavam para pôr a peça na caixa no final da célula. Antes de estabelecermos o trabalho padrão, havia uma grande atividade na célula; ela parecia sempre movimentada, menos nas tardes de sexta-feira. Será que todo aquele trabalho estava realmente agregando valor? Era difícil dizer, antes da padronização do trabalho. Como disse Taiichi Ohno certa vez, "Ação desperdiçada não é trabalho". Aquele era um ótimo exemplo disso. Em certo sentido, a equipe estava poupando todo o tempo de espera no processo até sexta-feira. Ao implantar o *takt time* e o trabalho padronizado, eu podia ver o desperdício à medida que acontecia, sem precisar esperar até sexta-feira para isso.

Antes de passarmos para os outros tipos de desperdício, meu sensei fez uma observação sobre alguém parado na frente de uma máquina. Explicou que esse é um dos piores tipos de espera. "Quando permitimos que um ser humano fique parado à espera de uma máquina, o que estamos dizendo é que a máquina e o humano têm o mesmo valor ou talvez até que a máquina é mais valiosa, pois o humano está esperando por ela. Nunca permita que isso aconteça. Demonstra um desrespeito pelas pessoas!" Hoje em dia, quando estou percorrendo uma área de produção com um cliente, ainda vejo isso e sou rápido em alertar a liderança para que encontre formas de envolver a pessoa em outras tarefas enquanto a máquina está funcionando. É melhor a máquina esperar pela pessoa do que a pessoa esperar pela máquina.

Nós alternamos entre a sala de reuniões e o chão de fábrica com cada uma das outras seis formas de desperdício, e com isso minha lista de problemas aumentou até incluir mais de cem! Antes dessa experiência, eu só conseguia ver com os olhos que desenvolvi ao longo da vida — olhos treinados, pela minha criação e pelos lugares em que trabalhei, para ignorar problemas. Agora eu estava desenvolvendo uma lente com o conhecimento de Muri, Mura e Muda. Isso me lembra o filme *O sexto sentido*, sobre um menino que tinha o dom especial de ver e se comunicar com pessoas que não estavam mais vivas. Era seu sexto sentido. No filme, o menino murmura para seu médico: "Eu vejo gente morta, eles estão por toda parte." Agora que aprendi a ver o local de trabalho através das lentes de Muri, Mura e Muda, eu me pego murmurando: "Eu vejo desperdício, está em toda parte."

Por mais esclarecedor que fosse começar a desenvolver um "olho para o desperdício", seria um desperdício apenas identificar os problemas e não resolvê-los (Figura 1.5).

Essa fase do meu treinamento foi ainda mais desafiadora do que a primeira. Agora eu realmente precisava trabalhar com a equipe para desenvolver e implantar melhorias. Muitos dos que passaram por esse programa ao mesmo tempo que eu tinham muito mais experiência no chão de fábrica, e também eram muito criativos nas oficinas de manutenção. Conseguiam conceber formas de melhorar o processo, como uma calha para entrega de peças usando a força da gravidade, por exemplo, e então cortar e soldar o metal para produzir o dispositivo rapidamente.

FIGURA 1.5

A equipe e eu desenvolvemos várias ideias que queríamos implantar, mas precisávamos de ajuda para fabricar os itens. Normalmente se pode contar com a ajuda do departamento de manutenção da fábrica, mas naquela planta os recursos eram escassos. Falei com meu sensei sobre esse problema, e ele me trouxe uma tesoura e uma fita adesiva amarela larga. Depois apontou uma pilha de papelão usado num canto e disse: "Darril-san, seja criativo!" Mais uma vez, essa era uma oportunidade de praticar Coragem e Humildade. A Coragem de buscar outro jeito e a Humildade de ser o cara usando papelão e fita adesiva enquanto os outros soldavam metal!

Logo, a célula de trabalho parecia uma cena de crime de filme policial, cercada de fita amarela. Fizemos uma caixinha de papelão para o lubrificante, para melhorar o processo de pincelá-lo em cada peça. Fizemos rampas para que peças de fora da célula escorregassem para o operador de uma das máquinas. Era a máquina em que os operadores precisavam estender as mãos e cruzar os braços para concluir o processo. Instalamos as rampas de papelão e fita adesiva na máquina e perto do ponto em que as peças eram colocadas para concluir o processo. Junto a um novo trabalho padronizado para esse processo, isso proporcionou uma redução do tempo do operador de mais de trinta segundos para menos de quinze, com um maior grau de segurança ergonômica.

O uso de papelão e fita adesiva nos nossos empreendimentos do Kaizen resultou em alguns desenvolvimentos interessantes. Depois de alguns dias cortando e colando, mudando os projetos várias vezes, recortando e recolocando a fita, meu sensei me levou até uma das células em que os alunos estavam soldando metal. Ele me perguntou se eu via ali algo diferente em comparação com minha célula. Obviamente, havia muitas calhas bem construídas e mesas feitas de metal. Não parecia uma cena de crime, pois não se via nenhuma fita amarela brilhante. Não havia pilhas de tentativas fracassadas, como pedaços de papelão rasgado e de fita amarela. Foi sobre as tentativas fracassadas que meu sensei me fez mais perguntas.

"Por que você acha que aqui não há tentativas fracassadas?", indagou.

"Acho que eles acertaram na primeira vez", respondi.

"Talvez, talvez. Mas quero que você pense sobre essa questão e me fale a respeito mais tarde."

Continuei trabalhando naquele dia, mas a pergunta ficou na minha mente. Será que eu tinha errado muito mais que os outros alunos? Será que eles eram realmente tão bons? Ou tinham investido tanto tempo e esforço na construção daquelas belas obras de metal soldado que relutaram em tentar outra coisa, mesmo com os resultados não tendo sido o que esperavam?

Falei sobre isso com o sensei no final do dia e ele disse:

> Acho que você tem razão. Eles não adotaram o verdadeiro espírito do Kaizen. A Humildade nos diz que na verdade nós não sabemos, por isso devemos entender e tentar muitas coisas para ver se chegamos à solução certa. Se não for o caso, tentamos de novo. Essa é a beleza do papelão e da fita adesiva; você mostra que não tem certeza e que quer ter certeza antes de tornar a solução permanente. Se investi muito na minha ideia e não a testei de forma rápida e barata primeiro, fico relutante em mudar meu plano e tento dar um jeito de fazê-lo funcionar. Acho que eles abordaram o Kaizen só com Coragem, não com uma boa combinação de Coragem e Humildade. Você pode pensar que errou mais do que eles, mas na verdade foi capaz de aprender mais depressa e fazer melhorias mais rapidamente. Isso é o Kaizen.

As lições foram claras. Se quisermos construir uma cultura de melhoria contínua sustentável e de longo prazo, precisamos primeiro desenvolver a Coragem para desafiar nosso pensamento, expor os problemas e resolvê-los. Também é vital combinarmos nossa Coragem com a Humildade para entender a fundo a situação vigente, inclusive as necessidades dos consumidores. Só quando conseguimos combinar esses dois princípios é que podemos aplicar o Kaizen e desenvolver uma cultura da melhoria contínua.

FIGURA 1.6

Quando tentamos o Kaizen apenas com Coragem, podemos cair numa armadilha semelhante à dos meus colegas. Nesse caso, o Kaizen pode parecer um valentão tentando provar que está certo. Por outro lado, o Kaizen só com Humildade é muito lento para a ação e está sempre tentando entender cada vez mais antes de agir. É a combinação que faz o Kaizen funcionar.

ENSINANDO OUTROS

Muitos anos depois, continuo me lembrando dessas e de muitas outras lições quando ensino outras pessoas fora da Toyota. Na Toyota muitas coisas já estão tacitamente estabelecidas, entre elas a cultura de melhoria contínua que foi desenvolvida ao longo dos anos. Ali os problemas são prontamente expostos, para que possam ser resolvidos. O gerenciamento visual é um componente-chave na exposição de problemas à medida que eles ocorrem. O gerenciamento visual com painéis Andon[2] e quadros de controle de produção são lugar-comum.

Tive a oportunidade de trabalhar como consultor em muitas empresas não industriais, porém relacionadas a produção. Um exemplo, e você pode se surpreender, é um banco hipotecário que trabalha com recompra de hipotecas. Não é nenhum segredo que o negócio de hipotecas dos Estados Unidos está em turbulência financeira há vários anos. O volume de pedidos de recompra de hipotecas ultrapassou em muito a capacidade de processamento dos bancos. De certa forma, os bancos funcionavam como facilitadores de produção, com a informação vindo de um lado e o produto, a aprovação ou rejeição, saindo do outro. A atividade ocorre entre o início e o fim do processo, mais ou menos como construir um automóvel. Se isso for verdade, então os mesmos princípios de Coragem, Humildade e Kaizen também podem ser aplicados.

O Honsha foi contratado para assessorar essa empresa, com o objetivo de aumentar sua capacidade e manter a alta qualidade. Começamos com um grupo, para entendermos a capacidade atual, bem como o trabalho em si. Com isso em mente, uma das primeiras perguntas que fiz à equipe de

2. Painel de monitoramento que indica visualmente o estado de normalidade ou anormalidade de um processo, indicando o ponto de ocorrência da anormalidade. [N.T.]

gestão dessa área foi aparentemente simples: "Vocês estão à frente ou atrás?" Fiquei surpreso ao ver a expressão de surpresa de todos.

"O que você quer dizer com isso?", perguntaram.

"Vocês estão produzindo seu produto antes da demanda, no momento da demanda, ou depois da demanda?", eu disse. Ainda assim eles continuaram confusos.

"Acho que estamos atrás, porque nosso trabalho não tem fim", respondeu um deles.

"E vocês vão conseguir pôr em dia?", perguntei.

"Não sei", respondeu outro.

Só esse diálogo já me fez saber que teríamos muito que fazer. À medida que visitávamos o local de trabalho, percebemos a gritante falta de compreensão visual da situação vigente. Os funcionários simplesmente faziam o que lhes era designado, com poucos conhecimentos sobre o desempenho da empresa. Conversei com outros membros da gerência, e parecia que ninguém tinha uma compreensão clara da sua condição, a não ser que era "ruim!".

FIGURA 1.7

Atuamos em estreita colaboração com um dos gerentes e seu grupo, para desenvolver medidas claras de produtividade. Nós nos aprofundamos no processo, tornando-nos alunos humildes e aprendendo o processo quase tão bem quanto as pessoas que faziam o trabalho. Estabelecemos com elas experimentos piloto de melhoria de processos que nos permitiram entender e aumentar a capacidade, mantendo a alta qualidade. Pedimos que a equipe visualizasse o progresso da sua produção em quadros brancos simples, mostrando o plano vigente e as diferenças. Foi uma mudança de cultura para eles, expondo problemas, entendendo a capacidade de produção e se estávamos na frente ou atrás, e qualquer um que passasse por lá veria essas informações. O ato de visualizar o próprio status exigia uma combinação de Coragem e Humildade — a Coragem de mostrar a situação atual e a Humildade de admitir que havia um problema. Não era incomum percorrer o local de trabalho e acompanhar a produção, mas era sempre um número só: o que foi produzido, não o que deveria ter sido produzido, e uma comparação entre os dois. Um sem o outro não faz sentido.

Isso ficou evidente durante uma reunião com um grupo de gestores nesse mesmo local. Havia uma crise, e eles precisavam desenvolver um plano para processar um grande número de renegociações nas duas semanas seguintes. Uma alta executiva fez uma exposição animadora, explicando a importância de realizar aquele trabalho e dizendo que sabia como ele poderia ser feito, exatamente como tinham feito no passado. Ela estimulou todos a se esforçarem bastante e a manter a motivação. Foi muito parecido com o discurso de um treinador do ensino médio antes de um jogo. Foi muito inspirador, e todos saíram se sentindo ótimos. Eu só podia supor que havia alguma outra estratégia adicional além de "Vocês podem fazer isso". Como não era um participante regular daquelas reuniões, não sabia o que esperar.

Na segunda-feira seguinte, houve outra reunião para ver como estávamos progredindo na "crise". A reunião contou com os gerentes e a mesma executiva. O processo se desenrolou deste modo: a alta executiva perguntou a cada gerente qual fora a produção daquele dia, então anotou os números numa ficha (a capacidade da empresa de obter dados em tempo real dos computadores era limitada). Depois de cada número, todos aplaudiam a equipe que o reportava. Eu não aplaudi; não sabia bem o que deveria aplaudir. Aqueles números eram bons? Estávamos à frente ou atrás do plano? Para alguém com experiência na Toyota, era tudo muito confuso. Também descobrimos que o objetivo original não era estático, que todos os dias chegavam novos pedidos. Então, não bastava eliminar o número da "crise", era preciso se preparar para os que chegavam com um aumento da produtividade.

Depois dessa reunião, solicitei um encontro com a executiva. Perguntei-lhe se a reunião havia decorrido conforme o planejado, se ela estava confiante que conseguiríamos atingir a meta. Ela me garantiu que estava tudo bem. Perguntei então qual era o plano, como poderíamos ter certeza de conseguir atingir a meta. Como acabou ficando claro, não havia nenhum plano além da preleção motivadora e da esperança de obter resultados. Foi muito frustrante, mas me lembrei da paciência do meu sensei no passado. Perguntei a ela o que se poderia esperar de cada membro na produção. Sua expectativa era de dez por dia por pessoa. Então, se multiplicássemos isso pelo número em cada grupo, podíamos considerar o total como sendo nosso plano? Se houvesse sete pessoas no grupo, a expectativa era de setenta por dia? Ela concordou, embora aquilo não fosse exatamente um plano e tampouco um reflexo da realidade da produção. A executiva não passava muito tempo com os funcionários, e por isso não tinha uma noção clara da produtividade real. Só lia os relatórios. Como disse Taiichi Ohno certa vez, "Os dados são importantes, é claro [...] mas dou maior ênfase aos fatos". Ler relatórios na sua mesa fornece os dados. Mas os fatos estão no local da produção!

Independentemente dessa disparidade, decidi usar os números que ela forneceu para a etapa seguinte. Perguntei se ela poderia organizar uma reunião no dia seguinte para comparar a produção planejada com a produção real. Ela concordou.

FIGURA 1.8

No dia seguinte, comecei a reunião com um quadro com uma grade com os números de cada grupo e um espaço para Plano, Real e Delta (a diferença entre o plano e o real) ao lado do nome de cada gerente. Perguntei ao primeiro gerente: "Qual foi a produção do grupo hoje?"

"Dezessete."

Afixei o número embaixo de "Real" e perguntei: "Quantas pessoas tem seu grupo hoje?"

"Oito no trabalho hoje", respondeu ele.

Multipliquei oito por dez, escrevi "80" embaixo de "Plano" e "63" em "Delta". Sorri e agradeci. Ninguém aplaudiu. O procedimento se repetiu com os outros sete gerentes, e a cada rodada o clima na sala foi ficando mais pesado. Na reunião anterior, só havíamos a produção, e não tínhamos como saber se ocorrera algum progresso em relação à meta. Agora estávamos lidando com a realidade, com fatos, não apenas com dados. No final, ficou claro que nosso objetivo jamais seria alcançado sem uma mudança de estratégia. Foi um exercício de humildade, e o argumento foi bem-aceito. Precisamos ser humildes e aceitar os fatos, e precisamos ser corajosos e resolver os problemas surgidos do nosso novo entendimento, usando o Kaizen.

Demorou vários meses, mas essa equipe acabou se desenvolvendo e começou a entender seu trabalho de uma nova maneira. O sucesso ficou evidente quando um gerente com quem trabalhamos no grupo piloto foi questionado numa reunião com seu gerente sênior sobre a possibilidade de adicionar um componente ao processo em curso. Assim que o pedido foi feito, ele desenhou o processo para seu superior num quadro, indicando o tempo de cada etapa. Estimou o tempo que o novo elemento demandaria e somou ao tempo do processo. Calculou o impacto na produtividade e disse: "Podemos incluir esse novo elemento, mas vai ter um custo; no curto prazo, uma quantidade X de produção por dia por equipe. É um preço que você está disposto a pagar?" O gerente sênior ficou um pouco surpreso com essa exposição de fatos e disse: "Não, não neste momento, mas você pode trabalhar no Kaizen do processo para podermos adicionar esse elemento no futuro sem prejudicar a produção e a qualidade?" Sua resposta foi: "Claro!"

Eu tinha visto aquele gerente alguns meses antes em uma situação semelhante. Ao ser questionado sobre a produção da sua equipe durante uma reunião, ele ficara imediatamente na defensiva. Primeiro reclamou e deu algumas desculpas, mas cedeu ao pedido, e depois se queixou da alta administração com seu pessoal. Nós o treinamos nesses pontos. Dissemos que ele precisava conhecer a fundo a capacidade da sua equipe e o processo de trabalho. Só então poderia ter as informações que precisava para responder com fatos, não com emoção ou desculpas. Claramente ele tinha aprendido bastante, e conseguiu pôr esses conhecimentos em prática.

O Lean é um conceito simples, mas praticá-lo é difícil. Quando nos concentramos nos fundamentos de Coragem, Humildade e Kaizen (Figura 1.9), podemos começar a aprender esses conceitos a fundo e tornar nossa prática mais significativa.

FIGURA 1.9

2 ESTABILIDADE E TRABALHO PADRONIZADO

Gerson Valentim Damiani

O trabalho padronizado é uma das técnicas que o Sistema Toyota de Produção (Toyota Production System, TPS) utiliza para balancear operadores, máquinas e materiais otimizados, com o objetivo de fornecer produtos com qualidade e preços baixos aos seus consumidores. A padronização das operações busca maximizar a produtividade, identificando e padronizando elementos do trabalho que agreguem valor, eliminem desperdícios, nivelem os processos e definam o nível mínimo de estoque em processamento. Uma rotina padrão para as operações resulta num fluxo de produção constante e nivelado, exigindo uma pequena quantidade de peças e diferentes layouts de máquinas.

Quando trabalhei na Toyota, aprendi a importância de contar com um trabalho padronizado; ele ajuda líderes e gerentes a reconhecer onde estão os desperdícios e a agir rapidamente para eliminá-los. Aprendi o trabalho padronizado de forma muito estranha. Estava começando como líder de grupo na produção quando aconteceu algo muito interessante na minha vida, que gostaria de compartilhar com você agora.

Formado em engenharia na Universidade Santa Cecília dos Bandeirantes, em Santos (SP), conversei com meu gerente e pedi uma oportunidade para trabalhar na área de engenharia da Toyota. Foi quando Niyama-san me perguntou: "Por que você quer ser engenheiro da linha de prensagem?"

"Porque acho que existem muitos desperdícios que podemos eliminar mais rapidamente usando PDCA [Plan-Do-Check-Act, ou Planejar, Fazer, Verificar, Agir] e Kaizen junto com os operadores da produção."

Depois de muitas conversas, Niyama-san me disse: "Gerson, tenho um cargo na área de engenharia, mas também tenho um cargo como líder de grupo na linha de prensas, e acredito que você se encaixa no perfil que estou procurando."

Então eu disse: "Não, espera aí; eu só pedi para ser engenheiro, não líder de grupo. Além disso, o processo de promoção sempre começa como líder de produção, depois líder de grupo, depois supervisor de produção, não é?"

Então meu gerente disse: "Gerson, você não precisa ser líder de produção. Tenho um plano para você. Primeiro, uma transferência para a área de prensagem, para você trabalhar com os auxiliares de prensagem, e depois a gente vê sua promoção, tudo bem?" E foi o que fizemos.

Uma semana depois, fui transferido para uma área de prensagem, onde fiquei sabendo que o gerente estava se aposentando e que o outro líder de grupo iria sair da empresa. Então eu ficaria responsável pela área junto com outro supervisor, chamado Nakata-san, um dos melhores líderes com quem já trabalhei, além de Niyama-san, pois na unidade da Toyota em São Bernardo do Campo (SP) teríamos que trabalhar juntos durante toda a transição de uma planta de produção de automóveis para uma planta de produção de peças de segurança para automóveis. A transformação era muito complexa, pois precisávamos aumentar muito a conscientização dos funcionários sobre como fazer produtos com excelente qualidade.

Depois da transferência para a nova planta, um dia Niyama-san me perguntou: "Gerson, como foi hoje na área de prensas?"

Respondi: "Tudo bem, pois cumprimos o plano de produção, sem acidentes, sem incidentes (Hiyari Hato: a possibilidade de um acidente), e só tivemos 0,05% de peças rejeitadas."

"Gerson, não foi isso que eu perguntei", disse Niyama-san. "Isso é o mínimo que um encarregado deve saber a qualquer momento do dia. Estou perguntando sobre o problema ocorrido na área."

"Eu não sei de que problema você está falando, chefe", respondi.

"Tudo bem", disse Niyama-san. "Amanhã você vai definir uma área onde possa observar todos os operários trabalhando. Vai ficar lá trinta minutos e depois me dizer que problemas aconteceram lá nesses trinta minutos."

Eu respondi: "Tudo bem, vou fazer isso amanhã."

No dia seguinte, depois de definir as tarefas de cada funcionário, fui para uma área de onde podia observar os trabalhadores por trinta minutos.

Fiquei olhando o tempo todo e não encontrei nada. Niyama-san apareceu e perguntou: "E aí, quantos problemas você encontrou?"

"Nenhum. Está tudo perfeito", respondi.

"Claro que não", disse Niyama-san. "Aconteceram vinte problemas bem na sua frente, e você não viu nenhum?"

"Onde você estava para detectar esses vinte problemas?", perguntei. "Porque eu estava aqui e não vi nenhum."

Niyama-san disse: "Gerson, amanhã você vai ficar no mesmo lugar e observar com mais atenção. Tente identificá-los, pois eles estão acontecendo bem na sua frente."

No dia seguinte, fiquei no meu posto de observação por outros trinta minutos. Fiz o máximo possível para identificar os problemas, mas não consegui ver nada, e mais uma vez Niyama-san apareceu e perguntou quantos problemas eu tinha visto. Minha resposta foi "nenhum". Mais uma vez, ele me informou que tinham ocorrido vinte problemas. Isso continuou pela semana toda. Na sexta-feira, consegui detectar um problema, enquanto ele viu dezessete. Niyama-san disse:

"Gerson, por que você não está prestando atenção na operação? Olha, você precisa prestar atenção em cada detalhe de como cada operador está trabalhando. Você devia conhecer a operação padrão. Se não conhecer o padrão, dificilmente será capaz de ver problemas. Veja, aqui estão as instruções de trabalho padrão (450 ao todo), estude uma por uma."

Então eu disse: "Tudo bem, chefe, vou estudar todas as instruções de trabalho."

Depois de uma semana estudando todos os padrões operacionais em casa, acho que meu filho Rennan estava pronto para trabalhar na Toyota, porque não saía de perto de mim enquanto eu lia as instruções, sempre me perguntando como eram as coisas. Para mim foi muito bom, porque consegui estudar e também ensinar o que estudava ao meu filho.

Uma semana depois, voltei ao mesmo ponto de observação, pronto para detectar os problemas na linha. Fiquei ali por trinta minutos e não consegui ver nada. Então meu chefe veio me perguntar quantos problemas eu tinha detectado. Respondi que nenhum, e tinha estudado todos os passos, e mesmo assim não conseguia ver nada. A resposta dele foi:

"Porque você continua com lixo na cabeça. Gerson, você precisa se concentrar no movimento das mãos dos operadores, na sequência da operação.

Isso é importante para assegurar a estabilidade da linha e garantir bons produtos."

Durante aquela semana, permaneci no meu posto para ver onde estavam os problemas, conversando com os operadores e seguindo os padrões de produção. Na sexta-feira eu tinha encontrado dezessete problemas, enquanto meu chefe encontrou dezoito. Então ele disse:

"Agora, toda vez que vier me pedir uma assinatura, você precisa me trazer cinco problemas que viu na linha. E não só os problemas, mas também as ações que vai tomar para resolvê-los."

Quando comecei a observar o processo, descobri que, para uma instrução de trabalho ser bem seguida, o chefe da área deve supervisionar cada uma das etapas escritas no padrão, pois as pessoas sempre querem mudar alguma coisa para melhorar a maneira de realizar a operação, e isso só é possível com muita disciplina. Mudar as coisas não é problema, mas primeiro precisamos testar para saber se a mudança será benéfica.

Ao trabalhar numa linha onde o *takt time* é muito baixo (ou seja, de quinze a vinte segundos), qualquer alteração que se fizer pode reduzir o tempo de ciclo em um a três segundos, o que pode desequilibrar a linha, o que por sua vez resultará no acúmulo do estoque do trabalho em andamento (*work-in-process*, WIP) entre estações de trabalho.

Takt Time: "Takt" é uma palavra alemã que significa "velocidade", "andamento" ou "ritmo". Tempo de produção (*takt time*) é a referência usada para a demanda do mercado da linha de produção (produto acabado); portanto, associa e determina o ritmo da produção ao ritmo de vendas, representado pela seguinte equação:

$$\textit{Takt Time} = \frac{\text{Tempo de produção disponível por dia}}{\text{Demanda do consumidor por dia}}$$

Exemplo:

$$\textit{Takt Time} = \frac{\text{27.600 segundos}}{\text{460 peças}} = \text{60 segundos por peça}$$

Para usar o *takt time*, é preciso saber o "tempo de trabalho real", isto é, o tempo desde o início até o fim do turno, subtraindo as paradas do operador da linha para um café, reuniões, limpeza, etc.

Vou contar a você algo que aconteceu comigo quando estava avaliando uma empresa de componentes médicos. Quando cheguei ao chão de fábrica, notei que havia um grande estoque WIP entre cada operação. Mas por que isso acontecia? Na Toyota, para alguém treinado em procurar desperdícios, torna-se um tanto lógico identificar onde podem estar os problemas.

Quando comecei o treinamento em trabalho padronizado nessa empresa, seguindo os padrões da Toyota, pude ver que os funcionários já estavam acostumados com os problemas, e aí me lembrei das lições de Niyama-san. Apesar de o desperdício ser aparente, as pessoas não achavam ser possível encontrar mais desperdícios; para isso, tive de provar a todos que havia muito desperdício na linha, conforme evidenciado a seguir:

- *Espera*: Não havia um equilíbrio da carga de trabalho entre os operadores. Um operador produzia menos que outros; por isso, esse operador era um gargalo no processo.
- *Estoque*: Havia muito estoque entre as operações.
- *Superprodução*: Produção mais rápida que o *takt time*, gerando assim estoque WIP.
- *Refugo/Retrabalho*: Os que eram gargalos nos processos precisavam trabalhar num ritmo mais rápido, causando frequentemente a necessidade de o produto ser retrabalhado ou descartado.
- *Movimentação*: A pessoa que reabastecia os componentes da montagem precisava completar seu ciclo mais vezes que o determinado pelo padrão, por conta dos produtos rejeitados na linha.
- *Excesso de processamento*: Devido à quantidade de retrabalho, havia um inspetor de qualidade examinando 100% das peças.
- *Transporte/Envio*: A produção parava muitas vezes para verificação da qualidade do produto acabado, que tinha de ser levado por uma empilhadeira para uma área à parte e aguardar liberação pelo departamento de qualidade.

Note que, por meio desse exemplo, podemos ver todos os sete desperdícios ocorrendo na mesma linha.

Depois de mostrar o desperdício para as pessoas em treinamento, tive de provar que era possível equilibrar melhor a linha, evitando assim o desperdício. Então, depois de assistir a alguns vídeos, preenchemos a folha de trabalho padronizado combinado e fizemos um gráfico Yamazumi (balanceamento de mão de obra) antes de irmos para o chão de fábrica para fazer o Genchi Genbutsu (que se refere a evidenciar para cada um onde e como estão ocorrendo problemas).

No chão de fábrica, começamos a equilibrar as atividades por operador e de acordo com o *takt time*, em que a variação entre os tempos de operação não poderia ser superior a dois segundos. Ficamos praticamente o dia todo na linha, testando e comprovando ser possível melhorar a operação sem que os operadores tivessem de trabalhar excessivamente.

No final do dia conseguimos equilibrar a linha, mas ainda precisávamos validar as posições e padronizar as atividades de cada operador. Na minha visita no mês seguinte, descobri que as pessoas não estavam inspecionando a consistência da operação e que as instruções de trabalho padrão não se encontravam na área de trabalho. Perguntei por que eles não estavam trabalhando de acordo com os procedimentos. A resposta foi que não tinham tido tempo de padronizar a operação de acordo com o teste realizado.

Para mim, a maior lição que aprendi com Niyama-san foi a seguinte: independentemente do que você estiver fazendo agora, faça de acordo com o padrão.

As pessoas não percebem a importância do trabalho padronizado nas operações. Tendo um padrão, fica muito mais fácil identificar desperdícios.

A estabilidade no processo será baseada em como as instruções de trabalho são escritas, como os operadores estão realizando a operação com base nos padrões e, claro, ela dependerá muito de os líderes, gerentes e supervisores fazerem verificações diárias (de hora em hora) de como os operadores estão fazendo o trabalho. Não se preocupe se isso demorar muito tempo; quando já conhecemos o padrão, um erro de não conformidade pode ser detectado dentro de poucos ciclos do operador.

Depois de ter aprendido essa lição com Niyama-san, a empresa me transferiu para a Toyota do Japão para aprender mais sobre padronização e TPS.

Quando eu estava na Toyota do Japão, em 2001, sendo treinado para preparar a fábrica para produzir peças do Corolla regionalizado, me aconteceu o seguinte: eu estava na engenharia, num mezanino acima das linhas de produção, quando olhei para meu chefe e perguntei onde ficava a máquina de café. Meu chefe, Ando-san, disse: "Gerson, antes de responder a sua pergunta, posso fazer outra? Quem é o rei numa fábrica?"

"Essa é fácil", respondi. "É o presidente, pois ele pode comandar e definir as coisas aqui na Toyota."

Ando-san balançou a cabeça negativamente e disse: "Gerson, pense um pouco mais antes de responder. Vou perguntar de novo: Quem é o rei numa fábrica?"

Pensei mais a respeito, sem conseguir encontrar uma resposta, mas não disse a Ando-san que não sabia; respondi que era o diretor. Depois do presidente, o diretor é quem tem o maior poder. Mais uma vez, Ando-san balançou a cabeça negativamente e disse: "Gerson, vamos fazer um tour pela fábrica, para você entender algumas coisas básicas sobre a cultura da Toyota."

Fomos até a produção, passando por algumas outras linhas, e durante esse tempo Ando-san não disse uma só palavra. Chegamos então à área do café, localizada entre as linhas de produção (montagem, soldagem, carroceria, pintura, etc.). Ando-san então disse o seguinte:

"Gerson-san, vou perguntar de novo, e se não responder corretamente você vai pagar o café; se responder corretamente, eu pago o café. Agora responda: Quem é o rei de uma empresa?"

Pensei naquilo com todas as minhas forças, para não pagar o café, mas não encontrei a resposta. Enquanto eu ainda pensava, Ando-san disse: "Eu quero um cappuccino", rindo da situação. Eu estava tentando encontrar uma resposta que estava bem na minha frente, mas não conseguia vê-la por estar pensando com o raciocínio lógico, e não com o coração. No final, acabei desistindo e disse a Ando-san: "Apesar de ter tentado com todas as minhas forças, eu não sei a resposta."

Então ele disse: "A primeira grande virtude do homem é reconhecer quando não sabe, para poder aprender, mas muitos sempre dizem que sabem e depois acabam decepcionando, pois ninguém pode enganar a todos para sempre; nunca se esqueça disso, Gerson-san."

Depois disso, perguntei a Ando-san qual era a resposta. Ele respondeu: "Você precisa descobrir por si mesmo; está ao seu redor o tempo todo. Olhe, Gerson-san, se você pensar com o coração, encontrará a resposta."

Então olhei para a frente e vi um operador de máquina diante de uma máquina parada, e levou menos de um minuto para várias pessoas chegarem para ajudá-lo com a linha que estava parada. Foi quando pensei: só pode ser o operador. Ando-san perguntou de novo: "Então, qual é a resposta?"

"É o operador", respondi.

"Por quê?"

"Acho que é porque é o operador que faz o produto, e olhando essas pessoas ajudando na linha eu tive essa impressão."

"Excelente observação", disse Ando-san. "Mas há algo mais que vou explicar agora. Se o operador quiser fazer um produto de alta qualidade, ele faz; se quiser fazer um produto que terá de ser retrabalhado, ele faz; se quiser fazer um produto que será rejeitado no final da linha, ele faz. Mas como podemos levar o operador a só fazer produtos de alta qualidade? A resposta é ajudar o rei. Se ajudarmos o rei, ele só fará produtos de excelente qualidade. Por exemplo, agora a linha parou; ele viu o que tinha acontecido e não conseguiu identificar onde estava o problema, então procurou ajuda, e veja quantas pessoas quiseram ajudá-lo. Gerson-san, esta é a essência, não se esqueça. Agora pode pagar o café; preciso trabalhar."

Depois disso, minha percepção sobre meus funcionários mudou drasticamente. Não que eu não os valorizasse, mas teria que prestar muito mais atenção neles do que fizera até então.

Por isso é muito importante envolver os funcionários no desenvolvimento de procedimentos para a operação de uma planta — para eles sentirem que são donos dos seus processos e seguir estritamente os procedimentos para garantir operações estáveis.

A IMPORTÂNCIA DO TRABALHO PADRONIZADO

Trabalho padronizado é uma técnica que põe você na base do Sistema Toyota de Produção. O trabalho padronizado é uma referência na Toyota (Figura 2.1), e considerado uma das técnicas mais importantes do TPS, pois sabemos que, quando temos um procedimento padrão, podemos manter devidamente produtos de qualidade do começo ao fim do projeto, ou seja, o primeiro carro será tão bom quando o de número 500, ou o de número 500.000.

Com esse propósito, as linhas de montagem da Toyota treinam pessoas em uma linha paralela à linha de produção real, realizando a atividade como se estivessem na linha de montagem. A empresa também treina as habilidades do operador. Por exemplo, enfiar a mão numa caixa de parafusos e pegar exatamente cinco; isso deve ser repetido vinte vezes, e o operador não deve retirar nem mais nem menos que cinco parafusos. Os operadores precisam repetir esse processo várias vezes até pegarem sempre cinco parafusos nas vinte repetições.

Antes de o trabalhador entrar na linha de montagem, ele precisa passar por vários testes de habilidade; os operadores só podem avançar para o treinamento seguinte depois de passarem por esses testes.

FIGURA 2.1

Mas por que esse treinamento é importante? Na Toyota, cada segundo da produção é extremamente importante, pois cada atividade descrita no procedimento do trabalho tem um tempo para ser executada. Se um operador erra ao tirar os cinco parafusos da caixa, isso pode atrasar o fluxo de produção.

POR QUE TRABALHAR USANDO PADRÕES?

A primeira pergunta que precisamos nos fazer é por que devemos fazer um trabalho padrão. Se a resposta for "Para fazer melhor nosso trabalho", isso está parcialmente correto; a resposta "Para manter um padrão nas nossas atividades diárias" também é parcialmente verdadeira; mas, se a resposta for "Por querermos que o trabalho dos nossos operadores seja facilmente executado e facilmente ensinado", então está correta.

Sempre que pensamos em trabalho padrão, o objetivo é a repetibilidade na operação, onde ela depende de quem a executa. Ou seja, o operador deve realizar a operação repetidamente e sem cometer nenhum erro na sequência dela.

Muitas empresas perdem muito tempo tentando criar treinamentos longos, nos quais os funcionários acabam desistindo de fazer trabalho

Just in Time (JIT) devido às muitas exigências e aos inúmeros formulários e regulamentos a que precisa atender no processo de fabricação. As perguntas que devemos fazer incluem: Isso agrega valor ao nosso produto? Qual é o propósito de passar muitas horas ou semanas treinando um operador? Sem essas perguntas, não perceberíamos que as horas de treinamento são excessivas, e no final, após semanas de treinamento, o operador entra na linha de produção e não consegue desempenhar a atividade definida. Mas por que isso acontece? A resposta é muito simples: esse tipo de treinamento não tem um objetivo. É um treinamento que só serve para cumprir o padrão da empresa, mas que em última análise não alcança um objetivo.

Existem várias maneiras de fazer o trabalho padrão, mas nunca devemos esquecer que, ao realizá-lo, é preciso pensar simples. Isso significa criar um procedimento ao qual qualquer um possa ser incorporado em qualquer ponto da linha de montagem e executar a atividade com uma explicação simples, para que consigamos manter a repetibilidade dos operadores em cada atividade.

Se elaborarmos um procedimento operacional padrão em que o operador tenha dúvidas sobre como realizar a operação, o trabalho padrão fica pela metade. Por isso é importante que o líder ou gerente de linha crie o padrão. O conhecimento adquirido ao longo de anos de experiência pode ajudar a elaborar um padrão simples e objetivo.

Em empresas em que o operador pode ter mais experiência que o líder ou supervisor, é preciso aproveitar a experiência dele para desenvolver procedimentos operacionais.

Em muitas empresas, o padrão é definido por engenheiros de produção que sabem como executar uma atividade, mas não conhecem os detalhes de como uma atividade desempenhada de forma rápida e repetitiva pode garantir a qualidade dos produtos ou serviços a serem realizados.

Quando a questão é o trabalho padronizado, devemos nos perguntar o seguinte: Qual é o trabalho que faço nessa máquina? Na minha estação de trabalho? Se não criarmos um processo de fabricação padronizado, isso nunca vai mudar. Pode mudar se você aumentar ou diminuir o *takt time*, alocar mais gente no processo ou reduzir esse número, mas a atividade em si não vai mudar; por isso que é importante padronizar o processo de produção para garantir repetibilidade e qualidade dos processos.

PROCEDIMENTOS OPERACIONAIS, INSTRUÇÕES DE TRABALHO E PROCEDIMENTOS DE TRABALHO E DE MÃO DE OBRA

Procedimentos operacionais, instruções de trabalho e procedimentos de trabalho e de mão de obra se referem à mesma coisa; seu objetivo é padronizar a operação.

Costuma-se pensar que, para fazer um trabalho padronizado, basta padronizar a tarefa do operador, mas nesse caso nós queremos padronizar a operação da produção, pois a meta deve ser cumprida por qualquer operário que chegue ao posto designado onde precisa fazer uma peça, ler os procedimentos de trabalho e executar a operação com uma explicação simples do líder da linha de produção.

Qual é o procedimento do treinamento? Depois de descrever os procedimentos do trabalho, com os pontos-chave, qualidade e segurança, o líder vai até o operador que deve realizar a atividade e fornece as instruções passo a passo da operação, lendo e explicando a ele o processo. Em seguida, o operador deve executar a operação lendo o procedimento do trabalho. Depois de realizá-la, o operador a repete, mas dessa vez precisa explicar ao líder o que fazer; isto é, o treinado se torna treinador. Esse método elimina muitas horas de treinamento geralmente exigidas em outras empresas.

Um amigo meu trabalhava em uma montadora de veículos. Ele montava os cintos de segurança dos automóveis. Quando precisava ir ao banheiro e não havia ninguém para ficar em seu lugar, ele adiantava a montagem dos cintos na linha para ter tempo de se ausentar. Quando voltava, estava atrasado de três a quatro veículos, pegava os cintos que não tinha montado e entrava na operação de outros trabalhadores para montá-los até chegar ao ponto onde havia parado. Mas a pergunta é: Como ele conseguia fazer isso?

Acho que o tempo da sua operação era mais rápido que o *takt time* do processo, pois se tivesse apenas o tempo exato ele não conseguiria executar sua atividade mais depressa, mesmo que quisesse. Isso porque, quando estabelecemos o balanceamento dos operadores, precisamos levar em consideração todos os seus movimentos. Caso haja alguma operação que possa cansá-lo, são feitos Kaizen durante os *tryouts* e Goshi [simulação de produção no *takt time* definido].

Um *tryout* é diferente de Goshi. Os *tryouts* são usados, por exemplo, para testar alguns gabaritos de produção. Na Toyota, o processo de qualidade nunca usa *tryout* para verificar a capacidade de produção. Goshi, por outro lado, é uma simulação da capacidade máxima de produção, para observar como os operadores estão trabalhando na linha de produção, verificando o fluxo do produto e dos operadores. Esse evento acontece num período de uma hora. Enquanto os operadores trabalham na linha de produção, o líder, o chefe, o supervisor, o gerente, a engenharia, a manutenção e o controle de qualidade ficam fora da linha, observando todos os itens que precisam de melhoria assim que possível, para alcançar a velocidade da linha de acordo com o *takt time* definido pelo consumidor.

Com o Goshi, também verificamos como vai funcionar a movimentação do material perto da linha, como o pessoal de logística vai reabastecer a linha e transportar o produto para o local designado, até o responsável pela sua liberação e despacho. Então, como você pode ver, todo o processo é verificado desde a entrada dos materiais até a entrega do produto ao consumidor.

Na Toyota, em geral fazemos dois ou três Goshi antes de preencher a linha. Normalmente, demoramos em média de dois a três dias para chegar à produção ideal. Dependendo do processo, consegue-se isso depois de três horas de produção; dessa forma, o *takt time* do consumidor pode ser atingido bem rapidamente.

Costuma-se dizer que as empresas têm uma curva de aprendizado, que leva uma ou duas semanas para atingir o *takt time*. Isso acontece quando as regras operacionais não são claras para o operador, e quando o sistema de treinamento não é o ideal, como apresentar o procedimento ao operador e dizer: "Siga o processo e faça o melhor possível!" Como uma pessoa pode fazer o melhor possível sem nunca ter feito esse produto antes?

Certa vez estive numa empresa onde o supervisor parecia um capataz de chicote na mão; se o operador não produzisse a peça a tempo, o supervisor gritava e o insultava, chamando-o de "idiota". Perguntei ao supervisor por que ele reagia assim com o operador. Sua resposta foi: "Sem chicote, as coisas não funcionam." Foi então que comecei o treinamento no trabalho padronizado e expliquei a importância de seguir o procedimento operacional padrão, projetado para executar a atividade dentro do *takt time*. Em seguida, os operadores começaram a oferecer sugestões para executar as atividades com mais rapidez e menos esforço físico, de modo a ajudar todos os operadores a atingirem o *takt time* definido.

Às vezes os chefes esquecem que precisam ajudar os operadores. Porém, quando os ajudamos, nós aumentamos sua produtividade.

O problema de muitas empresas é não conhecer o propósito de aplicar o 5S.[1] Elas acham que isso só serve para deixar as áreas mais bonitas e organizadas. É claro que, depois da implantação do 5S, tudo parecerá melhor e mais bem organizado, mas qual é seu propósito? Para os que trabalham na Toyota, a resposta é simples: ele serve para garantir que o desperdício possa ser visto em menos de dez segundos. Dessa forma, é possível agir rapidamente para eliminar o desperdício e evitar custos operacionais.

COMO O TRABALHO ERA FEITO NA TOYOTA: TRABALHO PADRÃO ANTES DA TECNOLOGIA

Antes de haver qualquer tecnologia para auxiliar as atividades do trabalho padrão, a equipe da Toyota desenvolveu uma técnica para cronometrar as atividades realizadas pelo operador. Mas como isso foi feito? Vejamos as etapas detalhadas.

Primeiro, alguém escrevia o que o operador fazia em cada atividade, depois cronometrava as atividades dez vezes consecutivas e identificava o tempo que mais se repetia nessas dez vezes. Foi assim que aprendi na Toyota do Japão, como me foi explicado pelo meu sensei. A ideia era que eu aprendesse com a história e a experiência da Toyota, e assegurar que a maior atenção se concentrasse na padronização para eliminar desperdícios.

Aprendi a verificar o processo sem usar cronômetro. É muito simples: você conta 1.001, 1.002, 1.003... Ao pronunciar os números, você leva o mesmo tempo que quando usa o cronômetro. É importante que os líderes verifiquem o tempo de operação sem usar cronômetro. Nakata-san parava na frente da linha com os braços cruzados e começava a contar o tempo de ciclo de cada operador. Se descobrisse qualquer desequilíbrio na linha, ele me chamava para perguntar onde estava o problema. Eu precisava identificar o

1. *Seiri* (senso de utilização), *Seiton* (senso de organização), *Seiso* (senso de limpeza), *Seiketsu* (senso de normalização) e *Shitsuke* (senso de disciplina). [N.T.]

mesmo problema, mas sem usar cronômetro para verificar o tempo de ciclo dos operadores no processo. Quando descobria o problema, eu chamava o líder do meu grupo e fazia a mesma pergunta: Onde está o problema? O líder do grupo precisava encontrar o mesmo problema, também sem usar cronômetro. Quando encontrava o problema, o líder do grupo precisava falar com o líder da equipe de produção e fazer a mesma pergunta; utilizando o mesmo processo, ao encontrar o problema, o líder da equipe tinha que conversar com o operador sobre o desequilíbrio na linha e explicar a importância de seguir o procedimento.

Essa é a parte mais difícil do trabalho padrão, pois havia muitas atividades executadas pelo operador. Mas, com muita persistência e perseverança, foi o início das primeiras atividades de trabalho padrão na área de usinagem e, posteriormente, em outros departamentos.

Uma vez estabelecido o tempo padrão, deveria haver um procedimento de trabalho escrito, para o operador executar a mesma atividade repetida da mesma maneira. Mas como isso poderia ser feito sem tecnologia?

A equipe começou descrevendo a operação passo a passo, depois cronometrando cada passo. O problema, no entanto, era que muitas vezes o operador não seguia a mesma sequência da repetição anterior, o que tornava um pouco difícil padronizar as atividades.

Com o passar dos anos, algumas coisas mudaram na Toyota, mas nunca esquecemos a base inicial estabelecida pelos nossos senseis Taiichi Ohno e Sakichi Toyoda.

COMO O TRABALHO PADRÃO PASSOU A SER FEITO NA TOYOTA DEPOIS DA INTRODUÇÃO DA TECNOLOGIA

Com a chegada da tecnologia (câmeras, computadores, etc.), as atividades padronizadas se tornaram mais fáceis. Nós podíamos gravar uma atividade em vídeo e depois descrever a operação que estava sendo realizada.

A Toyota desenvolveu um sistema pelo qual, depois de gravado, o vídeo pode ser reproduzido com um aplicativo que registra décimos de segundo. Você poderia perguntar: por que décimos de segundo? A resposta é simples: porque cada segundo que se ganha na Toyota é como encontrar ouro no deserto. Vamos agora fazer um exercício para esclarecer o que estou dizendo.

Imagine que possamos aplicar um Kaizen que reduza um segundo no final de uma linha de montagem. Se fizermos os cálculos, podemos encontrar o ouro. Vamos lá:

1 segundo × 400.000 veículos produzidos em um ano vão me dar 400.000 segundos ganhos em um ano, certo?

Vamos dividir o ganho do *takt time* da linha de produção para ver quantos carros podemos produzir no tempo que ganhamos. Vamos lá:

400.000 segundos / 60 segundos (*takt time* = tempo de processamento da linha de montagem por carro) = 6.666 carros por ano.

Agora multiplique esse número de carros pelo valor das vendas, e teremos o seguinte:

6.666 carros × $ 18.000 (valor usado apenas como referência) = $ 119.998.000.

Após esse cálculo, acho que você estará pensando: Como posso economizar um segundo no meu processo? Bem, nós levamos algum tempo para entender nossas necessidades.

Mas vamos voltar à nossa era atual na Toyota do Brasil. Estamos usando esse conceito para analisar uma gravação em vídeo de cinco repetições (ciclos) da mesma operação, descartando o maior e o menor tempo, calculando a média dos três tempos restantes. Trata-se de algo bem diferente do que a Toyota fazia antes. Aprendemos essa nova metodologia com Sakamaki-san no Brasil. A Figura 2.2 apresenta um exemplo de como isso era feito. O método se aplica a atividades manuais, de movimento e automáticas.

Depois de descrevermos cada atividade, teremos que padronizá-las, e para isso precisamos considerar alguns fatores importantes antes de iniciar a padronização.

Para começar a elaboração dos procedimentos operacionais padrão, a primeira coisa que devemos verificar é o *lead-time* (tempo total de execução da operação), ou seja, somar o tempo de ciclo completo de cada operação com os tempos que não agregam valor. Estes últimos são chamados de tempos sem valor agregado, e precisam ser feitos pela sua importância na continuidade do processo, mas não acrescentam nada ao produto. Por exemplo, trocar um barril de fio de solda e fazer inspeções durante a troca de insertos para usinagem são atividades que nos obrigam a parar o processo para serem realizadas, a fim de manter a qualidade dos produtos fabricados.

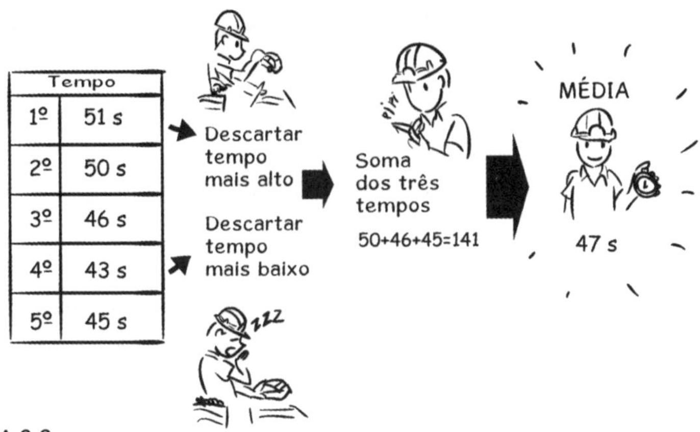

FIGURA 2.2

Uma vez definido o *lead-time*, precisamos estabelecer o número de operadores necessários no nosso processo. Como fazemos isso? Pegamos o *lead-time* e dividimos pelo *takt time*, como se segue:

$$\text{Quantidade de Operadores} = \frac{\textit{Lead-Time}}{\textit{Takt Time}}$$

Depois de definir o número de operadores na linha, precisamos equilibrar cada atividade que o operador precisa executar usando o diagrama Yamazumi, que significa equilibrar a força de trabalho como no exemplo da Figura 2.3.

Com o gráfico, podemos dividir as operações entre os operadores de forma que todos tenham exatamente o mesmo trabalho, pois se isso não acontecer, pode haver insatisfação entre alguns operadores, o que pode causar atrasos na produção e descontentamentos, criando um problema para o chefe da área que seria difícil de reverter.

Quando o balanceamento for estabelecido entre os operadores, eles devem seguir o fluxo definido no balanceamento atingido antes, como na Figura 2.4.

Note que o layout da célula de produção mostra que o operador precisa andar durante a operação, mas também precisamos atentar à figura da cruz, que indica a necessidade de pensar na segurança dele. Há também uma figura em formato de losango, que indica pontos no processo em que as inspeções devem ser feitas durante a fabricação dos produtos. Também vemos um X dentro de um círculo, chamado Temochi, representando o estoque padrão dentro do processo, que usamos para acelerar trocas de peças na máquina ou garantir o número de peças por ela exigido, pois algumas máquinas são feitas para produzir mais de uma peça no processo.

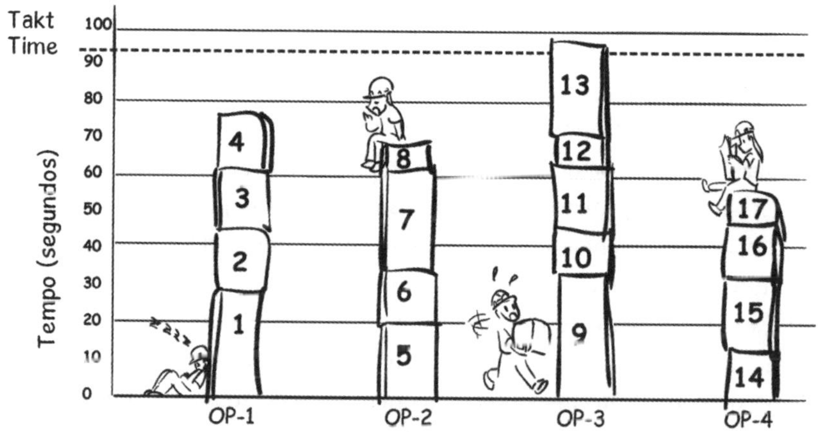

FIGURA 2.3

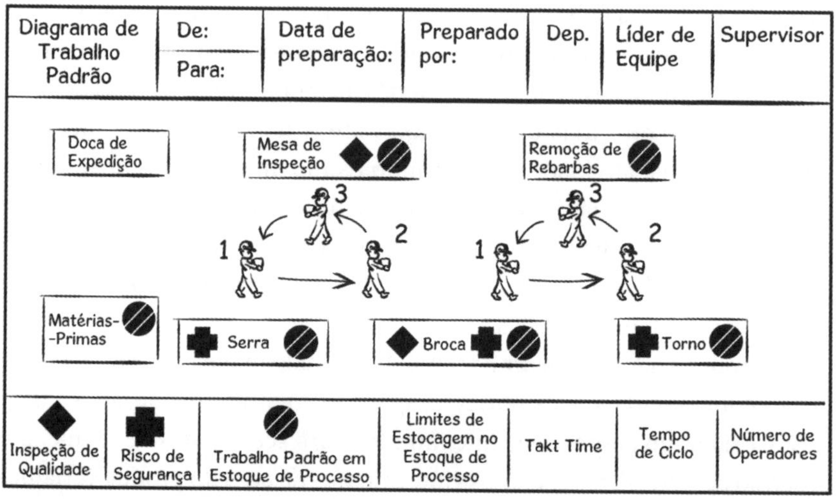

FIGURA 2.4

Layout da fábrica

O layout da fábrica determina a forma como as necessidades de material, de informação e dos consumidores fluem pelas operações. O que aprendi na Toyota é que um bom layout pode resultar em muitos benefícios para os operadores e para a produtividade ao reduzir desperdícios.

A questão-chave para criar um bom layout é pensar simples e não complicar as tarefas. Para pensar simples, precisamos sempre considerar o movimento das mãos do operador, bem como os deslocamentos dele e do produto.

Já fiz muitas mudanças de layout desde que saí da Toyota. Ensinei a muita gente que sempre se pode encontrar uma maneira mais fácil de fazer as coisas numa linha de produção.

Assumi um projeto numa empresa em Guadalajara, no México, onde precisávamos aumentar a produtividade para atender à demanda do cliente e diminuir o refugo na linha. Observando o layout, havia duas áreas separadas realizando processos sequenciais de um produto (uma prensa e uma operação de montagem), com cinco dias de estoque WIP entre elas. O verdadeiro problema, descobri, tinha mais a ver com um mito: as pessoas achavam que os dois processos não podiam estar fisicamente conectados por causa de uma máquina de injeção vertical presente em uma das áreas, embora houvesse espaço suficiente para colocar a linha de montagem adjacente à prensa de injeção vertical.

O problema era que ninguém pensou em calcular o *takt time* para verificar se a linha teria capacidade, antes de tentar juntar as duas áreas.

Depois de dois dias observando as áreas separadamente, medindo o tempo de cada atividade e registrando os movimentos dos operadores, começamos a desenhar o novo layout com a prensa vertical. Ao defini-lo, constatamos que o layout antigo exigia dez operadores. Ao equilibrar as atividades da linha de acordo com o *takt time*, estimamos que o novo layout só precisaria de cinco pessoas.

O ponto-chave foi medir o tempo da moldagem por injeção e o tempo de cura do componente de borracha aplicado ao produto, que, após a aplicação, exigia uma espera de vinte minutos para secar, antes de se iniciar o processo de teste. Para esperar os vinte minutos da cura do produto, criamos um estoque padrão chamado, em japonês, de *Temochi*.

Antes de mudar o layout, fizemos ensaios em alguns pontos para verificar se o equilíbrio da linha estava correto e definir o procedimento de trabalho padronizado para cada estação de trabalho.

Logo depois da mudança do layout, os operadores ficaram apreensivos com o novo método de produção. Mas, quando mostramos a eles a importância de seguir procedimentos de trabalho padronizado na operação, eles começaram a se sentir mais confiantes na própria capacidade de ter mais produtividade sem rejeições, o que aconteceu com a implantação do trabalho padronizado na área.

Foi uma experiência muito boa para mim, em uma das primeiras empresas em que trabalhei depois de sair da Toyota, fazendo o que tinha aprendido: *Encontrar o layout que mais facilitasse a operação, usando o trabalho padrão como base.*

Mudanças de layout, como a mudança de posição de uma máquina numa fábrica ou de um produto num supermercado, podem alterar o fluxo de materiais e de pessoas pela operação, com ganhos de custo e de eficiência geral da produção.

Uma melhoria no layout da linha de produção gera os seguintes benefícios:

1. Eliminação de homens-hora no transporte.
2. Retorno mais rápido em relação à qualidade para ajudar a redução de defeitos.
3. Redução de homens-hora ao reduzir ou eliminar a espera por um lote ou processo.
4. Redução do ciclo de produção.

Quando organizamos o layout de uma linha de produção, não devemos apenas pensar no fluxo do operador, mas também considerar como deve ser o fluxo do produto na linha. Precisamos pensar em como levar o operador a fazer o mínimo de esforço e, se possível, a ter algo para mover uma peça de uma máquina para outra.

Objetivos do layout

Os objetivos no desenvolvimento de um layout apropriado são os seguintes:

1. Minimizar o tamanho da planta, reduzindo assim o custo do deslocamento do operador, de transporte, de espaço e de capital nas instalações.
2. Remover o excesso de estoque centralizado de materiais, componentes e unidades compradas ou fabricadas.

3. Minimizar perturbações na fábrica devido à mudança e possibilitar um crescimento futuro.
4. Evitar a alocação de escritórios ou serviços de apoio nos perímetros da fábrica.
5. Reduzir o espaço ocupado pelos corredores formais da fábrica, em relação aos usados pelos processos de produção.

Certo dia, um amigo me convidou para avaliar o layout de uma fábrica de prensas que fazia produtos para montagem de automóveis e computadores. Assim que entrei, a impressão que tive foi de uma fábrica bagunçada, produzindo estoque, mas sem fluxo de produção. Havia muito desperdício no transporte e na movimentação do operador.

Meu amigo me perguntou: "O que você viu no meu processo?" Respondi que não via nada, pois era muito difícil ver alguma coisa com toda aquela desordem e falta de organização. Então ele disse: "Sério? Eu achava que agora o layout da fábrica estava muito melhor."

A isso, respondi: "Melhor para quem?" Muito melhor para os operadores, pois não precisavam trabalhar muito; estavam sempre se movimentando para encontrar alguma coisa, sem mencionar o tempo de espera para uma mudança de prensa, etc.

Meu amigo me olhou nos olhos e disse: "E como você mudaria o fluxo a partir de como está agora?"

"Muito simples", respondi. "Você só precisa pensar simples. Não complique as coisas. Torne o fluxo visível, simples para a operação, em que o operador possa trabalhar sem precisar andar o dia todo."

Ele então disse: "Gerson, tenho uma nova planta que gostaria que você visse para avaliar o fluxo. Você pode dar uma olhada?" Eu disse: "Claro!"

Quando ele me mostrou o layout, eu não conseguia acreditar; a nova planta tinha os mesmos erros que a antiga, antes mesmo do início do processo. Por que aquilo estava acontecendo? Muitas vezes, as pessoas acham complicado pensar simples; elas sempre querem fazer coisas mais complicadas, que não funcionam e só causam mais desperdício no processo.

Disse ao meu amigo que ele deveria mudar o layout para ter mais fluxo, e organizar as máquinas para facilitar o manuseio das empilhadeiras. Seis meses depois, voltei a visitá-lo para ver se ele tinha aceitado meu conselho. Para minha surpresa, ele não tinha mudado nada; era uma nova fábrica com a mesma bagunça da antiga.

Perguntei por que ele não tinha mudado nada a partir do que discutimos. A resposta foi que não houvera tempo para pensar em outra maneira, apesar das tentativas de mudança.

Às vezes, o que é fácil para uma pessoa é complicado demais para outras. Na Toyota, recebemos treinamento para detectar e solucionar os problemas o mais rápido possível, sempre evitando desperdícios no processo, mantendo o fluxo o mais simples possível e fácil de visualizar.

O fator humano

No TPS, a produtividade é um fator-chave, e o aumento da produtividade é uma meta constante. Ao mesmo tempo, o fator humano no TPS está estreitamente relacionado com produtividade.

PROBLEMAS NA IMPLANTAÇÃO DO TRABALHO PADRÃO

Os problemas que ocorrem na implantação do trabalho padrão são simples de resolver. O problema maior é que as pessoas não querem fazer as melhorias necessárias, porque isso leva tempo, e o processo pode acabar se perdendo.

Em muitas empresas que adotam o Lean, existe um trabalho padronizado. O problema é o fato de ser mal implantado. Muitas vezes a padronização não é feita pelo líder ou pelo supervisor da área, mas sim pelo engenheiro da área, que não tem o mesmo tipo de experiência deles.

O engenheiro não conhece os detalhes da operação; muitas vezes, tem um excelente conhecimento técnico, mas não domina todos os detalhes sobre como tornar a operação mais rápida e apropriada. Mas por que estou escrevendo isso? Porque, quando você escreve os pontos-chave da operação, o operador e o líder de equipe têm muito mais conhecimentos para definir a operação padrão, conforme mencionado anteriormente.

Outra questão é: Por que as pessoas não querem se manter dentro do padrão? A resposta é simples: Porque esquecemos de explicar por que o operador deve seguir o padrão.

Em uma empresa no México, depois da implantação de um padrão, a líder de operações fiscalizava todos os operadores para avaliar se eles estavam ou não seguindo o procedimento de acordo com o trabalho padrão.

No início, ela precisava fazer uma revisão a cada trinta minutos, depois a cada hora, em seguida a cada duas horas, a cada quatro, até só precisar fazer uma revisão por turno.

Ela revisava o trabalho padrão e as horas de operação (o *takt time* era de 10,5 segundos). No começo, os operadores tiveram problemas com a sequência de operações, pois já estavam acostumados a trabalhar do jeito errado. Mas a líder, ao detectar algum desvio, falava com os operadores sobre onde e quando estavam cometendo o erro, e depois ficava por perto até mais de dez peças serem produzidas, para ver se eles tinham entendido a explicação.

Uma questão extremamente importante refere-se às imagens usadas para ilustrar um procedimento de trabalho padrão. Muitas empresas usam fotos tiradas de muito longe ou difíceis de enxergar. É uma das razões comuns de o operador não seguir o padrão.

As imagens devem mostrar como executar a operação. Precisam apresentar detalhes para o operador realizar uma boa operação, para que ele não tenha dúvidas no momento da operação.

A Toyota segue rigorosamente os próprios padrões; o líder está sempre revisando o trabalho com cada operador.

ONDE AFIXAR AS INSTRUÇÕES DE TRABALHO PADRÃO

Onde afixar padrões operacionais é a grande pergunta que todos fazem. A resposta depende do processo que você tem, pois existem operações em que o padrão não pode ser fisicamente colocado na frente delas. Então, a resposta é: "Depende." Mas se você perguntar qual é o melhor lugar para afixar as instruções de trabalho, a resposta é: "Onde o operador tiver de cumprir a tarefa." Assim, se tiver alguma dúvida durante processo, o operador pode consultar o padrão e realizar a atividade com segurança.

O problema acontece quando há um Kaizen feito na linha; é preciso alterar a instrução de trabalho padrão para que outros funcionários possam realizar a tarefa da mesma maneira. Mas por que isso é um problema? É preciso um tempo para fazer uma alteração nas instruções de trabalho padrão, e muitas vezes não temos esse tempo para alterá-las, o que torna as verificações diárias inúteis e faz o Kaizen se perder com o tempo.

Na Toyota, quando queremos aplicar o Kaizen na linha, primeiro fazemos um teste para provar que ele vai realmente trazer benefícios para a área. Em seguida, verificamos se não vai causar algum desequilíbrio na linha. Quando há um desequilíbrio, precisamos redistribuir as atividades entre os operadores, o que pode gerar outra alteração nas instruções de trabalho padrão. É por isso que o trabalho padronizado não é fácil de usar, e a razão de tantas empresas terem seus procedimentos guardados numa pasta — para ninguém ver que precisam fazer revisões.

Os padrões operacionais da Toyota ficam na frente do operador. No caso de forja ou fundição, ficam ao seu lado, pois o calor pode queimar as folhas de instrução. Porém, antes de realizar a atividade, o líder ou gerente precisa observar se o operador está ou não seguindo o trabalho segundo o padrão.

Espero que este capítulo sobre trabalho padronizado tenha ajudado a esclarecer quaisquer dúvidas que você pudesse ter a respeito desse tópico.

O ponto mais importante é primeiro tornar as coisas o mais simples possíveis, e depois pensar em como melhorar o processo.

Não tenho dúvida de que, se você não tiver um bom trabalho padronizado, terá muitos problemas de qualidade no seu processo. Se tiver um trabalho padronizado, certifique-se de que ele está sendo seguido corretamente; use a experiência do "rei" para criar bons procedimentos de trabalho padronizado.

Só para finalizar, quero deixar claro para você que para a implementação precisa ter paixão, você deve realizar a implementação de cada técnica com alegria, não simplesmente implementar porque você deve. Lembre-se de que o Lean é para a organização; uma vez bem implantado, não retrocede. Sua implantação só pode se perder quando o sistema depende de uma única pessoa. Precisamos reconhecer que o sistema não pode depender de uma só pessoa; ele depende de todos os funcionários, todos os dias, hora a hora, minuto a minuto. Quando saí da Toyota, nada se perdeu com minha ausência. Sabe por quê? O sistema era todo padronizado. Não depende de uma pessoa; depende dos operadores que queiram realizar suas tarefas de acordo com os padrões.

3 JIDOKA

Renato Eiji Kitazuka, com Carlos Moretti

Mais do que uma técnica ou ferramenta, o Jidoka é o princípio que busca a qualidade da produção e desvincula o processo da supervisão direta. Com o tempo, tornou-se um dos dois pilares do Sistema Toyota de Produção (Toyota Production System, TPS) (Figura 3.1).

ORIGENS

No final do século XIX, anos antes de a Toyota Motors Corporation ser fundada, os princípios que nortearam seu famoso sistema de produção já estavam sendo praticados por Sakichi Toyoda, um visionário considerado por muitos como o pai da Revolução Industrial no Japão e o maior dos inventores japoneses.

Na infância, Sakichi via a mãe trabalhando arduamente na confecção de tecidos para a família em um tear manual. Incomodava-o o fato de vê-la trabalhar tanto para produzir uma quantidade tão pequena de tecido. Isso o levou a inventar um tear que prescindia de alguns dos movimentos desnecessários na atividade tradicional de tecer. Continuou a aperfeiçoar essa invenção inicial e acabou fundando uma empresa de teares. À medida que a empresa crescia, Sakichi ficou perplexo com um dos maiores problemas da tecelagem: se um fio se rompesse sem ser notado, preciosas horas de trabalho e muita matéria-prima seriam perdidas. Para evitar isso, uma pessoa era designada para monitorar a máquina em tempo integral e sustar seu funcionamento quando um fio se rompia. Ele percebeu que apenas aumentar o número de trabalhadores não resolveria o problema. Imaginou que uma possível solução seria dissociar a supervisão do trabalho da ação do tecelão, e assim liberar mais tempo para que este realizasse um trabalho com valor agregado. Passo a passo, foi implantando pequenas mudanças e identificando novas oportunidades para melhorar o processo. Essa técnica de alcançar níveis mais elevados de eficiência e qualidade por meio de pequenas melhorias tornou-se seu legado, a cultura Kaizen. Finalmente, depois de muitas tentativas, Sakichi elaborou um mecanismo que parava automaticamente o tear se um fio se rompesse. Ele chamou esse dispositivo de Jidoka. Hoje em dia, Jidoka — a palavra japonesa que significa "automação" — tem um significado mais profundo na Toyota: *automação com um toque humano*, ou *automação autônoma.*

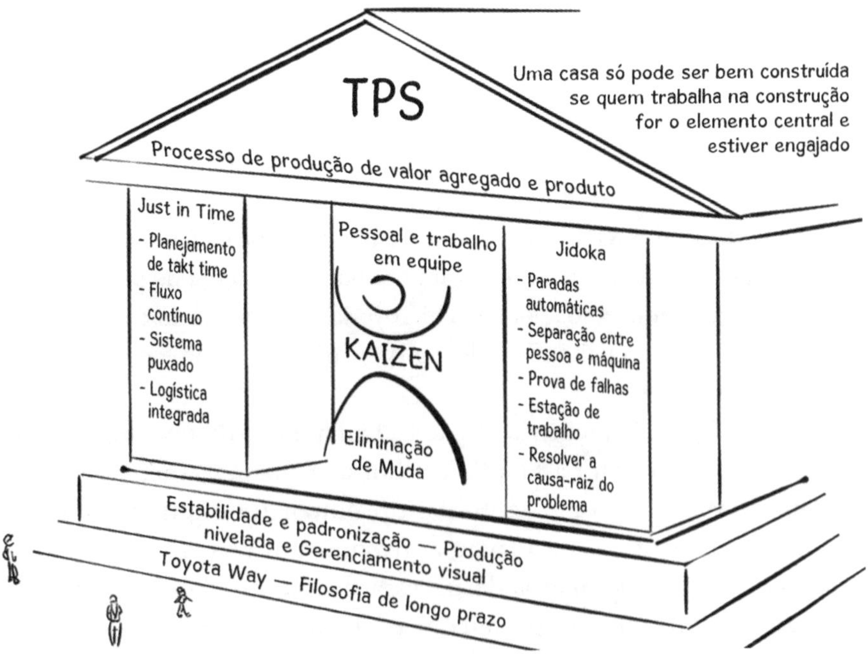

FIGURA 3.1
Casa do TPS.

O JIDOKA COMO UM DOS PILARES DO SISTEMA TOYOTA DE PRODUÇÃO

Na Toyota, todos sabem que "o processo certo produzirá os resultados certos". Portanto, um dos principais objetivos das equipes de gestão da companhia é melhorar os processos ao eliminar os desperdícios. Por outro lado, é quase impossível prever todas as falhas potenciais de um determinado processo. Assim, a melhor maneira de conseguir o "processo perfeito" é interromper o processo e corrigir cada pequeno erro imediatamente após sua ocorrência e antes que atinja um nível crítico.

Quando trabalhava numa fábrica de retentores, vi um exemplo disso quando foi identificado um vazamento de óleo em uma das linhas de montagem de um de nossos principais clientes. Quando a equipe de inspeção final do cliente detectou certo número de componentes defeituosos, todo o lote de peças foi separado. Como o cliente apontou um de nossos itens como a provável fonte do vazamento, demos início a um processo de resolução de problemas.

Muitas peças diferentes poderiam ter causado o vazamento de óleo — por exemplo, juntas, articulações, parafusos. Fui designado para dar suporte ao processo de solução de problemas focado na junta aparafusada.

Demorou algumas semanas para afinal encontrarmos a "causa-raiz": uma variação no sistema de controle de torque, que não exercia a pressão adequada na junta, causando o vazamento.

Para resolver o problema, o sistema de controle de torque foi reajustado e foram adicionados novos parâmetros de inspeção ao processo.

Na época, essa pareceu ser a solução, mas no fundo eu não tinha certeza de que a causa-raiz tinha sido realmente eliminada. "E se a inspeção falhar?", eu me perguntei.

Alguns anos depois, quando eu trabalhava na Toyota, um fato me chamou a atenção na linha de montagem de motores: para minha surpresa, além dos sofisticados sistemas de controle de torque, vi que a empresa usava torquímetros mecânicos muito simples e baratos em muitas linhas de montagem de motores para garantir a aplicação adequada do torque.

Perguntei ao líder da linha de montagem por que a Toyota não usava dispositivos eletrônicos ou pneumáticos. Ele me respondeu que algum tempo antes a Toyota tinha aplicado a metodologia de solução de problemas para um problema de vazamento de óleo.

Na época eu não sabia, mas estava prestes a aprender uma maneira mais eficaz de executar um *verdadeiro* projeto de solução de problemas!

A Toyota nunca considerou um único componente como parte do problema! Usando o conceito Jidoka, quando a inspeção de torque falhou, imediatamente se percebeu que havia um problema com o sistema de aplicação de torque e a linha de montagem parou. A equipe responsável pela solução do problema identificou que o sistema pneumático adotado para aplicar o torque sobre os retentores era altamente suscetível a variações das linhas de ar comprimido e que isso prejudicava a estabilidade de todo o processo.

Como contramedida, para pequenos volumes de produção, foi adotada uma tecnologia muito confiável e conhecida: um dispositivo mecânico simples, que não dependia da pressão do ar.

O que realmente me impressionou foi que se passaram apenas algumas horas entre o momento em que o problema foi detectado e a colocação em prática da contramedida. Graças ao Jidoka, não foram consideradas possíveis causas-raiz além das linhas de ar comprimido. E, assim, a análise do problema foi drasticamente simplificada.

Na Toyota, os componentes da construção de um processo sólido são comparados à construção de uma casa sólida. Isso é visualizado na Casa do TPS, construída sobre uma base sólida de estabilidade de processos, com dois fortes pilares — Just in Time e Jidoka — que sustentam o telhado (custo competitivo) (Figura 3.1).

Como em qualquer casa, a firmeza do telhado depende da solidez dos pilares. Mas o que vemos ao trabalhar com empresas que não a Toyota é que elas adoram implementar o Just in Time, devido à resultante redução de estoque. Por outro lado, essas mesmas empresas relutam em interromper os processos quando alguma coisa dá errado. "O espetáculo não pode parar", dizem.

Chamamos isso de "dependência da caixa de ferramentas", ou seja, a escolha das ferramentas e técnicas que ajudam a resolver uma necessidade urgente, sem levar em consideração a construção de uma cultura Lean sustentável. Não há dúvida de que essa atitude resultará na construção de uma casa frágil!

As técnicas Lean devem ser usadas da mesma forma como quando se inicia um tratamento com antibióticos: tomar todos da maneira como são receitados, não só quando se quer ou porque se gosta ou não. Fujio Cho, ex-presidente da Toyota Motor Company, disse o seguinte: "Muitas boas empresas respeitam os indivíduos, praticam o Kaizen e outras técnicas do TPS. Mas o importante é ter todos os elementos juntos como um sistema. Ele precisa ser praticado todos os dias de forma muito consistente — não em surtos —, de maneira concreta no chão de fábrica."

Tenho implantado a cultura Lean nos últimos dez anos, trabalhando com diferentes empresas e culturas. Devo confessar que continuo aprendendo o TPS a partir da analogia da Casa. Ironicamente, fiquei um pouco desapontado quando fui apresentado a essa analogia.

Minhas primeiras semanas na Toyota foram incríveis! Todos os dias eu aprendia novas técnicas de administração de empresas. Meu chefe, um professor paciente — ou "sensei", em japonês —, passava muito tempo comigo. Durante uma de nossas sessões de aprendizado, pedi algo para ler sobre o TPS. Ele me deu um exemplar do manual interno da Toyota. Depois de ler, pensei: "Como isso é possível? Um dos sistemas de produção mais eficientes do mundo ser baseado na analogia com uma casa? E quanto às instruções do tipo 'faça você mesmo'?" Depois disso, comecei a procurar explicações em toda parte, menos em fontes externas, mas não encontrei nenhuma descrição das técnicas.

Alguns anos depois, saí da Toyota para ser agente Lean de uma empresa de autopeças. Era uma instalação nova em folha, baseada nos conceitos do Lean e considerada por muitos como um modelo de fábrica Lean. Na verdade, fui seduzido pela excelente estrutura Lean e pelo seu incrível *The Lean Production System Manual* [Manual do Sistema de Produção Lean]. Era um livreto com instruções completas e detalhadas sobre como implantar o sistema. Todos os requisitos para uma empresa Lean estavam lá. A empresa também contava com muitos especialistas em treinamento e desenvolvimento de projetos Lean. Definitivamente, eu não tinha visto essa estrutura na Toyota. Na verdade, naquela época, poderia dizer que o sistema Lean deles era melhor que o da Toyota.

Por outro lado, alguma coisa me deixou intrigado; apesar de a estrutura que mencionei ter sido implantada, os conceitos básicos não estavam em vigor! Havia uma distância enorme entre o que eles tinham escrito e o que *realmente* faziam. Os procedimentos realizados na Toyota de forma natural eram negligenciados.

Comecei a me perguntar: Com essa estrutura tão grande, por que a Toyota tivera mais sucesso na implantação do Lean do que minha nova empresa poderia sonhar?

Depois de constatar falhas e sucessos na implantação de técnicas Lean em diferentes processos, entendi que a simplicidade do material TPS da Toyota era na verdade sua maior vantagem. Os princípios adotados pela Casa do TPS orientam os trabalhadores a direcionar seus esforços para fortalecer a base e os pilares do sistema, sem induzi-los a aplicar uma técnica específica. Eu tinha subestimado o poder daquela analogia!

Continuamos vendo empresas que focam seus esforços na implantação de técnicas Lean. E, assim, o Lean torna-se mais um programa para "especialistas", e os desempenhos dos departamentos são medidos pelo número de técnicas Lean implantadas.

A má notícia sobre essa abordagem é que o Lean se torna uma tarefa para especialistas, e não um dever de todos; o processo de implantação Lean precisará de *supervisão direta* para alcançar o nível de qualidade desejado. E, como veremos a seguir, o princípio do Jidoka é exatamente o oposto: é preciso dissociar a qualidade do processo da supervisão direta.

Ao implantar o Jidoka, o especialista no Lean não tem papel de auditor, mas sim de professor — um sensei que transmite conhecimento e compartilha suas experiências. Em vez de usar livros, o sensei orienta seus alunos com "sessões de aprender fazendo", deixando *o propósito da técnica* muito claro para todos.

Isso pode ser considerado um dos principais fatores de sucesso da Toyota — seja qual for a instalação da companhia em que você trabalhe, a Casa do TPS está sempre presente.

ENTÃO, QUAL É O PROPÓSITO DE USAR O JIDOKA?

1. *Qualidade inerente.* Isso é assegurado evitando que os produtos/serviços defeituosos sejam entregues. Essa técnica implica dedicar-se apenas a obter produtos/serviços com o nível de qualidade desejado pelo cliente. O processo deve ser projetado para identificar problemas imediatamente após sua ocorrência, e induzir os trabalhadores a sempre seguirem os procedimentos corretos. Embora pareça simples e óbvio, na maioria dos casos esse recurso é negligenciado.

2. *Dissociar qualidade e fluxo de processo de supervisão direta.* Shigeo Shingo elaborou o conceito de Poka Yoke. Esse termo japonês, que significa "à prova de erros", refere-se a qualquer mecanismo em um processo que ajude os trabalhadores a evitar (yokeru) erros (poka).

> Shingo foi um dos maiores defensores do Jidoka e costumava dizer: "A maioria das pessoas sabe andar de bicicleta. Mas isso não significa que elas saibam consertar bicicletas. Então, por que seria diferente com um processo?" O princípio Jidoka favorece a autonomia. Quando conseguimos dissociar a execução de uma determinada tarefa da supervisão humana, utilizamos melhor os recursos humanos e ganhamos tempo. Consequentemente, os recursos podem ser focados na melhoria do processo.

Voltando à fabricante de retentores. A empresa tinha um grupo de engenheiros muito competentes no departamento de planejamento de produção. Eles contavam com o apoio de muitos técnicos que atuavam no chão de fábrica, monitorando os níveis de produção e estoque e fornecendo informações vitais para o desenvolvimento do planejamento de necessidade de materiais. Todo o trabalho era auxiliado por um sofisticado software de planejamento de produção.

A equipe do planejamento de produção era considerada por muitos como "o cérebro e o coração da fábrica". Era respeitada por todas as outras áreas. Também devo dizer que era a equipe mais estressada da empresa, sempre trabalhando depois do expediente e sob muita pressão. Infelizmente, apesar de todos os recursos e esforços consumidos, essa estrutura não era à prova de erros! Era comum precisarem fazer revisões de planejamento, organizar fretes extras e pagar multas por atrasos nas entregas. Pelo menos um quarto de toda a área da instalação era dedicado à armazenagem dos produtos acabados. Considerando o "estoque em processo", poderíamos dizer que o estoque ocupava mais da metade do espaço da planta.

Mais tarde, quando comecei a trabalhar na Toyota do Brasil, quase entrei em choque quando conheci o único engenheiro responsável pelo planejamento de produção de peças e de toda a linha de montagem. É verdade que em São Bernardo do Campo (SP) o volume de produção era pequeno, mas a complexidade de uma linha de montagem de automóveis é muito maior que a complexidade de uma fábrica de retentores.

Pensei: "Como é possível? No meu emprego anterior, meus amigos estavam sempre reclamando de como era difícil manter as coisas funcionando e como viviam ocupados. Como uma montadora de automóveis conseguia administrar todo o departamento de planejamento com um único engenheiro? Quer dizer, com apenas uma pessoa designada para lidar com previsões, ordens de produção, cronogramas de máquinas, acompanhamentos, controle de estoque, etc.!"

Um tour com o planejador de produção da Toyota me revelou muitas das técnicas mundialmente famosas da empresa. Quando conheci o Kanban, técnica desenvolvida para sustentar o pilar Just in Time, percebi que ele também aplicava, na íntegra, os princípios do Jidoka. Um sistema Kanban é projetado para ser executado por trabalhadores do chão de fábrica, pois dissocia o controle da produção da supervisão direta do planejador de produção; não há necessidade de "especialistas" ou acompanhamentos. O complexo "quebra-cabeça" de ajustar o planejamento da produção é substituído por uma tarefa muito simples e executada pelos trabalhadores em tempo real (ver o Capítulo 4 para mais detalhes sobre o Kanban).

Aqui, devemos enfatizar a importância de entender o propósito do Jidoka. Se a Toyota o tivesse aplicado de acordo com sua tradução direta — automação —, como faz a maioria das empresas, teria desenvolvido um software muito complexo para planejar sua produção. Ao compreender adequadamente o *propósito* da técnica, a Toyota direcionou seus esforços para dissociar o controle da produção da supervisão direta.

Usando o Jidoka

Quando trabalhei na Toyota, tive uma experiência muito importante no lançamento da linha de montagem de um novo motor. Eu trabalhava como engenheiro de produto. Meu escritório ficava num prédio da administração, longe do local de fabricação, e eu precisava ministrar um treinamento na linha de montagem. Foi minha primeira permanência longa nas instalações de fabricação, tendo passado somente uns poucos dias lá desde que fora contratado. Também seria meu primeiro contato real com o Jidoka. Quando visitei a linha de montagem, a primeira coisa que me chamou a atenção foi que ela era basicamente manual. Somente algumas tarefas muito complexas eram automatizadas, com dispositivos muito simples. Eu esperava ver robôs e máquinas de alta tecnologia na linha de montagem. "Os japoneses são especialistas em automação", pensava.

Então perguntei a um amigo como eles poderiam estar usando o Jidoka se não tinham dispositivos eletrônicos rodando naquela linha. Meu amigo me disse que só havia alguns robôs em toda a fábrica, e usados principalmente em tarefas perigosas ou atividades com alto nível de precisão. As outras atividades eram manuais, mas o Jidoka estava em vigor naquela linha de montagem.

Confesso que fiquei um pouco frustrado quando ele me disse que o Jidoka era um cordão pendurado em cada estação de trabalho, usado para acender um quadro de luz, a placa de Andon. Essas placas eram usadas para mostrar quando uma estação de trabalho precisava de suporte.

Na verdade, não entendi bem meu amigo. Como aqueles simples cordões poderiam garantir a qualidade de todo o processo? Quando trabalhava como engenheiro numa fábrica de retentores, visitei muitas linhas de montagem, onde vi equipamentos muito sofisticados e automatizados usados para controlar os processos. Seria possível que um cordão preso a uma bola vermelha fosse o grande segredo do famoso TPS?

Quando você vê um iceberg flutuando no mar, não consegue enxergar o que está debaixo d'água. Da mesma forma, numa olhada rápida, não consegui ver todos os detalhes ocultos nesse processo. Depois de passar algum tempo observando as atividades da linha de montagem, entendi por que a Toyota confiava tanto no seu sistema de produção: aqueles cordões eram apenas símbolos — símbolos do compromisso de todos com a qualidade.

Olhando "debaixo d'água", entendi que o comportamento e a cultura eram muito mais importantes que equipamentos sofisticados de alta tecnologia. Na linha de montagem da Toyota, tudo induzia a atividades corretas. No chão, havia indicações e limites usados para mostrar aos operadores o fluxo de trabalho. Cada estação de trabalho dispunha do material e das ferramentas apropriados a serem usados. Havia pouca possibilidade de erro. Na verdade, cometer um erro era mais difícil do que fazer as coisas certas.

Afinal, se esses recursos falhassem, uma nova oportunidade de melhoria seria identificada — uma oportunidade para todos os membros da equipe trabalharem e projetarem um processo melhor! Por isso os cordões de Andon eram tão importantes, e interromper o processo era algo esperado quando ocorriam problemas. Fiquei fascinado com o conceito dos cordões de Andon como portais de qualidade, em que os operadores verificavam seu trabalho e decidiam se o produto seguiria em frente ou se precisavam de assistência.

Então, você pode perguntar: "Quando devo começar a implantar o Jidoka?" Bem, sem visitar seu local de produção, essa é uma pergunta muito difícil de responder. Não existe uma fórmula rígida, mas há algumas diretrizes.

Etapas de implantação do Jidoka

A maioria das organizações não consegue implantar o Jidoka porque não entende totalmente o princípio, e consequentemente entende mal as necessidades básicas da implantação. Uma avaliação rápida é muito útil para identificar o estágio de implantação alcançado por uma empresa.

Para iniciar a implantação do Jidoka, vamos voltar à analogia da "Casa do TPS". Você só conseguirá construir os pilares — JIT e Jidoka — quando a fundação da Casa estiver sólida. Assim, poderíamos dizer que, antes de qualquer coisa, você e sua equipe precisam ter *competências sistemáticas de resolução de problemas*. Esse é um marco muito importante, pois na verdade todas as técnicas da Toyota são contramedidas estabelecidas depois de processos de solução de problemas (ver o Capítulo 5 para mais detalhes sobre a solução de problemas com PDCA). Tentar implantar o Jidoka antes de ter uma *estabilidade básica* comprometerá toda a estrutura da Casa.

Quando tiver membros da equipe capazes de resolver problemas eliminando suas causas-raiz, você deve começar a desenvolver processos e métodos que detectem problemas assim que ocorram.

Embora os problemas surjam diariamente, não é tão fácil vê-los acontecendo ou aprender com eles. Isso provavelmente se deve à herança da nossa infância, quando erros e problemas eram passíveis de punição. Por isso, vemos os problemas como falhas pessoais e tendemos a escondê-los. Como gerentes, é nosso dever mostrar aos membros da nossa equipe os benefícios de trazer os problemas à tona. Taiichi Ohno, o pai do TPS moderno, afirmou que "Nenhum problema é o maior dos problemas".

Trazer "problemas à tona" é o maior desafio na construção da cultura Jidoka. Será preciso tempo, disciplina e esforço para ganhar a confiança das pessoas de que a revelação de problemas não resultará em punição. Uma das melhores maneiras de fortalecer a implantação do Jidoka é lançar um programa Kaizen Teian (ver o Capítulo 7).

Mas como podemos garantir que todos os problemas de um determinado processo serão descobertos? Utilizar inspeções é uma resposta possível. Embora a inspeção seja um dos sete desperdícios — excesso de processamento —, é quase impossível reconhecer problemas se não usarmos procedimentos de inspeção. A terceira etapa do Jidoka é estabelecer portais de qualidade ou pontos de inspeção eficazes para identificar erros de processo.

Podemos classificar as inspeções em três tipos:

1. *Inspeções de julgamento*: Quando um produto acabado é comparado a um padrão. Se algo der errado, o produto é sucateado ou retrabalhado.
2. *Inspeções informativas*: Quando é fornecido um feedback sobre o processo e são executadas ações corretivas. O método informativo também pode prevenir erros com o uso de ferramentas estatísticas e análises para prever tendências do processo.
3. *Inspeções na fonte*: A metodologia mais utilizada na Toyota, na qual dispositivos simples tornam a inspeção totalmente viável e confiável, sem interferência do cansaço ou da atenção humanos.

As inspeções na fonte são as técnicas mais eficazes usadas pela implantação do Jidoka. O princípio básico é "descobrir" os erros antes mesmo que ocorram. Podemos conseguir isso usando Poka Yoke. Como dito anteriormente, esses dispositivos induzem a execução correta do processo ou impedem a ocorrência de erros. Poka Yoke é a principal técnica usada pela Toyota para tornar os problemas visíveis. Ela também é usada como combustível para o Kaizen Teian, promovendo o melhor aproveitamento do intelecto da equipe.

Devemos lembrar que somos suscetíveis a erros. De fato, sempre que as circunstâncias e o ambiente induzem a erros, mais cedo ou mais tarde eles vão ocorrer. Para chegar ao quarto estágio do Jidoka e criar o ambiente e as circunstâncias que induzam à qualidade, precisamos aliar as práticas Poka Yoke, 5S, técnicas de padronização e o processo de qualidade inerente.

Em uma empresa de manuseio e embalagem que visitei anos atrás, um problema comum era o envio de material incorreto ao destino errado, pelo fato de o material ter sido colocado na embalagem errada. Na verdade, o processo não foi mal projetado. Eles tinham um software para controlar a operação e um bom método de controle em vigor: a etiqueta de identificação da embalagem era escaneada, e um funcionário atribuía uma ordem de envio; o sistema tinha um registro do conteúdo dos envios, e quando o funcionário escaneava a embalagem com o material registrado o sistema marcava como concluído. Todos esses procedimentos garantiriam um bom processo, exceto pela organização da linha, ou seja, o 5S era fraco. Várias embalagens eram abertas e os funcionários ficavam confusos. Sem saber ao certo qual embalagem estava sendo trabalhada, era mais fácil colocar os materiais nas embalagens erradas do que nas certas. Era um problema com as pessoas ou com os processos?

Depois de passarmos por todas essas etapas (um ambiente de qualidade inerente, que significa um ambiente com um forte 5S, alto nível de padronização, metodologias de inspeção *na origem* e dispositivos Poka Yoke instalados), podemos chegar ao nível final do Jidoka: dissociar a qualidade do processo da supervisão direta. Nesse nível, você e sua equipe colherão os maiores benefícios do Jidoka e poderão afixar placas de Andon, gráficos de escalonamento e os cabos de interrupção no lugar, minimizando a possibilidade de erros e reduzindo o desperdício de mão de obra qualificada.

Era cedo demais

Nos últimos anos, as práticas Lean se espalharam pelo mundo em muitos campos diferentes. Consequentemente, não é difícil encontrar empresas que utilizem técnicas Lean para promover a melhoria contínua de seus processos. Tive a oportunidade de visitar muitas delas, e fico contente por ter aprendido um pouco sobre seus diferentes processos. Adoro entender, ou ao menos tentar entender, como a matéria-prima se transforma em peça. Adoro "ver" o fluxo de pessoas e informações em uma instituição bancária ou seguradora.

Durante uma dessas visitas, algo muito interessante me chamou a atenção. Estávamos andando pelo departamento de manutenção de uma empresa que produz dobradiças, quando vi uma placa de Andon coberta de poeira no canto de uma salinha, enterrada embaixo de três ou quatro caixas.

O gerente de produção, uma das três pessoas que estavam comigo, percebeu que eu estava olhando para placa e disse: "Ah! Essa placa… Não funcionou de jeito nenhum!" Na verdade, o que realmente me chamou a atenção foi a falta de 5S no recinto, mas perguntei por que ela não funcionava.

Ele respondeu: "Porque quando pusemos a placa de Andon nós precisávamos parar a linha de montagem pelo menos cinco ou seis vezes por turno. Essa ferramenta realmente não se aplica à nossa empresa."

"Então me fale sobre as competências para resolução de problemas da sua equipe", eu disse.

"Dois vão completar o treinamento no mês que vem. Os outros vão começar as sessões depois deles."

Bem, culpar a placa de Andon por "parar" a linha de montagem é o mesmo que culpar a faca que você usou como chave de fenda por cortar seu dedo. Como diz James Womack, "Estamos encalhados na Era da Ferramenta".

Infelizmente esse gerente, como muita gente, não entendia o propósito da placa de Andon: interromper o processo *para resolver problemas*. Por essa razão, não percebeu que sua equipe não fora apropriadamente treinada em técnicas de resolução de problemas. Eles mal conseguiam lidar com os sintomas dos problemas, e muito menos eliminar suas causas-raiz. Outro ponto que deve ser destacado é que eles decidiram afixar as placas de Andon cedo demais, antes de o processo ser estabilizado. O pior de tudo é que, na cabeça do gerente, parar o processo não era nada bom. Para o Jidoka funcionar, a empresa precisa ver os problemas como uma coisa boa, e trabalhar diligentemente para descobrir suas causas e resolvê-los na origem.

CONCLUSÃO

Muitas empresas implantam técnicas Lean em uma sequência aleatória. Particularmente em relação ao Jidoka, essa "dependência da caixa de ferramentas" as leva a usar sofisticadas placas de Andon e gráficos de escalonamento e a interromper os processos sempre que um problema é detectado, mesmo que não tenham as competências básicas em técnicas de resolução de problemas. Consequentemente, as equipes de gerenciamento lidam com os efeitos de um problema em vez de buscar a raiz de suas causas. Essa abordagem superficial coloca em risco a confiabilidade do Jidoka, pois o processo se torna ineficaz e imprevisível. Ironicamente, um processo previsível é tudo o que desejamos ao implantar as técnicas Lean.

Para aproveitar os maiores benefícios do Jidoka, um determinado processo deve naturalmente induzir sua própria execução correta — *qualidade inerente* — sem supervisão direta. Esse alto nível de maturidade só será alcançado quando você e sua equipe entenderem o processo a fundo, conhecerem todas as suas fragilidades e perceberem que interromper o processo e corrigir os verdadeiros problemas é um hábito saudável.

Realmente é uma longa jornada. Contudo, "atalhos" devem ser evitados. Quanto mais a fundo você entender as fraquezas do seu processo, mais fácil será construir um forte pilar Jidoka na sua Casa do TPS!

4 JUST IN TIME E KANBAN

Carlos Fukamizu

Meu primeiro contato com as metodologias de Lean Manufacturing aconteceu em uma empresa americana, não na Toyota. Quando me formei em engenharia de produçao, fiquei em dúvida sobre por onde deveria começar minhas atividades profissionais.

Pouco tempo depois, recebi uma proposta de emprego no Recife (PE), cidade conhecida por suas famosas praias e 365 dias de sol por ano. Claro que aceitei, de início pensando no tempo que poderia passar na praia todos os dias.

Comecei meu trabalho como engenheiro de processos, sendo responsável por definir as fases de tratamento térmico entre as etapas de laminação de chapas de alumínio. Percebi que a empresa tinha um método de trabalho que me deixou curioso; equipes de trabalho eram encarregadas de melhorar dispositivos, processos, ferramentas, etc. Compostas por pessoas de diferentes áreas e responsabilidades, tinham o objetivo comum de melhoria contínua; cada equipe contava com um líder responsável, cuja função incluía a organização de reuniões, materiais, cronogramas, salas de aula, etc. As atividades de cada um dos membros eram discutidas de acordo com as tarefas e metas estabelecidas nas reuniões anteriores, havia um controle visual das atividades de cada membro do grupo e todos eram muito rigorosos com as datas de início e fim de cada tarefa.

A metodologia utilizada nessa empresa na época me deixou uma impressão muito boa. Depois de pesquisar mais a respeito, percebi que ela era mais detalhada do que eu imaginava, visando não só a melhoria contínua, mas toda uma filosofia de implantação de um sistema de produção. Era uma cultura baseada na melhoria humana, com a obsessão de estar sempre aprimorando os processos para eliminar desperdícios.

A visão da empresa na melhoria contínua para eliminar desperdícios mudou radicalmente a maneira como eu pensava e agia na função de engenheiro de processos.

Anos depois, já trabalhando na Toyota, aprendi mais sobre a cultura e princípios que aquela empresa estava implantando; ficou claro que eles já usavam muitos dos princípios do Sistema Toyota de Produção (Toyota Production System, TPS), particularmente o Kaizen, ou melhoria contínua.

JUST IN TIME

Introdução

O conceito de Just in Time (JIT) na Toyota foi estabelecido depois de anos de melhoria contínua nos processos de produção, visando fabricar os veículos de acordo com a demanda dos consumidores, de forma rápida e eficiente, fazendo que o tempo de entrega fosse o menor possível.

O JIT não é simplesmente uma redução de estoque, nem a solução para uma má gestão. Seu foco é como usar melhor as competências e os conhecimentos dos funcionários para aumentar a produtividade, a segurança e a qualidade. E também como engajar e comprometer todos os níveis da organização para atingir o mesmo objetivo.

O JIT é um dos pilares do TPS, e o Kanban é um meio de aplicação para chegar ao conceito de produção em Just in Time.

Neste capítulo também analisaremos estudos de caso e projetos que desenvolvi em empresas automobilísticas usando o sistema Kanban.

INTRODUÇÃO DE JIDOKA E JUST IN TIME COMO OS PILARES DO TPS

Os dois conceitos estão intrinsecamente relacionados; não é possível ter uma produção JIT se o conceito de Jidoka não for implantado de forma eficiente nos processos produtivos.

Jidoka

Esse conceito foi aplicado ao primeiro tear mecânico, desenvolvido em 1896 por Sakichi Toyoda, fundador do grupo Toyota Industries Corporation.

Os teares tradicionais daquele tempo desperdiçavam materiais devido à má qualidade dos produtos. Era o que acontecia quando os fios de algodão se rompiam, criando defeitos perceptíveis na trama fabricada, algo muito frequente na época.

Para eliminar o problema, Sakichi Toyoda instalou vários dispositivos mecânicos feitos de chapas metálicas nos fios de algodão. Se algum fio se rompesse durante a fabricação, o dispositivo metálico deslizava e parava automaticamente o equipamento sem o comando do operador, evitando assim a produção de uma trama defeituosa.

Portanto, os conceitos e ideias de Sakichi Toyoda resultaram em máquinas capazes de parar de funcionar automaticamente caso ocorresse algum defeito. A separação entre homem e máquina torna-se possível; o processo de qualidade é feito no âmbito dos processos produtivos pelos operadores, evitando que produtos defeituosos passem para o processo seguinte, regra fundamental para a produção JIT.

Produção Just in Time

Antes do início da Segunda Guerra Mundial, Kiichiro Toyoda, filho de Sakichi Toyoda, viajou para os Estados Unidos para estudar a indústria automotiva americana, particularmente a Ford Motor Company. Voltou para o Japão com um profundo conhecimento do sistema de produção da Ford e determinado a adaptar um sistema de produção que se alinhasse ao mercado japonês e sua baixa demanda.

Com a experiência adquirida com seus estudos nos Estados Unidos, Kiichiro Toyoda iniciou as operações automotivas utilizando JIT em 1937.

O sistema de Kiichiro visava suprir as subetapas dos subprocessos produtivos para a sequência de produção (por exemplo, usinagem, pintura, funilaria, etc.). O conceito de JIT consistia em eliminar o desperdício, produzindo só o necessário, quando necessário e somente na quantidade necessária. Mas era um trabalho difícil, porque a produção americana era oito vezes maior que a japonesa; aumentar a produtividade era uma questão de sobrevivência para a Toyota.

Outro marco importante no desenvolvimento do TPS foi o trabalho de Taiichi Ohno. Kiichiro Toyoda convidou Ohno, então gerente de manutenção, para desenvolver um sistema de produção mais eficiente para aumentar a produtividade.

Em 1956, com os conceitos ensinados por Sakichi Toyoda (Jidoka) e Kiichiro Toyoda (JIT), Ohno viajou aos Estados Unidos para visitar fábricas de automóveis, com o propósito de melhorar a produtividade japonesa, que era baixa quando comparada à americana.

Ohno identificou inúmeras oportunidades de melhorias da produtividade, como células de produção cheias de estoque (WIP), grandes áreas de estocagem, movimentação excessiva de peças, demora no ajuste do maquinário, altos níveis de rejeição, etc. No entanto, sua descoberta mais importante nos Estados Unidos não aconteceu durante suas visitas às fábricas, mas sim quando conheceu um supermercado. Na época, praticamente não existiam lojas self-service no Japão, e Ohno ficou muito impressionado e surpreso com o modo como os consumidores escolhiam exatamente o que queriam e na quantidade desejada. Admirou a maneira como os supermercados reabasteciam os produtos de forma simples, eficiente e efetiva.

Foi quando surgiu o conceito de sistemas de produção puxada, e de que o Kanban seria uma técnica crucial para o sucesso do conceito JIT, discutido nos capítulos subsequentes.

JUST IN TIME (JIT)

Conceito

Conforme discutido, o conceito JIT foi criado devido à necessidade de eliminar desperdícios, produzindo só o necessário, quando necessário e somente na quantidade necessária.

Em agosto de 1988, assumi o cargo de engenheiro de processo na Toyota do Brasil; foi quando conheci Haraguchi, gerente geral de produção. Haraguchi-san tinha um sólido conhecimento dos conceitos do TPS, aprendido com Taiichi Ohno, seu fundador.

Haraguchi-san ensinava tudo sobre o TPS aos novos engenheiros, e devo muito do desenvolvimento da minha vida profissional nessa área aos seus ensinamentos. Na época, fiquei responsável pelos processos de tratamento térmico, fundição e estampagem, com a tarefa de desenvolver e aprimorar essas áreas do processo produtivo.

A Toyota do Brasil, a primeira fábrica construída fora do Japão, foi inaugurada em janeiro de 1958, produzindo o Land Cruiser, que depois seria batizado de Bandeirante, nome usado só no Brasil, e encerrando sua produção em 2001 com a construção da nova fábrica do Corolla em Indaiatuba (SP).

Apesar de produzir o Bandeirante, um veículo antiquado, por mais de quarenta anos, a Toyota do Brasil se manteve fiel aos conceitos ensinados por Sakichi Toyoda e Kiichiro Toyoda. O processo mais interessante na compreensão do conceito JIT foi que todo o plano de produção diário era mandado apenas para a linha de montagem dos veículos; nós sabíamos exatamente quantos veículos, os modelos, as cores, os acessórios, etc. deveriam ser montados naquele dia. A linha de montagem funcionava em uma esteira rolante móvel, onde os operadores montavam as peças em função de cada etapa da submontagem, de acordo com um tempo padrão: o *takt time*.

Takt time era um número definido em função do tempo disponível de trabalho diário dividido pela demanda diária. Dessa forma, era possível determinar o tempo de produção necessário para cada veículo. Esse número era essencial para os subprocessos da produção, como usinagem, funilaria, pintura, chassis, etc., processos que supriam as peças para a operação de montagem, determinando a capacidade produtiva em termos de recursos humanos, produção, produtividade, capacidade das máquinas, etc. Cada processo era iniciado na fase final de fabricação, ou seja, a operação de montagem usava as peças necessárias como uma função do plano de produção diário, e os subprocessos só forneciam a quantidade utilizada pela operação de montagem. Havia a regra do processo subsequente para garantir que somente a quantidade necessária utilizada pela montagem fosse fornecida; nesse caso, a operação de montagem era responsável pela obtenção da peça utilizada, implantando assim o sistema puxado. Nesse processo de fabricação, o conceito de Kiichiro Toyoda de produzir só o necessário, quando necessário e na quantidade necessária (JIT) torna-se bastante perceptível.

Obviamente, hoje esse conceito está difundido por toda a cadeia operacional da Toyota, desde fornecedores, revendedores até o consumidor final.

Também é evidente que agora a cadeia de produção é muito enxuta; quaisquer problemas na cadeia de produção, como falta de peças, máquinas quebradas, processos ineficientes, etc., podem causar uma paralisação total da produção. Portanto, o conceito de Sakichi Toyoda (Jidoka) de jamais mandar peças defeituosas para o processo subsequente torna-se crucial para a produção JIT.

Satisfação total do cliente

Quando eu trabalhava numa empresa americana, minha noção de *cliente* era mais voltada para o consumidor final, ou seja, quem estava na última fase da cadeia operacional, sem me preocupar com a maneira como os processos intermediários eram feitos. Muitas vezes esses processos eram ineficientes; cada um interessado apenas em cumprir as metas de produção atribuídas e com uma enorme quantidade de estoque entre os processos, que escondiam os problemas, e a reação de urgência para solucionar problemas não era uma prática comum entre os funcionários. Só consegui entender melhor a ideia de *satisfação total do cliente* quando trabalhei na Toyota.

O conceito de produção JIT exige que os processos operacionais da cadeia de produção sejam efetivos e eficientes. A Toyota tem uma noção diferente de "cliente". A ideia era de que todo processo anterior visse um processo subsequente como cliente. O forjamento, por exemplo, via a usinagem como seu principal cliente, que por sua vez via a montagem como seu principal cliente, e assim sucessivamente, operando de forma sistemática no processo do sistema puxado, ou seja, produzindo exatamente a quantidade utilizada no processo subsequente.

Esse sistema JIT, aliado ao sistema puxado, exigia processos altamente eficientes; que a qualidade do processo fosse inserida no processo de produção, como regras operacionais, mecanismos à prova de falhas (Poka Yoke), treinamento dos operadores de acordo com as regras operacionais, manutenção produtiva total (TPM, na sigla em inglês), etc.; e que tais processos assegurassem que peças defeituosas não fossem mandadas para o processo subsequente.

Desperdícios mais evidentes no processo de fabricação

Produzir com um sistema JIT tem como objetivo a eliminação total de desperdícios. Na minha opinião, a definição de desperdício é qualquer insumo desnecessário ou qualquer produção indesejada em um sistema, especificamente no processo de fabricação. Assim, desperdício é o uso de qualquer recurso que não seja estritamente necessário na produção de um artigo ou serviço.

Eliminar desperdícios implica analisar todas as atividades realizadas na fábrica e eliminar as que não agregam valor à produção e ao produto.

Quando eu trabalhava como engenheiro de processos na Toyota, Haraguchi sempre nos incentivou a usar a prática do Kaizen (melhoria contínua); um dos propósitos do nosso grupo de engenheiros era reportar pelo menos cinco Kaizen implantados por dia na produção.

Naquela época, o conceito Kaizen da Toyota do Brasil era construir uma cultura de melhoria contínua; a ideia era que tudo poderia ser melhorado. Com quase quinhentos funcionários, a taxa de participação no Kaizen ultrapassava 90% deles, com uma média de cinco Kaizen implantados por funcionário por ano.

O método de trabalho sob o conceito JIT exige ensinamento e aprendizado constantes sobre o desperdício, até o funcionário ser capaz de reconhecer que é uma etapa essencial e que a prática do Kaizen é muito importante para identificar e reduzir os desperdícios ao mínimo.

Veja a seguir uma descrição dos tipos mais comuns de desperdício encontrados em um processo de fabricação. Os processos de fabricação JIT tornam os desperdícios visíveis em todos os processos, e criar uma cultura entre os funcionários ressaltando que os desperdícios podem ser eliminados ou reduzidos ao máximo é fundamental no conceito de produção JIT.

1. *Desperdício de espera*: Refere-se a um operador esperando a execução de uma tarefa por alguma razão. Por exemplo: quebra de máquinas, processos não equilibrados, falta de matéria-prima ou simplesmente por ficar olhando enquanto a máquina processa o produto.
2. *Desperdício de transporte*: Refere-se à atividade de transporte e movimentação de materiais que não agrega valor ao produto fabricado, devido a restrições de processo e instalação, que impõem grandes distâncias a serem percorridas pelo material durante o processamento

e geram acúmulo de estoques nos subprocessos, resultando em muita movimentação de materiais.

3. *Desperdício no processamento*: É mais comum do que imaginamos. Acredito que todos já viram casos em que um processo adicional é agregado para solucionar um problema de qualidade. Tive uma experiência desse tipo na fundição, onde forjávamos o eixo dianteiro do veículo. O processo não previa rebarbação após o forjamento, mas ela se tornava necessária por causa de uma folga na ferramenta. A solução foi simples: promover um sistema de manutenção preventiva da ferramenta. Assim, qualquer elemento que agregue custo e não agregue valor ao produto está sujeito a investigação e eliminação.
4. *Desperdício na movimentação*: Está sempre presente nas tarefas operacionais executadas pelos operadores em processos de produção. A forma ideal de analisá-lo é implantar o trabalho padronizado, pois isso possibilita analisar e reduzir ao máximo as movimentações que não agregam valor ao produto e ao processo.
5. *Desperdício no estoque*: Refere-se a qualquer material ou produto em quantidade superior à imediatamente necessária ao processo subsequente (cliente). Em um cenário ideal, se o fluxo entre os processos for equilibrado, o estoque não precisa esperar até o material ou o produto serem processados.
6. *Desperdício no reprocessamento e em defeitos*: Refere-se a produtos fora de especificação, e também inclui retrabalho e produtos devolvidos pelos clientes.
7. *Desperdício de superprodução*: Refere-se a produzir mais do que o necessário, mais depressa e antes do prazo necessário exigido pelo cliente. A Toyota acredita ser esse o desperdício mais crítico, pois ele gera todos os outros tipos de desperdício.

Processo de fluxo contínuo (fluxo de uma peça por vez) e sistema de produção puxado

Conforme discutido, no conceito JIT o objetivo da produção é fabricar os produtos demandados pelos clientes de forma rápida e eficiente, com o menor tempo de entrega possível. O processo de fluxo contínuo (fluxo de uma peça por vez), em seu estado ideal, significa que os produtos são processados e transferidos diretamente de um processo a outro, uma peça de cada vez. Além disso, é a forma mais eficaz de processamento e transporte de produtos e materiais, com um mínimo de utilização de recursos como mão de obra, máquinas, matéria-prima, material auxiliar, espaço e *lead-time* (tempo total de execução da operação), obtendo assim um melhor conhecimento das demandas dos clientes.

Obviamente, o processo de fluxo de uma peça por vez é um cenário ideal, mas o objetivo da Toyota é reduzir o tamanho do lote entre os processos de produção.

A implantação do fluxo contínuo de uma peça por vez depende do processo. A usinagem, por exemplo, era um dos processos que poderiam aplicar esse conceito. Os layouts do processo de produção da usinagem foram projetados como células em formato de U, para a entrada da matéria-prima e a saída do produto acabado. Em algumas células um operador manipulava mais de vinte máquinas e dispositivos, mas essas células não eram dedicadas a apenas um tipo de produto, e com isso meu trabalho como engenheiro de processos era promover a melhoria contínua, principalmente no setup das máquinas e dispositivos da célula de produção — era comum haver mais de dez setups por célula.

Em outros processos, como fundição, forjamento, estampagem e assim por diante, não era possível estabelecer um fluxo de uma peça por vez; é impossível, por exemplo, estampar uma peça do veículo e fazer o setup para a fabricação de outra peça. A ideia aqui é usar o conceito de fluxo de uma peça por vez com uma redução drástica no tamanho do lote, e isso só pode ser feito reduzindo os tempos de setup.

Com o tamanho do lote de peças dimensionado para esses processos, o sistema puxado escalava automaticamente as ordens de produção como FIFO (First-In-First-Out)[1], e aqui o conceito JIT de Kiichiro também fica evidente, uma vez que somente os itens necessários são fabricados, no tempo e na quantidade demandados.

Metodologias Lean para eliminação de desperdícios

Segundo Taiichi Ohno, 99% das atividades de uma cadeia de produção, por exemplo, não agregam valor ao produto, e só 1% agrega valor ao produto fabricado. Quantos de nós avaliam um processo de fabricação desde o pedido até o produto acabado? Ou produzem estoques que só serão usados

1. O primeiro (produto) a entrar é o primeiro a sair. [N.T.]

muito tempo depois? O retrabalho é uma constante? E o nível de rejeição está além do aceitável? Temos excesso de processo devido a deficiências de processo e de qualidade? A quebra de máquinas é uma constante? Existem operações com ciclos de tempo de atividade desiguais, fazendo que o operador fique à espera? Existem tempos de setup grandes e descontrolados? Então, como podemos melhorar continuamente? Aprender a ver e a reconhecer o desperdício é uma oportunidade de melhoria.

O "palpite" de Taiichi Ohno foi analisar mais a fundo esses desperdícios, visando sua total eliminação e, assim, reduzindo cada vez mais o *lead-time* do processo.

Hoje conhecemos muitas técnicas Lean, como 5S, SMED [troca rápida de ferramenta], PDCA, trabalho padronizado, TPM, Jidoka, Kanban, Poka Yoke e Kaizen, entre outras.

Qual seria o propósito dos criadores dessas metodologias? A resposta está justamente na análise de Taiichi Ohno, em sua busca incansável pela eliminação total do desperdício.

Exemplos

SMED: Essa metodologia foi criada com base nos longos tempos de troca de ferramentas nos processos de estampagem, que costumavam levar horas, às vezes dias, resultando em altos estoques de matéria-prima, produtos semiacabados, produtos acabados e numa estrutura logística muito grande para manuseio — todos valores não agregados, que só aumentam os custos e o *lead-time* do processo.

Trabalho padronizado: Padronizar o processo de operações, analisar detalhadamente os movimentos do operador, padronizar as atividades da sequência do trabalho, padronizar os processos de qualidade dentro do processo, realizar uma análise ergonômica e de segurança em cada atividade operacional, etc.

Kaizen (melhoria contínua)

Esse método de melhoria contínua é ensinado a todos os funcionários assim que ingressam na Toyota. A empresa entende que os que executam o trabalho são os especialistas, e eles podem detectar desperdícios e anormalidades rapidamente. Utilizar esse potencial de recursos humanos como base para a melhoria contínua e a resolução de problemas foi essencial para o fortalecimento do TPS.

A Toyota, na minha opinião, não busca redução de custos com atividades Kaizen; o objetivo é introduzir a cultura da eliminação total do desperdício, de que tudo pode ser melhorado a partir da implantação de boas ideias que se tornarão Kaizen.

O KANBAN COMO UMA TÉCNICA DE JIT

A ideia do sistema Kanban surgiu quando Taiichi Ohno entrou em um supermercado na sua visita aos Estados Unidos; e hoje vemos que muitas das características dos sistemas de supermercados estão incorporadas como regras no Kanban. Alguns exemplos incluem:

- *O consumidor escolhe o que quer, na quantidade que quer, e compra.* A analogia aqui, no processo de fabricação, é um sistema puxado, o processo subsequente busca a quantidade necessária no processo anterior e fabrica apenas a quantidade retirada quando necessário, e a ordem de fabricação dos produtos segue a sequência em que os produtos foram retirados pelo processo subsequente.
- *Os consumidores minimizam as atividades dos funcionários dos supermercados levando as mercadorias até o caixa.* A analogia aqui, em um processo de fabricação, é que os recursos humanos e de transporte são utilizados com mais eficiência; somente os produtos e materiais necessários para aquele momento da produção são manuseados e transportados.
- *Em vez de utilizar grandes estoques de produtos para reposição de itens, os supermercados substituem apenas os produtos que foram vendidos, reduzindo o estoque e o espaço físico desses produtos.* Analogia com o sistema puxado.

Como visto anteriormente, o método mais eficiente de produção JIT é o fluxo contínuo, ou seja, conectar os processos com estoques padronizados calculados para o ciclo operacional ser concluído.

No entanto, nem sempre é possível conectar processos de fabricação, devido à distância entre os processos, tempos de ciclo desiguais, layout da fábrica, turnos de trabalho, etc. O Kanban visa conectar artificialmente esses processos que, por algum dos motivos descritos, não podem ser conectados.

Taiichi Ohno define claramente o TPS como um método de produção, enquanto o sistema Kanban é apenas um meio de aplicação do método. Portanto, o sistema Kanban é um meio de aplicação para o método de produção JIT. Muitas vezes ouvimos erroneamente que o Kanban é um sistema de controle de estoque.

O Kanban é um sistema de programação projetado para atender às necessidades dos clientes e facilitar o gerenciamento visual da produção ao longo dos processos; em outras palavras, podemos gerenciar visualmente as atividades relacionadas a transporte, fabricação, operação e à pronta resposta às flutuações de demanda; descentralizar o controle da fábrica atribuindo o controle de produção/estoque a supervisores/operadores; propiciar à produção uma maior capacidade reativa em função das mudanças na demanda; fornecer materiais de forma sincronizada no tempo e na quantidade conforme necessário em um determinado processo; etc.

Na Toyota do Brasil, tive minha primeira experiência com o sistema Kanban; o projeto era conectá-lo com forjamento, tratamento térmico, fundição e processos subsequentes.

Nessa época conheci Sakamaki, que também foi discípulo de Taiichi Ohno, tendo adquirido seu conhecimento do TPS diretamente do mestre. Sakamaki-san fora enviado do Japão para o Brasil e com seus conhecimentos pôde compreender mais a fundo o que era o TPS. Era uma pessoa muito rigorosa quando se tratava de ensinar e aplicar o método, como eram quase todos os senseis e discípulos de Ohno.

Começamos com a implantação do sistema Kanban no processo de forjamento, que só contava com duas prensas, de 1.600 toneladas e de 2.500 toneladas; na época, as peças forjadas eram exclusivas para o único modelo fabricado no Brasil, o Bandeirante. Logo na sua primeira visita ao processo, Sakamaki-san identificou que o nível de estoque estava muito alto, com um desequilíbrio de carga entre as duas prensas, e que os setups das ferramentas demandavam muito tempo, gerando assim uma produção de lotes muito alta por peça. Portanto, nosso principal foco antes de implantar o Kanban foi tornar o processo estável, nivelar as cargas das duas prensas e fazer melhorias para reduzir drasticamente os tempos de setup em ambas as prensas.

O Bandeirante era composto por cerca de 120 peças forjadas, com uma demanda diária de 25 veículos na época. O balanceamento foi realizado levando-se em conta as horas de trabalho dos turnos matutino e noturno com base na demanda diária requerida pelo planejamento da produção. Com isso, dedicamos duas famílias de peças forjadas: uma para a prensa de 1.600 toneladas e outra para a prensa de 2.500 toneladas.

O passo seguinte foi melhorar os tempos de configuração das ferramentas em ambas as prensas. A aplicação do conceito SMED e as definições de *setup interno* e *externo*, aliadas ao Kaizen, foram importantes para a redução significativa dos tempos de troca de ferramenta.

- *Setup externo*: Atividades que podem ser realizadas com o equipamento em funcionamento — por exemplo, a preparação da próxima matéria-prima na área de processo.
- *Setup interno*: Atividades que devem necessariamente ser executadas com o equipamento parado, devido a restrições de segurança e processo — por exemplo, não podemos ajustar manualmente o ferramental com a máquina em movimento.

Quando começamos, o setup médio era em torno de 45 minutos por ferramenta, e havia um processo de aquecimento padrão para normalizar a temperatura da ferramenta antes de iniciar o forjamento, o que era muito importante, pois se não fosse bem-feito poderia resultar em uma avaria no ferramental; essa etapa tomava quase 50% do tempo total de setup; o processo era considerado um setup interno, por ser efetuado logo após a montagem do ferramental na prensa, e usava queimadores a gás para isso.

Primeiro, começamos a relacionar todas as atividades de setup e dividi-las em atividades *internas* e *externas*, com seus respectivos tempos; em seguida, analisamos quais atividades internas poderiam se tornar externas com os Kaizen.

Com essa definição em mente, promovemos inúmeros Kaizen no processo de setup; o principal foi construir uma segunda base com um dispositivo giratório onde poderíamos montar o ferramental da mesa superior e da inferior fora da máquina e, com todo o ferramental montado, podíamos também preaquecer o ferramental fora da máquina, e todas essas atividades previamente consideradas internas passaram a ser externas. Assim, conseguimos uma redução extraordinária no tempo de setup de mais de 90% com a implantação desses Kaizen.

Agora já podíamos pensar em como implantar o Kanban no processo de forjamento. Para o tipo de produção de forjamento que era produzido em lotes, o Kanban de Sinalização (Triângulo) era o ideal, pois criava a conexão entre o processo de forjamento e o processo subsequente, com um fluxo contínuo de produção em pequenos lotes. Com a redução drástica no tempo de setup, agora também era possível reduzir o tamanho do lote e criar o fluxo desejado.

O próximo passo foi calcular o tamanho do lote de cada peça com base na demanda média diária da produção, que naquele momento era de 25 veículos por dia; o tamanho dos lotes variava dependendo da quantidade de peças usadas por veículo (por exemplo, duas peças por veículo para um mesmo item forjado). O cálculo do tamanho do lote foi o seguinte:

1. Demanda (25 veículos/dia) × Quantidade de peças/veículo (120) = 3.000 peças forjadas/dia
2. Cálculo do número de setups por dia:

   Tempo médio de produção de 3.000 peças = 910 min

   Tempo disponível para setups = 960 min (2 turnos) – 910 min = 50 min

   Tempo médio de setup = 5 min

   Número de setups/dia = 50 min/5 min = 10 setups/dia.
3. Cálculo do tamanho do lote:

   Demanda diária/Número de setups = 3.000/10 = 300 peças

   Nota: Para partes que precisavam, por exemplo, de duas peças por veículo, claro que o tamanho do lote era de 600 peças, e assim por diante.

   O cálculo do tamanho do lote, como vimos anteriormente, refere-se a uma condição ideal em que o processo não apresenta problemas de desligamento de linha, por isso é importante conhecer a eficiência da produção para adicionar um estoque de segurança para cada tamanho de lote.

   Em condições ideais, por exemplo, para um lote de 300 peças e um consumo diário igual à demanda (25 veículos), temos nesse caso (300/25 = 12), doze dias de rotatividade do estoque — isso significa que, em condições ideais, teríamos de produzir a mesma peça a cada doze dias.
4. Cálculo do Ponto de Pedido (Order Point, OP):

   Podemos imaginar o OP como um gatilho do Kanban; ou seja, é o estoque calculado e definido para que se inicie a operação de produção da peça.

O cálculo do OP levou em conta o tempo de preparo da matéria--prima; para peças forjadas, era necessário cortar as barras de aço laminadas nos tamanhos e pesos correspondentes, no tempo de setup da ferramenta da prensa e o estoque de segurança predeterminado.

Por exemplo, vamos supor que o tamanho do lote seja de 300 peças forjadas e o OP calculado seja de 50 peças, e o Kanban anexado a esse container com 50 peças. Quando a primeira peça era retirada desse container, o gatilho era ativado como uma ordem de produção da peça forjada (Figura 4.1).

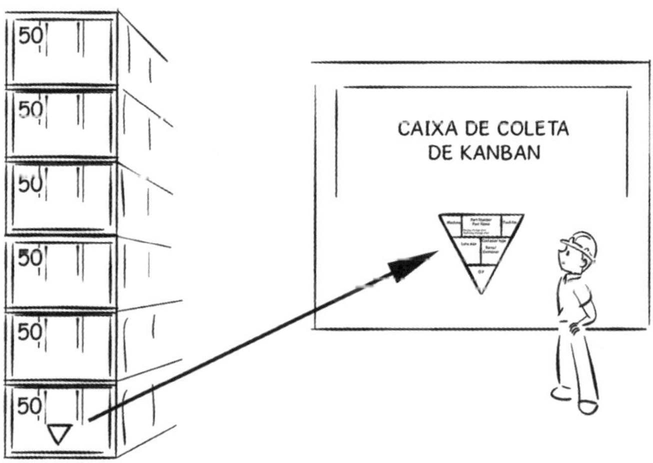

FIGURA 4.1

Agora o passo seguinte é estabelecer a flutuação de estoque com base na rotatividade das peças forjadas; ver a Figura 4.2.

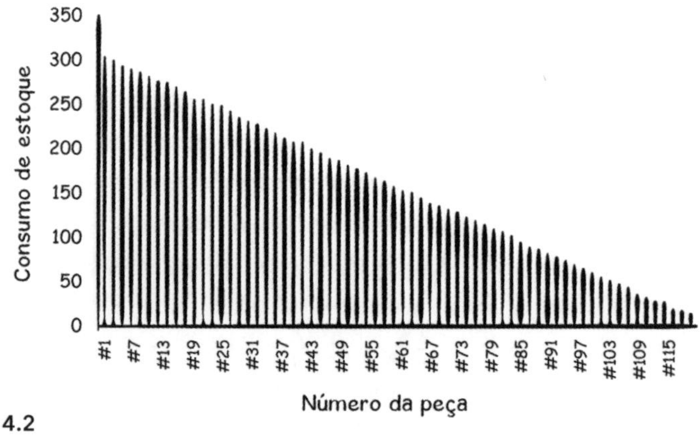

FIGURA 4.2

A Figura 4.2 mostra o número de peças para o consumo de estoque. À medida que o estoque de peças atinge o respectivo OP, eleva-se o Kanban de produção, e geralmente a sequência de produção da peça está de acordo com a sequência do aumento do Kanban.

Como dito anteriormente, o Kanban descentraliza o controle de produção da fábrica ao atribuir essa responsabilidade à supervisão e aos operadores; porém, para que isso aconteça sem falhas, é fundamental seguir as regras do sistema Kanban:

- As peças defeituosas não devem ser passadas para o processo seguinte.
- O processo seguinte vai para o processo anterior para a retirada de peças.
- A quantidade de peças produzidas deve ser igual à quantidade de peças retiradas pelo processo seguinte.
- As peças não devem ser produzidas ou transportadas quando não houver Kanban.
- O Kanban deve ser anexado às peças apropriadas.
- O número de peças deve ser o mesmo especificado no Kanban.

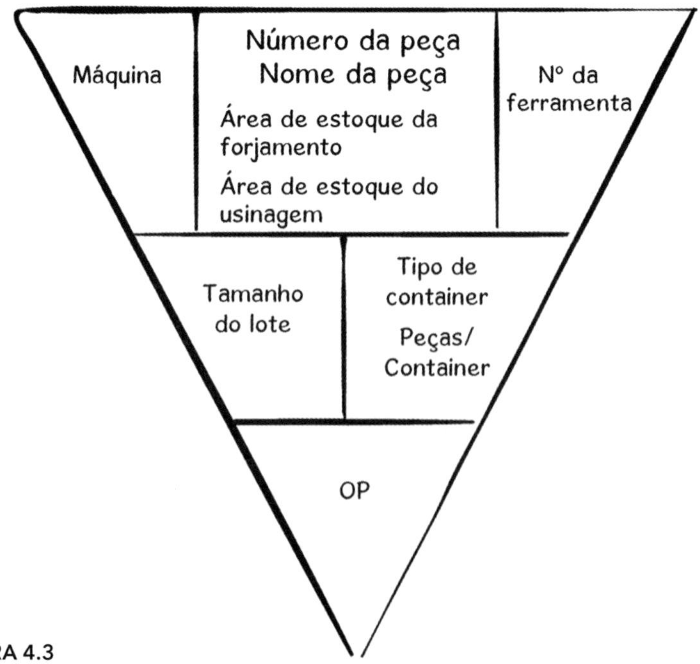

FIGURA 4.3

Estas são as informações necessárias a um Kanban (Figura 4.3):

1. número da peça,
2. nome da peça,
3. localização na área de estoque (processo subsequente e anterior),
4. máquina onde a peça será fabricada,
5. número da ferramenta correspondente à peça,
6. tamanho do lote,
7. tipo de container e quantidade de peças por container,
8. OP (Ponto de Pedido).

CONCLUSÃO

O Kanban é uma solução alternativa quando não é possível um fluxo contínuo; nos casos em que há fluxo contínuo, não há necessidade de sinalização Kanban.

O Kanban não é uma técnica para redução de estoque, mas de gerenciamento de estoque. Em alguns casos, ao implantá-lo, podemos até aumentar o estoque; a quantidade vista anteriormente depende do cálculo do tamanho do lote.

A implementação da metodologia 5S é importante para manter o sistema funcionando.

Trabalhos padronizados de operação funcionam com o Kanban; regras e fluxo são importantes para o sistema funcionar.

5 PDCA NA SOLUÇÃO DE PROBLEMAS

Sammy Obara

Atribui-se a Albert Einstein a frase: "Não podemos resolver problemas usando o mesmo tipo de pensamento que usamos quando os criamos."

DEFINIÇÃO

Definido de maneira simples, um problema é um desvio de um padrão. Deixar de ver os elementos intrínsecos a um problema pode nos fazer perder o foco em como resolvê-lo. Por exemplo, uma atitude comum para a maioria das pessoas é adotar uma solução antes de analisar o que realmente está causando o problema. Outro erro é não identificar o padrão ou não entender seu desvio. Suposições típicas como essas podem levar a equipe mais bem-intencionada a se desviar do foco e se perder no esforço para solucionar problemas.

POR QUE A SOLUÇÃO DE PROBLEMAS É TÃO IMPORTANTE EM UMA TRANSFORMAÇÃO LEAN

A introdução e a implantação das técnicas Lean implicam inevitavelmente uma série de desafios. Por exemplo, não podemos conectar processos sem encontrar vários problemas; não podemos reduzir níveis de estoque sem identificar novos problemas cada vez que tentamos.

Com tantos novos problemas sendo criados tão rapidamente, resolvê-los de forma eficaz torna-se vital para solidificar o sucesso de cada etapa da jornada Lean. Adotar desde cedo uma metodologia comprovadamente eficaz pode evitar a frustração dos constantes erros. No ambiente competitivo de hoje, o vencedor é quem erra menos, ou quem melhor consegue recuperar-se de erros, e daí a necessidade de um método científico comprovado para resolver problemas.

Recentemente, recebi um desses e-mails em cadeia com a seguinte metodologia para encontrar a causa-raiz de um problema. Quem me enviou esse e-mail dizia: Eis aqui um "método científico" para resolver problemas. A mensagem explicava o seguinte:

> "FATO: Inglaterra e Estados Unidos têm as maiores taxas de ataques cardíacos.
> Os japoneses comem muito pouca gordura.
> Os franceses comem muita gordura.
> Eles sofrem menos ataques cardíacos que os britânicos ou os americanos.
> Os japoneses bebem muito pouco vinho tinto.
> Os italianos bebem quantidades excessivas de vinho tinto.
> Eles sofrem menos ataques cardíacos que os britânicos ou os americanos.
> CONCLUSÃO: A causa-raiz dos ataques cardíacos:
> Pode comer e beber o que quiser. O que mata é **falar inglês**."

Brincadeiras à parte, esse e-mail me levou a fazer duas perguntas. Primeira: Quão bem estamos usando os métodos de solução de problemas amplamente disponíveis e que já provaram ser eficazes? Às vezes, a impressão é que ignoramos as relações entre os fatos e acabamos sempre com a solução que tínhamos pressuposto muito antes de começarmos.

A segunda pergunta: Por que temos tanto medo de problemas? Em muitas organizações com que trabalho, a palavra "problema" foi simplesmente abolida. Essa palavra proibida foi oficialmente substituída por "oportunidades". E ai de quem ainda usa a antiquada palavra "problema". Essa atitude me diz que as pessoas realmente têm muito medo de problemas.

Meu colega Darril Wilburn sempre diz aos seus alunos que "Problemas NÃO são oportunidades. Problemas são problemas!". Ele me explicou que seu sensei japonês, Nate Furuta, vice-presidente executivo da Toyota Motor North America, costumava dizer isso para garantir que as pessoas entendessem que há um senso de urgência e importância totalmente diferente, dependendo de qual palavra você usa.

Precisei meditar mais sobre isso, pois também me acostumei a chamar problemas de oportunidades. Demorei um pouco para voltar à terminologia original.

A natureza humana tem a tendência de disfarçar palavras para que elas se tornem mais atraentes. Aconteceu isso com expressões como "carro usado", que se tornou "seminovo" (a mesma coisa, porém mais atraente); e, se você puser a palavra "certificado" no para-brisa, fica quase melhor que um novo. No mundo corporativo, o departamento de "inspeção" passou a ser de "controle de qualidade", depois virou departamento de "garantia de qualidade", e continua mudando.

Hoje, quando ouço a palavra "oportunidade", sempre penso em vendedores de títulos de colônias de férias. Não só eles usam a palavra "oportunidade" a cada poucos minutos como também tentam de todo modo transmitir a impressão de um sentido de urgência: se você não comprar agora, vai se sentir frustrado para sempre; você perderá a oportunidade da sua vida.

Acho que é exatamente o que acontece com oportunidades. Pode até parecer que há um senso de urgência, mas não há. É apenas uma oportunidade — que você pode optar por pegar ou largar. Assim, algumas pessoas optam por não comprar o título, independentemente dos bons argumentos do vendedor.

Um problema, por outro lado, não deixa espaço para escolha. Você precisa resolvê-lo, pois se não fizer isso ele só ficará maior e mais difícil de encarar. Um problema não oferece a opção de fugir, por piores que sejam os argumentos do vendedor.

Você realmente quer disfarçar seu próximo problema? Seu medo chega a esse ponto? Antes de engatar outra marcha, ainda precisamos descobrir por que temos tanto medo de problemas.

Vamos ponderar: Por um lado, o próprio conceito de problema nos diz que ele não é uma coisa boa. Sempre relacionamos a ocorrência de problemas a consequências visivelmente negativas: moral baixa, muita pressão, tempo consumido e muito mais.

Outra razão para o medo de problemas é a frustração porque eles sempre voltam. O ex-secretário de Estado norte-americano John Dulles disse certa vez: "A medida do sucesso não é ter lidado com um problema difícil, mas ser ou não o mesmo problema que você teve no ano passado." Em outras palavras, o que torna seu mecânico bom não é quantas vezes ele consertou o mesmo problema do seu carro. Quando falamos em resolver problemas, talvez queiramos dizer que os mesmos problemas não retornarão mais.

FIGURA 5.1

Então, se as pessoas têm medo de problemas porque eles estão sempre voltando, como seria se pudessem resolvê-los de uma vez por todas? As pessoas perderiam o medo e sairiam em busca de problemas?

Certamente existem outras razões que nos levam a ter medo de problemas (repreensões do chefe, retaliação de clientes, etc.). No entanto, podemos eliminar pelo menos uma das razões se usarmos um método eficaz de solução de problemas — um método que consiga resolvê-los de uma vez por todas. Um método que implique a aplicação integral de um elemento-chave chamado análise da causa-raiz. Com certeza, um método científico bom e comprovado para resolver problemas evitará que o mesmo problema aconteça de novo. Porém, encontrar esse método, entre tantos outros disponíveis, pode parecer uma tarefa assustadora.

O QUE É PDCA?

PDCA é uma daquelas metodologias consideradas comprovadamente eficazes por organizações de classe mundial. A sigla significa Plan-Do-Check-Act (Planejar, Fazer, Verificar, Agir). Usada corretamente, pode garantir que você nunca mais tenha o mesmo problema. Porém, se usada de forma errada, pode levá-lo a tentar banir a língua inglesa do planeta em nome da prevenção de ataques cardíacos. Pois mesmo um método científico pode ser aplicado de maneira errada.

VOCÊ REALMENTE PRECISA DE UM MÉTODO?

Resolvemos problemas desde que éramos bebês. Durante essa fase, resolvíamos problemas como fome, dor e cansaço simplesmente ajustando o volume e a frequência do choro. Crescemos um pouco e começamos a brincar com brinquedos que estimulavam a tentativa e o erro; tivemos de passar peças de formas geométricas por buracos que lembravam uma estrela, um hexágono e um círculo (Figura 5.2). Um pouco mais tarde na vida nos deparamos com problemas reais na escola, no trabalho e em outras situações. Podemos não perceber, mas o que temos usado para resolver os problemas de hoje são as mesmas técnicas que aprendemos no início da nossa vida, ou seja, tentativa e erro, forçando um resultado e, numa versão mais adulta, às vezes gritando e chorando. É isso que inspira muitos de nós a buscar as melhores metodologias ou técnicas para resolver um problema.

FIGURA 5.2

COMO E ONDE ENCONTRAR PROBLEMAS

Tendemos a resolver problemas que nos são impostos via uma crise: o equipamento quebrou, o material está defeituoso, a entrega está atrasada. Por curiosidade, qual é realmente a proporção de problemas que precisamos resolver de imediato em relação aos que podemos resolver de forma proativa?

Na Toyota, muitos dos problemas vêm de crises criadas internamente. De altos executivos a supervisores de departamentos locais, cada nível cria padrões mais altos que desejam cumprir a cada ano. Para preencher a lacuna em todos os níveis, são formadas equipes menores para atacar o problema. Essa metodologia de melhoria contínua dos padrões tem sido amplamente estudada sob o rótulo de "desdobramento de diretrizes".

Esse método fomenta, em certa medida, a proatividade dentro das equipes e estabelece uma cultura de se antecipar aos problemas para evitar que eles se tornem problemas. Portanto, é natural dizer que, se você é ruim em identificar problemas para resolver, o desdobramento de diretrizes vai ajudar a encontrar vários.

Mas não importa se você ainda não tem uma metodologia de desdobramentos de diretrizes em prática na sua organização. Existem outras maneiras de encontrar problemas, e uma das mais fáceis é parar de fugir deles.

O CASO DOS MOSQUITOS

Quando eu era estagiário na Toyota, na sede de Honsha, no Japão, fui designado para trabalhar por alguns anos na Divisão de Engenharia de Planejamento Internacional (OPED, na sigla em inglês). Essa divisão tinha funcionários da Toyota transferidos de mais de vinte países, e muitos de nós nos tornamos bons amigos.

Um exemplo vívido daquela época contado por meu colega Bunchai-san, da Toyota da Tailândia, foi como eles usaram PDCA para reduzir a quantidade de mosquitos na planta. Apesar de isso ter acontecido no final de 1993, o método estruturado me causou tanto impacto que até hoje penso nesse exemplo ao lidar com problemas altamente técnicos.

Uso esse exemplo para ressaltar como solidifiquei minha compreensão de PDCA. Espero que tenha o mesmo efeito em você.

QUÃO BEM VOCÊ ENTENDE O PROBLEMA?

A Toyota da Tailândia, também conhecida pelas iniciais STM (Siam Toyota Manufacturing), está localizada num país de clima tropical, e mosquitos são um incômodo comum.

Fazendo pesquisas com os funcionários, a STM descobriu que 65% deles reclamavam da alta incidência de mosquitos na fábrica. Compare isso com o segundo maior problema — o ruído na fábrica —, com 24% das reclamações, ou com o terceiro — muita poeira —, com apenas 8% das reclamações.

A primeira coisa que fizeram ao perceber a magnitude da insatisfação foi formar uma equipe PDCA composta por pessoas que poderiam aumentar o escopo do controle sobre o problema — gente relacionada a recursos humanos, a questões ambientais e de instalações. Não recrutaram nenhum especialista em mosquitos para fazer parte da equipe, mas convidaram um para fazer uma pequena palestra, com uma sessão de perguntas e respostas.

Eles escolheram um nome divertido para a equipe: Doutor Sorriso.

E também investigaram o ponto de causa.

FIGURA 5.3

GENCHI GENBUTSU: O PONTO DE CAUSA

Em japonês, Genchi Genbutsu se traduz aproximadamente como "lugar real, o fato real". Só indo até onde o problema está realmente acontecendo podemos entendê-lo totalmente.

O ponto de causa ajuda a entender o quê, onde, quando, quem, por quê e como do problema:

- Onde os mosquitos seriam mais comuns (algumas áreas eram mais propensas a ter mosquitos que outras).

- Quais tipos de mosquitos eram e quais picavam (na verdade, só mosquitos fêmeas picam).
- Quando os mosquitos ficavam mais ativos (de julho a novembro, os meses chuvosos naquela região).
- Como se reproduziam (aquele tipo de mosquito tinha um ciclo de vida rápido; em poucos dias, um ovo se transformava em mosquito e vivia só algumas semanas).
- Como viviam, entravam na fábrica, picavam funcionários, etc., etc. (as descobertas foram muito numerosas e poderiam preencher este capítulo).

A equipe chegou a montar uma tela adesiva para contar quantos mosquitos eram capturados em cada área e quando. Essas telas depois se mostraram essenciais como pontos de controle para comparar os resultados de cada uma das contramedidas testadas.

A combinação dessas respostas direcionou a atenção de todos para os lugares certos. Aprendi que o planejamento era um passo crucial para resolver um problema. Se não conseguissem contar os mosquitos, como saberiam se a solução estava amenizando ou agravando o problema? E, se estava amenizando, em que grau? Imagine se eles estivessem adotando alguma solução que na verdade não afetava o verdadeiro problema. Por quanto tempo manteriam essa solução fictícia, dado o custo não tão fictício de mantê-la?

Às vezes, preferimos pegar um atalho e não planejamos como vamos resolver o problema. Acabamos atirando em todas as direções e a esmo, na esperança de que uma das balas acerte o alvo.

O ponto de causa, ou Genchi Genbutsu, determinará a qualidade da solução do problema. Portanto, nunca deve ser substituído por outros métodos artificiais, como coletar informações da tela do computador, em relatórios, telefonemas, palpites e suposições. Você deve ir para o chão; não há substituto para isso.

COMO ENUNCIAR BEM O PROBLEMA?

A fase de planejamento continuou. Como houve muito cuidado com a maneira de enunciar o problema, seu enunciado manteve os esforços de todos focados no único problema.

Uma boa imagem para lembrar é a de uma montanha que precisamos escalar (Figura 5.4). Mas há tanta confusão, neblina e outros obstáculos que perdemos a coragem de enfrentar a jornada. Agora imagine que, além de tudo isso, não conseguimos sequer distinguir qual é a verdadeira montanha que vamos escalar.

FIGURA 5.4

O enunciado de um problema pode ser comparado a uma bandeira no pico da montanha, muito clara e visível, para que todos os membros da equipe saibam para onde ir, unindo forças em vez de se dividir e se perder.

Um problema deve ser enunciado de maneira clara, precisa, concisa e de tal modo que possa ser medido. Tendo atendido a esses critérios, toda a equipe poderá atacar o mesmo problema ou, nessa analogia, escalar a mesma montanha.

Outro benefício de um enunciado claro é eliminar o entulho do longo caminho da solução de um problema: a trilha de uma montanha cheia de obstáculos vai desencorajar e distrair os membros da equipe.

Um exemplo de entulho que pode prejudicar esse primeiro passo é quando há o que costumo chamar de "palavras inúteis" (vou substanciar esse conceito comentando um experimento nas páginas seguintes). Muitas pessoas bem-intencionadas e a fim de resolver um problema podem ficar intimidadas só pela quantidade de entulho (ou complexidade) que parece haver naquela montanha. E também se sentem desanimadas, e portanto desengajadas do problema.

Já vi enunciados de problemas que simplesmente diziam: "Reclamações demais de clientes. Precisamos prestar mais atenção ao receber os pedidos e entregar os produtos."

Vamos analisar um enunciado desse tipo: é uma montanha muito grande para alguém se concentrar no que realmente é o problema. Lembre-se de que, se a equipe não conseguir ver claramente a montanha que precisa escalar, cada um pode estar escalando uma montanha diferente. E dividir as pessoas da equipe nessas etapas iniciais significa dissolver a capacidade intelectual necessária para identificar o único problema que se deseja resolver.

Outro aspecto desse enunciado é ele já trazer consigo a solução do problema. Curiosamente, mesmo bons gerentes ainda pensam que problemas podem ser resolvidos por este comando mágico: "Precisamos prestar mais atenção." Tal comando vem sendo tentado há séculos; nunca funcionou, mas eles continuam insistindo.

Um dos aspectos mais difíceis de seguir metodologias científicas para resolver problemas é que a maioria delas exige que você colete muitos dados e informações antes de entrar na fase da solução. Somos programados para estar sempre um passo à frente e prontos para implantar uma solução rápida. Isso acontece porque precisamos sentir que estamos realizando alguma coisa, e coletar dados por horas a fio não nos dá essa sensação. Lembra-se do slogan da Nike que foi tão bem-sucedido? "Just do it" [Apenas faça]. Acho que ele não seria muito bem-sucedido se dissesse "Planeje primeiro".

Outro aspecto desse enunciado é o entulho que já mencionei: o termo "demais" é um caso de palavra inútil. Segue um estudo sobre palavras inúteis:

Fiz um experimento nas minhas aulas, na San Diego State University, em que os alunos tinham de responder quanto custa um carro caro. A única coisa que eu disse foi: "Automóveis de luxo são simplesmente caros demais."

As respostas variaram de 35 mil dólares a 150 mil dólares. Um fator de cinco vezes, uma enorme variação, especialmente considerando que era uma classe de praticantes do Lean bem formados, do mesmo país e expostos aos mesmos mercados.

Ao ouvir essa frase, nada nos pareceu estranho ou bizarro. Aliás, é uma forma de comunicação tão comum que me inspirei na manchete de um jornal importante, com uma tiragem de quase dois milhões de exemplares.

Palavras inúteis podem ser identificadas por seus efeitos no enunciado. Elas aumentam o comprimento da frase, mas não aumentam seu valor. No caso do automóvel, podemos eliminar a palavra "simplesmente" ou "demais", e é provável que continuemos tendo a mesma variação nas respostas. Que tal trocarmos a palavra "caro" por "barato"? A variação continuará existindo? (A resposta no meu experimento é sim.) E note que trocamos a palavra não por um sinônimo, mas exatamente por seu contrário. E se eliminássemos a palavra "luxo"? As respostas mudariam muito?

O experimento indicou que, para algumas pessoas, um carro de luxo de 35 mil dólares pode ser uma verdadeira pechincha, enquanto para outras pode ser "caro demais".

O que teria acontecido se tivéssemos eliminado tudo o que não agrega valor à sentença? Ainda teríamos alguma variação? (Mais uma vez, um sonoro sim.)

Isso não significa que podemos eliminar três quartos da sentença e ainda assim obter a mesma percepção falha? Talvez seja essa a razão de nossas reuniões de resolução de problemas demorarem sessenta minutos, quando poderiam ser concluídas em quinze. Talvez seja essa a razão por que os problemas são difíceis de resolver; o pensamento na cabeça de cada membro da equipe pode variar por uma multiplicidade de fatores.

Todos nós temos nossas próprias percepções, e isso não vai desaparecer tão cedo, pois elas vêm de experiências pessoais, expectativas, educação, valores, gênero, idade, e a lista continua. Ainda assim, estar ciente disso pode nos ajudar a melhorar a maneira como abordamos um problema. Eliminar essas "inutilidades" é crucial para reunir todos na mesma montanha; é como eliminar os obstáculos da trilha para que todos possam participar da escalada.

O enunciado de um problema que seja mensurável irá eliminar essa variação de percepção. Além disso, permite que você, no progresso da solução de um problema, verifique a condição inicial para ver se está ou não preenchendo a lacuna entre a situação real e a ideal. Por fim, combinar um enunciado mensurável com todos os dados (coletados exaustivamente durante nossa fase de ponto de causa) permite estabelecer o que pode ser uma meta razoável.

META: Um plano com um prazo de conclusão. Uma prática comum na resolução de problemas é o estabelecimento das metas pelos "chefes" segundo fatores totalmente desvinculados do problema, como cotas trimestrais e outras métricas para seu relatório de desempenho gerencial. É raro vermos metas sendo estabelecidas pelas pessoas que investigaram diligentemente o problema. Quanto mais longe estivermos do ponto de causa, mais irrealistas tendem a ser os objetivos. Pode ser essa a razão pela qual a Toyota permite que as metas sejam estabelecidas pelas equipes que estão realmente resolvendo o problema na prática. Naturalmente, essas equipes saberão o que é realista depois de terem passado pelo exercício Genchi Genbutsu.

O estabelecimento de metas sempre implica um prazo rigoroso, e consequentemente mantém a equipe focada na escalada da montanha.

Para mim ainda soa estranho juntar a palavra "rigoroso" com a palavra "prazo", como acabei de fazer, mas uso essa redundância de propósito. Você verá o porquê na nota rápida sobre prazos daqui a algumas páginas.

QUÃO BEM VOCÊ ENTENDE AS CAUSAS?

A fase de planejamento continua sendo crucial quando você começa a buscar as possíveis causas do problema. Um método bem simples para aprofundar a investigação e chegar à causa-raiz são os cinco porquês. Ao nos perguntarmos continuamente o porquê de uma causa, podemos explorar as causas até suas raízes — a causa por trás da causa.

Voltando ao nosso exemplo do Bunchai-san, sua equipe primeiro perguntou por que os funcionários reclamavam tanto dos mosquitos. A resposta óbvia veio da tela adesiva: havia muitos mosquitos dentro da fábrica. Mas por quê? A resposta era porque eles se reproduziam muito rápido na estação chuvosa. Porém, sabendo que essa era uma causa superficial, a equipe perguntou por que eles se reproduziam tão rápido. Entre outras respostas lógicas, uma delas afirmava que havia muitos criadouros perto da fábrica. Depois de mais alguns porquês, eles identificaram os principais pontos de reprodução: alguns bueiros, além de uma lagoa atrás do prédio.

Meu colega da STM falou sobre o longo tormento, os preparativos para provar (ou refutar) as causas-raiz; afinal, ir atrás da pista errada poderia acabar sendo caro e inútil.

A mentalidade PDCA os levou a realizar pequenos eventos de verificação após testar soluções localizadas. Depois de desativarem temporariamente alguns bueiros, eles avaliaram a eficácia dessa contramedida.

Ao verificar a quantidade de mosquitos perto da lagoa, eles avaliaram quantas evidências havia de que aquele era realmente um criadouro.

Outro elemento crucial na descrição do problema e de suas causas está em como apresentar as descobertas da extensa coleta de dados/Genchi Genbutsu. Ao contrário da crença tradicional de que um bom relatório é extenso, o método PDCA nos obriga a refletir sobre a importância de cada fator, para decidir o que deixar de fora e o que faz parte dos poucos dados vitais e indispensáveis.

Algo que realmente aprendi a valorizar é a eficácia com que a Toyota consegue se comunicar por meio de tabelas, diagramas e gráficos; se você tiver bons dados, os gráficos são um meio muito mais rápido e preciso de transmitir informações. Eles também servem para eliminar interpretações errôneas, tão comuns quando se trabalha com uma equipe diversificada. E sua objetividade ajuda a condensar longas explicações sobre os dados.

Meus colegas da STM usaram diagramas de Pareto[1] para mostrar a quantidade de mosquitos por área. O gráfico de Pareto facilitou a identificação das áreas com mais mosquitos, ajudando a decidir onde atacar primeiro. Eles acreditavam que, ao atacar 20% das áreas com mais mosquitos, reduziriam em 80% o número de reclamações. Suas estimativas se basearam na lei de Pareto, que afirma que 20% das causas são responsáveis por 80% do problema. Também usaram gráficos de tendências mostrando a época do ano em que os mosquitos estariam mais ativos. Isso forneceu uma indicação clara sobre o melhor momento para testar suas contramedidas. Também ajudou a determinar os ciclos reprodutivos e os elementos que poderiam influenciar a incidência de mosquitos na fábrica, como o clima e as condições da planta.

Outro gráfico usado pela equipe era chamado de diagrama de causa e efeito, ou diagrama espinha de peixe, conhecido na Toyota como diagrama de Ishikawa (por ter sido popularizado por Kaoru Ishikawa). O diagrama de Ishikawa foi usado para traçar os resultados da extensa sessão de brainstorming, quando foram investigados os cinco porquês. Uma vez bem distribuídas pelo diagrama, foi fácil entender as prováveis causas da infestação de mosquitos. Aprendi que o brainstorming em busca de causas só consegue ser eficaz se os participantes tiverem passado pelo Genchi Genbutsu (sim, até o ponto de causa). De que outra forma eles podem contribuir para os porquês, se não entendem o quê, quando, onde, como e quem? Uma sessão de brainstorming para inovação e ideias revolucionárias pode se beneficiar das suposições malucas de diversos colaboradores. Mas o mesmo não se aplica quando se quer coletar as causas prováveis de um problema. Como

1. Recurso gráfico gerencial utilizado para estabelecer uma ordenação nas causas de perdas ou defeitos que devem ser resolvidos. [N.T.]

regra geral, se você quiser participar de uma sessão sobre os cinco porquês, deve primeiro realizar um Genchi Genbutsu adequado.

Só depois da extensa etapa de verificação a equipe deu o passo seguinte: a implantação, a parte "Fazer" do método PDCA.

FIGURA 5.5

Fazer bem o que não precisa ser feito

A parte "D" (Fazer) do método PDCA é o "*trystorming*", a "mão na massa" do brainstorming na prática.

A natureza humana se deleita quando vê as coisas sendo feitas. É essa busca por um sentimento de dever cumprido que muitas vezes supera as indagações para verificar e avaliar se o que fizemos teve um efeito positivo e sustentável. Como a maioria das sessões de brainstorming, a realizada pela equipe gerou várias causas potenciais, e acho que isso pode ser visto como uma boa notícia. A má notícia era que havia várias causas potenciais. Sim, muitas causas-raiz podem levar a cargas de trabalho exaustivas envolvendo seleção, priorização, comprovação, refutação, etc.

Na nossa história, eles usaram um método PDCA minimalista, testando suas causas-raiz até que pudessem provar ou refutar cada uma delas.

As causas-raiz comprovadas os levaram a testar algumas contramedidas, que incluíram estas três: (1) instalação de placas adesivas na entrada de cada um dos edifícios; (2) aplicação semanal de inseticida em determinados pontos; e (3), a que mais gostei, pensaram em criar peixes na lagoa atrás da planta, para que comessem as larvas dos mosquitos antes de incubarem.

Cada uma das contramedidas foi comprovada em pequena escala antes da execução, e usarei agora as três contramedidas que descrevi para mostrar o que quero dizer com pequena escala. Chamo de *trystorming*, que consiste em tentar rapidamente várias contramedidas, quase como que em meio a uma tempestade ("storm").

O *trystorming* é o antídoto para o momento em que os membros da equipe já estão exauridos por um brainstorming meticuloso e completo, quase a ponto de se sentirem confortáveis demais em suas cadeiras. Acho que há alguma verdade na popular "paralisia da análise" — quando, depois de algum tempo sentados, pensando e conversando, ficamos paralisados pela inércia e o corpo fica entorpecido como o de um zumbi no final de um longo filme.

É por isso que, voltando ao nosso exemplo, o *trystorming* se deu rapidamente e com várias tentativas ao mesmo tempo. Desnecessário dizer que a equipe tomou muito cuidado para não contaminar os resultados com os resultados de experimentos paralelos. A maneira como eles usaram o conceito de *trystorming* nessas contramedidas que citei incluiu primeiro a instalação de uma placa adesiva e a verificação dos resultados, antes da aquisição de várias outras para todos os edifícios. O passo seguinte foi testar a eficácia de diferentes marcas de inseticidas e aplicá-los em diferentes partes da planta, para ver como funcionavam, antes de adotar essa medida como uma prática semanal. Por último, eles verificaram se os peixes realmente comeriam aquele tipo de larva e sobreviveriam na lagoa, antes de comprarem e soltarem duzentos peixes na água.

Fica claro que a fase de implantação deve ser executada de modo a verificar constantemente os efeitos do que está sendo implantando. Imagine como seria soltar centenas de peixes na lagoa de uma só vez, apenas para descobrir mais tarde que eles não sobreviveriam naquelas condições. O risco disso seria os peixes mortos atraírem ainda mais mosquitos e outros insetos.

Esse cuidadoso processo de planejamento, testes e verificação dos resultados antes de padronizar uma solução é exatamente como ter vários pequenos PDCAs dentro de um PDCA.

GERENCIAMENTO DE PROJETO

Quando a equipe chegou a um consenso sobre o que deveria ser feito, essas contramedidas foram distribuídas entre seus membros e cada um deles estabeleceu seu próprio cronograma, sempre observando o prazo estabelecido para as metas.

Cada integrante foi responsável por implantar e verificar a eficácia de suas próprias contramedidas. Porém, uma vez implantadas, eles verificavam coletivamente os resultados em relação à meta.

Nesse caso, o objetivo não era reduzir o número de mosquitos — nem as picadas dos mosquitos; era apenas reduzir o número de reclamações dos trabalhadores até agosto de 1994. E isso eles fizeram!

UMA BREVE NOTA SOBRE PRAZOS

Quando uma equipe se compromete com um prazo para alcançar seu objetivo, isso deve significar que todos farão o que for preciso para manter o prazo estabelecido. Muitas vezes ouço uma variação do termo "prazo", sendo chamada de "data de lançamento".

Para mim, é engraçado ver tanta gente usando mal o termo "prazo final". Às vezes, chegam a usar o termo "prazo inadiável", como se houvesse algum outro tipo de prazo. Todos se comprometem com um prazo final, mas se justificam quando não o cumprem e propõem um novo "prazo". Mas o prazo não era final? Inadiável? Não implica o final da tarefa?

Usando uma analogia radical, é como se fosse possível evitar o final da vida de alguém. Você pode fazer o que for preciso para evitar sua morte, mas, quando chega o final, não há mais o que fazer. Podemos lamentar a perda, aprender com ela, mas ninguém pode ressuscitar um animal de estimação, uma pessoa ou uma linha de produção. Quero dizer, por alguma razão muitas organizações por aí conseguem ressuscitar uma linha de produção. Será que as pessoas não respeitam os prazos finais por saberem que podem continuar a adiá-los. Será que então essa data não deveria ser chamada de "prazo flexível"? Se você não conseguir cumpri-lo, pode continuar propondo novas datas indefinidamente; afinal, não era de fato um prazo final, como o fim da vida de alguém, era só uma morte passageira, talvez um desmaio Como seria se todos começássemos a chamar essas datas de "prazos flexíveis", que é o que realmente são? Se não forem seriamente respeitadas, não precisamos chamá-las de prazos finais. Não há necessidade de distinguir prazos como "inadiáveis" ou "flexíveis", se todos são encarados do mesmo modo.

FIGURA 5.6

Continuando com nosso caso, a pesquisa pós-PDCA mostrou uma queda de 65 para 21 reclamações no mesmo período. Um número impressionante, a julgar pelo fato de ser um problema que vinha atormentando a fábrica havia tantos anos.

PADRONIZAÇÃO

Uma coisa que ainda me fascina em todas as instalações da Toyota que visito é o nível de padronização. Vejo isso como uma das chaves para o sucesso da companhia.

O STM usou a padronização de várias maneiras para garantir o máximo retorno no seu PDCA, bem como para preparar o caminho para o ciclo de melhoria contínua.

Por exemplo, para garantir que a contramedida do inseticida fosse aplicada de forma consistente, a equipe criou um gráfico que indicava onde aplicar o produto, que produto, em que quantidade e com que frequência, de acordo com a época do ano. Para garantir que as placas adesivas não perdessem a eficácia, havia um calendário como lembrete mostrando quando e quem deveria limpá-las e trocá-las, e também uma tabela com instruções padronizadas sobre como isso devia ser feito.

Além disso, para maximizar seus ganhos, eles apresentaram este PDCA finalizado para as fábricas vizinhas: uma fabricante de eletrônicos, uma de motores, uma de bens de consumo, etc.

Eu não saberia dizer em quanto mais eles poderiam ter reduzido a quantidade de mosquitos, mas era razoável esperar efeitos mais positivos para a STM e para toda a região quando as outras empresas implantaram as soluções da Toyota.

A padronização é a parte "A" ("Agir") do método PDCA, e só podemos padronizar o que foi validado ao longo da fase de verificação de implantação, ou sua parte "DC" ("Fazer, Verificar"). Padronizar sem verificar a eficácia é um erro que, se ignorado, pode perpetuar más práticas por muito tempo. Além de assegurar a consistência e sustentação de uma melhoria, outro aspecto da padronização se chama Yokoten. Yokoten é um termo japonês que pode ser traduzido como "multiplicação lateral". Este processo de resolução de problemas, todos os experimentos e suas devidas descobertas foram mundialmente compartilhados com a organização Toyota na convenção global Círculo de Controle de Qualidade. A Toyota coloca grande ênfase no compartilhamento de aprendizados entre as fábricas do grupo.

O poder do Yokoten é muitas vezes subestimado ou negligenciado, mas ao final do capítulo aprofundaremos um pouco mais este conceito poderosíssimo.

RECONHECIMENTO

Gratificações e reconhecimento são dois termos que raramente ouvi serem usados juntos na Toyota. Talvez seja porque eles não veem essas palavras como associadas uma à outra, ou talvez por considerarem que as gratificações são para o intelecto e o reconhecimento, para a alma (ouvi isso de Sakuta-san, um dos meus primeiros senseis da companhia, em 1986; ele não está mais entre nós, mas seus ensinamentos impactaram várias vidas na nossa divisão de engenharia de produção). O que observei sobre gratificações é que há uma enorme diferença entre as recompensas monetárias na Toyota e as de outras grandes empresas. Enquanto a maioria das organizações recompensa os funcionários com prêmios monetários atraentes, às vezes proporcionais ao dinheiro que economizaram, na Toyota as gratificações podem muitas vezes ser apenas uma fração da enorme economia obtida. Com frequência, as gratificações são as mesmas tanto para uma economia de mil dólares como para uma quantia várias vezes maior.

Parece que lá se consideram mais o esforço, o trabalho em equipe, o uso correto de conceitos como padronização e Yokoten. O resultado disso são gratificações com um valor quase simbólico em comparação com as de outras empresas. Com isso, foi criada uma cultura na qual o dinheiro (ou gratificação) não é mais o principal objetivo dos esforços pela melhoria.

Vejamos agora o aspecto do reconhecimento. Em um ambiente altamente padronizado, é fácil identificar mudanças; por menores que sejam, elas se destacam. Acrescente a isso a cultura Genchi Genbutsu, em que a liderança costuma estar no chão de fábrica, onde pode observar essas melhorias no dia a dia, ou até em tempo real.

Essa combinação de visibilidade da melhoria com a presença constante da liderança no chão de fábrica permite o reconhecimento rápido e frequente, por parte do gerente, de quem executa a melhoria.

Os métodos de reconhecimento imediato variam de elogios em público até o coaching positivo. O coaching positivo acontece em oportunidades do dia a dia, quando o líder investe seu tempo para aproximar-se dos processos, quando o operador é indagado por que fez da maneira como fez, que tipo de desperdício pensou estar eliminando, como garantiria a manutenção da melhoria em questão, etc.

Ao menos pela minha experiência com meu sensei, o treinamento socrático era mais comum do que elogios. Muito cedo na minha carreira, tive de aprender a estar preparado para a série de perguntas com que meu sensei me desafiaria, e a melhor maneira de estar preparado era antecipar as perguntas e ter as respostas embutidas na melhoria que estava implantando. Então, em vez de deixá-lo me perguntar como garantir a consistência do novo processo, eu já teria criado um documento padronizado para ele ver. Em vez de esperar que me desafiasse com os porquês, eu preferia preparar as respostas. Às vezes me pergunto se eles perpetuaram essa prática para criar uma cultura de pensadores, porque ela realmente aumenta a sensação de competência na força de trabalho.

Acho interessante que gerentes bem formados às vezes não consigam entender que, se eles não reconhecerem os esforços do seu pessoal, este não vai entender o que é importante para o gerente e, consequentemente, para a empresa. Só se chega a essa cultura quando os valores são compartilhados, e como os funcionários poderão compartilhar os mesmos valores da empresa se a liderança não reconhecer o que é valioso? Pela mesma razão, o elogio é muitas vezes considerado como a única forma de reconhecimento, e os gerentes costumam fazer isso para motivar seu pessoal. O principal erro é que eles perdem grandes oportunidades de desenvolver seu pessoal por meio de um bom coaching.

UM NÍVEL MAIS ALTO DE RECONHECIMENTO

Além do reconhecimento instantâneo e constante, a Toyota também se destaca nos níveis mais altos de reconhecimento, o outro extremo do espectro.

Uma das melhores maneiras de reconhecer um bom projeto PDCA, como o dos mosquitos, é apresentá-lo na sede da companhia em Toyota City. Todos os anos, a Toyota patrocina a convenção anual de Kaizen e PDCA, onde só os melhores projetos PDCA de cada fábrica do mundo todo são apresentados aos mais altos executivos da empresa.

Esses dez minutos de fama são tão cobiçados que as equipes vão além de suas funções habituais pela oportunidade de apresentar seus projetos. É comum ver equipes se reunindo nos fins de semana na casa de alguém, ou tendo aulas noturnas para entender melhor os detalhes de seus projetos. Não sei ao certo se a equipe da STM teve aulas, mas sei que procurou um especialista em insetos e teve algumas sessões de aprendizado com ele.

Essa convenção anual em Toyota City acontece em nível global desde 1986, e acho fácil entender por que se tornou um evento de que tantos desejam participar.

Assim que você entra no Toyota Hall, onde o evento acontece, pode ver o grau de planejamento e a importância que eles conferem a esse único dia. Pode ver as placas e materiais de distribuição preparados exclusivamente para a convenção, a equipe muitíssimo bem ensaiada para fazer uma apresentação impecável, a agenda rigorosamente cronometrada de cada apresentação. A propósito, a apresentação da STM estava programada para começar precisamente às 10h23 e terminar às 10h39, incluindo um momento para comentários dos executivos da Toyota. A foto comemorativa foi planejada entre 16h08 e 16h13. Sei desses horários porque até hoje guardo comigo uma cópia do programa.

Todos sabiam que aquele dia não traria mais negócios para a Toyota, não aumentaria suas vendas nem beneficiaria o resultado final. Na verdade, é um dia dedicado exclusivamente ao reconhecimento. A companhia poderia facilmente economizar muito dinheiro não trazendo tantas pessoas do mundo todo e mobilizando tantos executivos durante o dia inteiro só para ouvir o que tinha sido feito, por algo que já havia sido capitalizado.

O coaching constante que levou a esse dia de reconhecimento era uma clara demonstração do quanto a Toyota se interessava pelo desenvolvimento dos seus colaboradores.

Mas não se engane. A STM não chegou a esse ponto de reconhecimento final sem um longo processo de sessões de reconhecimento instantâneo. Por meses seguidos e diversas iterações, provavelmente a equipe teve de ouvir várias vezes perguntas como: O que você fez para evitar que os mosquitos voltassem? Como você vai divulgar esse aprendizado para outras empresas e também para outras fábricas da Toyota? Escusado dizer que os senseis não esperam respostas verbais, mas sim demonstrações concretas de que todas as missões foram cumpridas.

Essa sólida demonstração de interesse e valorização pode ser resumida como um reconhecimento genuíno, não como um evento para fazer todo mundo "se sentir bem".

YOKOTEN: DIVULGANDO O APRENDIZADO LATERALMENTE

É muito comum em grandes empresas vermos os mesmos processos sendo executados de maneira diferente, a depender da pessoa, do departamento, do local, etc. Quanto maior a empresa, mais formas diferentes de fazer a mesma coisa. Uma das menores empresas em que trabalhei tinha apenas quinze funcionários. Era uma escola de surfe em San Diego onde, além dos donos, todos eram praticantes e instrutores do esporte. Depois de um dia aprendendo seus procedimentos, percebi que todos os instrutores faziam exatamente a mesma coisa, só que de maneiras diferentes. Eles tinham quinze maneiras diferentes de conduzir os exercícios de aquecimento, de ensinar os sinais de mão, de cobrir as lições em terra, de treinar os alunos na água, de consertar uma prancha, e por aí vai; em todos os casos, não havia razão para fazer aquilo de outra forma. Era simplesmente o melhor que sabiam fazer. Mas uma suposição razoável é que entre essas quinze maneiras de dar uma aula haveria uma maneira ideal, talvez combinando o aquecimento de um instrutor com o coaching de outro, e ao final você teria o módulo padronizado com o melhor timing, satisfação do cliente, custo, qualidade, etc.

Vale ressaltar que, mesmo em uma microempresa num único local, existem dificuldades em adotar um procedimento padrão. Agora imagine esse tamanho aumentado alguns milhares de vezes.

Para uma empresa grande como a Toyota, com fábricas localizadas no mundo todo, o desafio é muito mais intimidador. Para capitalizar um dos esforços de uma melhoria na soldagem de uma braçadeira para o Corolla na Turquia, seria necessário passar essa informação a todas as fábricas que usam o mesmo processo e produzem o mesmo veículo.

O mesmo pensamento vale para PDCA dos mosquitos. Uma vez concluído (o que significa testado e validado), a STM enviou seu relatório A3 para a Divisão de Engenharia de Planejamento Internacional, que poderia identificar quais outros locais poderiam se beneficiar da iniciativa. Além disso, as fábricas vizinhas que receberam o A3 da STM também fizeram parte da atividade Yokoten. O compartilhamento do aprendizado foi feito em pelo menos dois níveis, com a STM ajudando de forma independente as empresas locais, e também no nível corporativo, com a Toyota ajudando-os a passar os aprendizados para outras fábricas irmãs.

Yokoten é fundamental para imprimir uma velocidade maior na transformação Lean. Os esforços investidos no compartilhamento das melhores práticas no estilo Yokoten fortalecerão os benefícios do aprendizado acelerado.

O QUE VEM A SEGUIR?

Quando nos referimos a PDCA, sempre o fazemos como se fosse um ciclo, algo que nunca acaba. Assim, seria natural pensar que deveríamos fazer outro PDCA com os mosquitos para reduzirmos as reclamações para um nível melhor.

Como a métrica escolhida não foi a quantidade de mosquitos, mas sim a quantidade de reclamações, nesse caso as reclamações sobre os mosquitos passaram a ocupar o segundo lugar em relação às reclamações sobre o nível de ruído.

O ciclo PDCA continua, e agindo segundo as mesmas métricas: Reclamações.

A principal causa de reclamações passou a ser o nível de ruído, com 24 reclamações. É hora de recomeçar o ciclo.

Bem, foi assim que aprendi a essência do método PDCA. Obrigado por ter lido sobre o que aprendi, e espero que você também tenha aprendido algo novo.

6 MÉTODOS KAIZEN TOYOTA[1]

Art Smalley

O tópico do Kaizen não é novo nem exclusivo da Toyota Motor Corporation. O termo "Kaizen" se traduz basicamente como "mudar para melhor", e em geral é equiparado a melhoria contínua. O conceito de Kaizen dentro da Toyota tem várias raízes, que devem ser mencionadas por razões de esclarecimento. Também porque, diferentemente do mundo ocidental, onde o Kaizen costuma ser um grande evento durante um período fixo de tempo (por exemplo, cinco dias), na Toyota ele é um processo que consiste em seis etapas básicas que qualquer pessoa ou equipe pode realizar em qualquer período de tempo. Neste capítulo, apresento brevemente os fundamentos dos métodos Kaizen dentro da Toyota, algumas de suas origens, conceitos-chave e as seis etapas básicas do processo.

A palavra "Kaizen" em japonês é escrita com dois caracteres kanji que significam "mudar", e "para melhor". Infelizmente, as origens do termo não são exatamente claras em termos etimológicos. A palavra é de origem chinesa, com raízes que remontam ao período da dinastia Qing na China, de 1644 a 1911. O termo sempre significou "melhoria", embora não tenha sido usado exatamente no sentido específico que usamos hoje na fabricação, nos negócios ou na melhoria de processo Lean.

1. Este capítulo é uma condensação do livro *Toyota Kaizen Methods: Six Steps to Improvement* [Métodos Kaizen Toyota: seis passos para melhoria], de autoria de Art Smalley e Isao Kato, publicado pela Productivity Press em 2010. Os interessados em uma versão mais completa desse tópico podem consultar essa obra.

No início do século XX, o termo "Kaizen" começou a aparecer em trabalhos publicados por japoneses. Não era uma palavra muito utilizada pela população em geral, e sim usada principalmente como termo técnico em livros, sem passar para o vernáculo falado moderno. Na época, o movimento de engenharia industrial nos Estados Unidos e em outros países passou a fazer da melhoria baseada em métodos uma prioridade. Obras de Fredrick Taylor Frank, Lillian Gilbreth e outros da área tornaram-se temas populares. As traduções desses livros para o japonês sem dúvida estimularam a necessidade de uma palavra específica para significar melhoria nesse sentido, e provavelmente foi nesse período que surgiu a adaptação dos caracteres chineses representando "Kaizen". Indiretamente, todos esses trabalhos influenciaram a Toyota e outras empresas no Japão.

Em termos de influências específicas diretas, houve vários elementos em particular que influenciaram o desenvolvimento do Kaizen na Toyota. Os métodos Kaizen da Toyota são basicamente uma extensão lógica dos preceitos fundadores de Sakichi Toyoda — o curso Training Within Industry (TWI) Job Methods [Métodos de Trabalho com Treinamento na Indústria] — e de várias palestras em sala de aula conhecidas como P-Courses ministradas por Shigeo Shingo de 1955 a 1981 dentro da empresa. O curso Kaizen utiliza elementos de ambos os cursos de treinamento anteriores e ainda acrescenta elementos exclusivos da Toyota.

Antes de mergulhar nas etapas básicas do Kaizen na Toyota, vale a pena destacar alguns tópicos relacionados em termos de posicionamento geral que influenciam os modelos de pensamento sobre esse tópico. O treinamento Kaizen na Toyota identificou algumas convicções específicas sobre como a melhoria deve ser realizada. Por exemplo, uma pergunta típica colocada para discussão foi: "Como você aumenta a produtividade?" Os participantes normalmente davam respostas típicas, como aumentar o número de trabalhadores, acrescentar máquinas, fazer horas extras ou trabalhar mais. Do ponto de vista dos números, essas respostas podem aumentar as unidades de produção, mas não se qualificam como um verdadeiro Kaizen. Idealmente, o objetivo do Kaizen é produzir maiores quantidades de produtos de qualidade que possam ser vendidos usando a mão de obra, as máquinas e as restrições de tempo existentes. Nenhuma das três primeiras respostas típicas atinge esse objetivo, e a quarta — trabalhar mais — não é sustentável nem desejável.

Com o Kaizen, a Toyota queria capacitar os líderes a separarem as melhorias baseadas na quantidade de trabalho (mais máquinas, mais tempo, mais pessoas, etc.) da qualidade do trabalho ou de melhorias relacionadas ao método, por exemplo, mudar a natureza do trabalho para torná-lo mais fácil e melhor. Em outras palavras, os líderes que conduzem o Kaizen precisavam eliminar desperdícios ou detalhes desnecessários no processo existente.

Como mostra a Figura 6.1, é possível fabricar mais itens aumentando o equipamento ou o pessoal, mas isso tem uma desvantagem óbvia: o aumento do custo! Existem duas maneiras de melhorar a produção sem acrescentar custos à equação, mas apenas uma delas é desejável do ponto de vista da Toyota. Ao aprimorar a *qualidade* do seu trabalho, as equipes podem de fato produzir maiores quantidades de produtos de qualidade usando os recursos existentes. Em termos modernos, isso é muitas vezes definido como "trabalhar de maneira mais inteligente", e não "trabalhar mais".

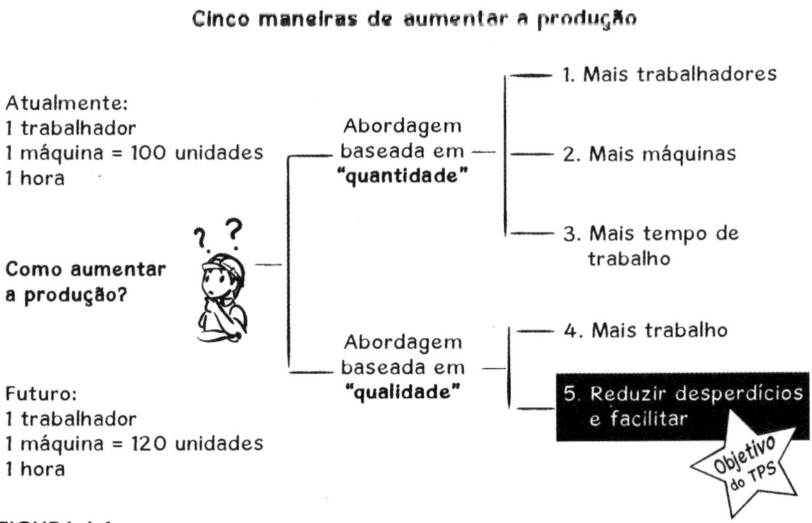

FIGURA 6.1

Um segundo conceito preliminar discutido no curso de competências Kaizen foi a noção de que a maneira como se realizava o trabalho acabava afetando o custo. A discussão anterior em geral abordava esse aspecto, mas, por uma questão de confirmação, o conteúdo a seguir também foi discutido.

Na época em que esse curso foi desenvolvido, o público-alvo eram quase exclusivamente as linhas de produção. Por essa razão, o gráfico típico usado foi uma sequência de fluxo de fabricação que destaca estilos contrastantes. Esteja você ou não no ramo manufatureiro hoje, não faz diferença nenhuma. O que a Figura 6.2 mostra é que existem maneiras de fazer o trabalho que envolvem ineficiência no seu estilo atual de operações. Essa ineficiência pode representar retrabalho, tempo de inatividade das máquinas, atrasos nos tempos de resposta, tempo de espera do operador e outros problemas. É tarefa do líder identificar formas mais eficientes de fazer as coisas, que envolvam uma sequência melhor e mais qualidade no resultado.

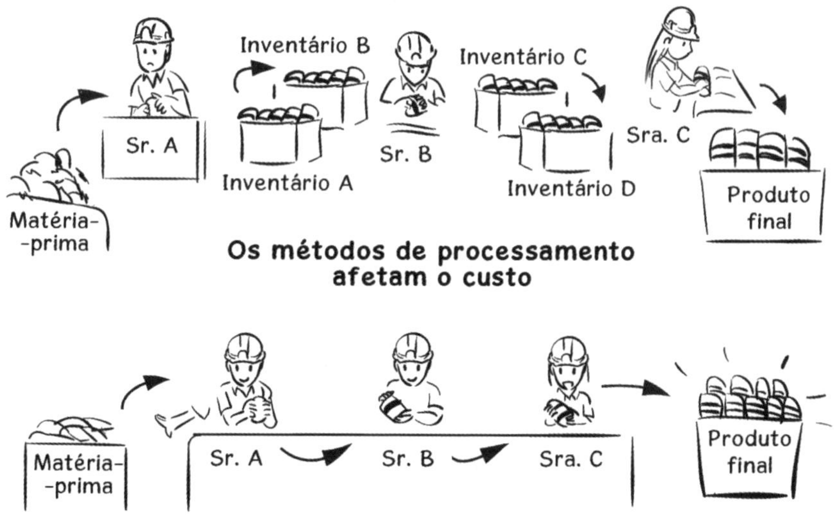

FIGURA 6.2

Às vezes, a discussão desses conceitos anteriores causava alguma preocupação nos funcionários. Por exemplo: "Eu trabalho muito para a empresa"; "Eu faço o melhor que posso o tempo todo"; e "Eu sou muito eficiente na minha rotina de trabalho do dia a dia". São reações comuns. Para ajudar a conciliar esse ponto de vista subjetivo com a realidade, a Toyota desenvolveu os seguintes conceitos ao longo dos anos do curso Kaizen e do Sistema Toyota de Produção (Toyota Production System, TPS).

A maioria das pessoas sente que está muito ocupada no trabalho e às vezes sobrecarregada durante o expediente ou nos períodos de pico. A realidade é que a maior parte do que se considera "trabalho" não é valor agregado do ponto de vista do cliente. A Toyota ensinou os líderes a pensar no trabalho como verdadeiras operações de valor agregado para o cliente, nos itens incidentais necessários no estado atual das operações e no desperdício puro na operação (Figura 6.3).

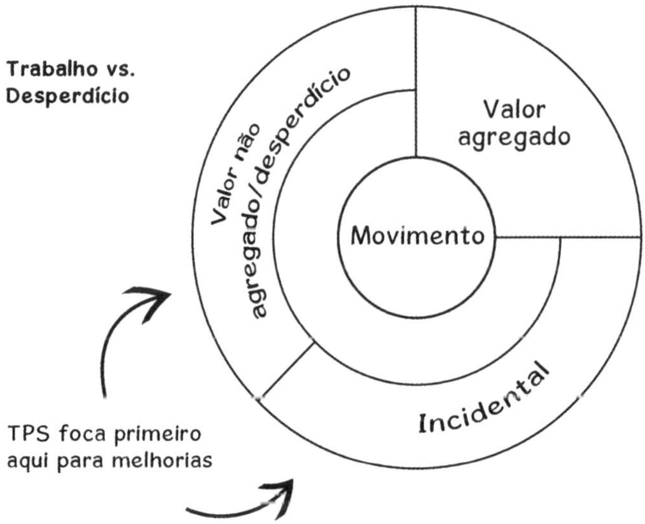

FIGURA 6.3

Na realidade, o verdadeiro trabalho de valor agregado é uma parte bem pequena das nossas operações normais. Os requisitos do cliente definem a forma, o ajuste, o conteúdo, a função e outros elementos do que ele deseja. As etapas intermediárias que usamos para obter esse resultado final não costumam ser especificadas. Uma máquina como um torno, por exemplo, pode desgastar o metal até a dimensão final e o acabamento superficial determinados pelo cliente. Mas o tipo exato de torno, a ferramenta, o suporte, o local de armazenamento dos materiais ou o programa específico usado para produzir a peça normalmente não são especificados. Nesse caso, só as dimensões e as especificações finais indicadas num impresso constituem um valor agregado para o consumidor. O restante da operação não é inteiramente de valor agregado e pode ser estudado para melhorias. Na realidade, a porção de valor agregado também pode ser analisada para melhorias, mas em geral esse não é o ponto de partida para o Kaizen.

O desperdício incidental refere-se ao trabalho necessário no estado vigente da operação que não tem valor agregado, mas ainda precisa ser executado no processo atual. Por exemplo, a movimentação de material não é valor agregado para o cliente, mas ainda assim um mínimo deve ser feito para levar as peças do caminhão de entrega ao processo e depois ao ponto de despacho. O desperdício puro, por outro lado, constitui a movimentação excessiva de materiais de um local de armazenamento para outro diversas vezes.

Para ajudar líderes e funcionários a ver que nem todo trabalho é valor agregado, Taiichi Ohno cunhou os termos Muda, Mura e Muri para explicar o conceito que estava articulando. Muda é desperdício, Mura é irregularidade e Muri é sobrecarrega de alguém ou do processo (Figura 6.4). Esses três fenômenos diferentes são prejudiciais às operações de produção eficientes.

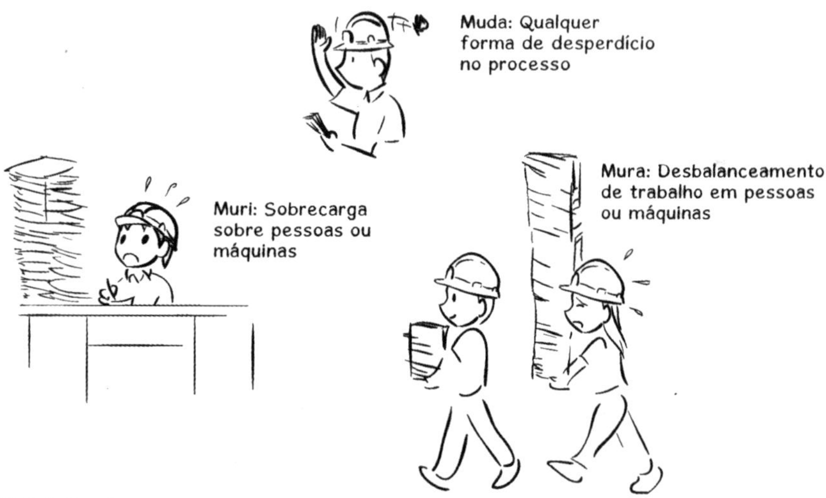

FIGURA 6.4

Ainda mais especificamente, em meados dos anos 1960, Taiichi Ohno codificou sete tipos de desperdício:

1. superprodução,
2. excesso de estoque,
3. refugo e retrabalho,
4. tempo de espera,
5. transporte,
6. excesso de movimentação,
7. processamento excessivo.

Como a lista original de sete desperdícios foi criada dentro da Toyota, muitas empresas a alteraram e adicionaram nela suas próprias formas de desperdício. Falhas na utilização do potencial humano, sistemas ineficientes, desperdício de energia, entre outros, são acréscimos frequentes. A lista original não é perfeita e pretendia servir como uma forma de destacar exemplos para os funcionários identificarem áreas de melhoria. Para quem trabalha fora da fabricação, a lista requer tradução em exemplos relevantes. Por exemplo, a espera de material pode estar relacionada à espera de documentos que chegam ou são processados. O refugo e o retrabalho podem estar relacionados a erros em documentos ou transações.

O conceito decisivo e essencial relacionado à introdução do Kaizen é o princípio da *redução de custos*. O Kaizen pode ser conduzido por diversos motivos, como qualidade, prazo de entrega, produtividade, segurança e outros fatores. Em última análise, no entanto, na Toyota também éramos muito claros sobre a necessidade de redução de custos.

Como já mencionado, a indústria automotiva é uma atividade altamente competitiva, com muitos produtos complementares. Estabelecer uma reputação de qualidade é fundamental para qualquer setor. No longo prazo, as empresas também precisam ter lucro. Um ex-presidente da Toyota Motor Corporation, Taizo Ishida, costumava comentar com frequência a necessidade de "defender seu castelo sozinho". Com esse comentário, ele queria dizer que é proativo e útil conduzir seu destino com as próprias mãos e não deixá-lo na mão dos outros. Um dos métodos da Toyota para adotar esse conceito foi o princípio da redução de custos.

No sentido mais simples, uma empresa determina os lucros por três fatores: preço de venda, custo e volume. Para uma discussão genérica, esses três elementos podem ser representados pela seguinte equação:

$$\text{Lucro} = (\text{Preço de Venda} - \text{Custo}) \times \text{Volume}$$

Dada essa equação simples, como uma empresa pode obter mais lucro? Existem apenas três alavancas para a equação: aumentar o preço de venda, aumentar o número de unidades vendidas ou reduzir o custo. De maneira geral, em indústrias competitivas, aumentar os preços é difícil e os consumidores podem simplesmente recorrer a ofertas alternativas dos concorrentes. Fabricar mais produtos também não é garantia de ganhar mais dinheiro... o resultado pode ser apenas excesso de estoque ou desperdício.

A única maneira sustentável de aumentar os lucros é focar a redução de custos (Figura 6.5).

É importante ressaltar que reduzir custos não significa simplesmente cortar custos ou funcionários. Reduzir custos significa eliminar desperdícios em qualquer processo que não agregue valor ao cliente. Menos estoque, menos defeitos, menos tempo de espera, etc., tudo isso leva a uma maior produtividade dos fatores envolvidos na produção. Este é o verdadeiro espírito do Kaizen — estabelecer usos mais eficientes dos recursos existentes eliminando o desperdício ou detalhes desnecessários que não agregam valor. Empresas que conseguirem atingir esse objetivo reduzirão custos e aumentarão os lucros. Ao enfatizar essa fórmula, a Toyota fez que todos percebessem que tinham uma participação direta no sucesso da empresa.

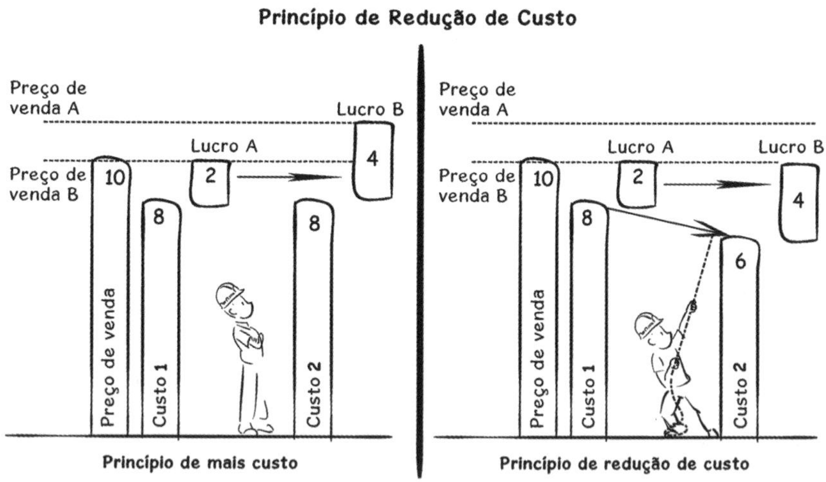

FIGURA 6.5

De maneira geral, eram seis as principais etapas do Kaizen dentro da Toyota, e elas estão relacionadas a outras metodologias, como o método científico e a resolução de problemas gerais (Figura 6.6). A grande diferença é que no Kaizen, como veremos adiante, existe um nível mais alto de liberdade e maior ênfase na geração de ideias originais. Em geral, todas as metodologias de melhoria seguem basicamente o padrão Planejar, Fazer, Verificar, Agir (Plan-Do-Check-Act, PDCA), e nesse sentido o Kaizen é fundamentalmente o mesmo.

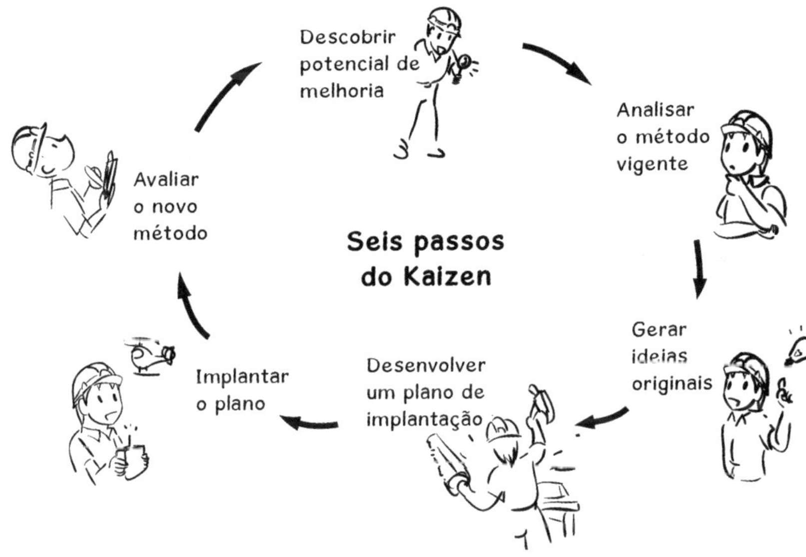

FIGURA 6.6

ETAPA 1: DESCOBRIR O POTENCIAL DE MELHORIA

O primeiro passo básico do Kaizen na Toyota é descobrir o potencial de melhoria. Há uma pequena diferença técnica que vale a pena enfatizar entre resolução de problemas e Kaizen. Na solução de problemas, normalmente você está tentando preencher uma lacuna em um padrão conhecido. A causa-raiz é atacada até essa lacuna ser preenchida. No Kaizen, tecnicamente, não é necessário que haja um problema ou uma lacuna em relação ao padrão. O desempenho do processo pode estar bom ou dentro do padrão, mas precisa ser melhorado por alguma razão. Por exemplo, você pode estar com 100% da entrega no prazo, mas com um prazo de entrega de cinco dias. Um bom exemplo de Kaizen seria manter os 100% de pontualidade na entrega, mas com um prazo de entrega de dois dias ou menos.

Descobrir o potencial de melhoria às vezes é óbvio, mas ajuda a incorporar certos atributos na busca da melhoria. O pensamento derrotista negativo nunca o levará a nenhum ganho. Aqui estão algumas coisas básicas a ter em mente ao procurar oportunidades de melhoria.

Mantenha sempre vivo o espírito de investigação quando estiver conduzindo o Kaizen. Não se contente em simplesmente entender "o quê" está acontecendo em qualquer processo. Procure entender "por quê" é do jeito que é e exatamente "como" funciona. Muitas vezes, no início esse processo de investigação leva algum tempo, mas no final ele sempre compensa.

Pratique o conceito Toyota de Genchi Genbutsu em todas as oportunidades. Ou seja, vá e veja os verdadeiros fatos em questão no local de trabalho real. Não aceite informações ou relatórios de segunda mão, pois em geral eles são erráticos ou deixaram de fazer todas as perguntas certas. Assim como os detetives visitam as cenas de crime para fazer suas investigações, você também precisa visitar seus locais de trabalho para uma observação mais detalhada.

Também sugiro que você jogue fora todas as noções preconcebidas sobre o processo ou situação com que estiver lidando. Não há nada de errado em ter opiniões ou hipóteses na primeira abordagem. Contudo, tome cuidado para que elas não funcionem como antolhos que limitam sua capacidade de ter ideias melhores ou pontos de vista diferentes. Às vezes, as melhores ideias não são as primeiras que vêm à sua mente.

Ao avaliar o potencial de melhoria, faça sempre uma observação minuciosa do local de trabalho. Isso está relacionado ao conceito de Genchi Genbutsu, mas não caia na armadilha de esmiuçar bem as coisas uma vez e pensar que já entendeu todos os detalhes. Muitas vezes, são necessárias várias observações para entendermos os detalhes de qualquer processo; portanto, prepare-se para passar algum tempo "nos bastidores" do processo para aprender o que o faz funcionar.

O ponto final em relação à atitude e à postura para descobrir o potencial de melhoria é aderir estritamente ao conceito de "AQD". Com essa sigla, quero dizer que você deve se esforçar para ser *analítico*, *quantitativo* e *detalhado*. O termo "analítico" significa, grosso modo, dividir as coisas em pedaços menores para uma boa análise. O Kaizen é uma ferramenta tremendamente valiosa se você puder dividir as coisas em componentes compreensíveis e inter-relacionados. Em segundo lugar, esforce-se para ser quantitativo e medir as coisas com precisão. Não aceite afirmações qualitativas verbais como "bom", "longo" ou "difícil", por exemplo. Aprenda a medir as coisas e seja preciso. Por fim, também sugiro ser o mais detalhado possível. Pratique a técnica de descascar as camadas da cebola até ter uma boa visão de algo que possa ser melhorado.

Se você incorporar todos esses atributos, eles facilitarão a condução do Kaizen em geral e também a identificação de oportunidades de melhoria.

É claro que esses atributos em si não geram ideias ou respostas, mas ajudam a estimular a mente numa direção positiva que será benéfica durante todo o processo. Além disso, existem também algumas técnicas tradicionais que a Toyota costuma empregar durante as atividades Kaizen para ajudar a gerar áreas de melhoria. Vou descrever algumas das maneiras mais comuns de identificar oportunidades de melhoria.

Uma das maneiras mais simples é comparar o desempenho de qualquer processo ou área com os padrões existentes e procurar oportunidades de melhoria. Tecnicamente, se você está aquém do padrão, é porque existem problemas a serem resolvidos, mas tudo bem se estiver procurando melhorar. Se você está em conformidade com todos ou com muitos de seus padrões, então deve questionar se estes estão muito baixos em termos de dificuldade e se precisam ser aumentados. Em muitos casos, essa é uma excelente maneira de criar a necessidade de um Kaizen.

Além disso, uma ótima forma de identificar oportunidades de melhoria é criar algo que na Toyota chamamos de "quadro de análise de produção". Anote a taxa de produção esperada para o turno em pequenos intervalos, como a cada quinze minutos, ou pelo menos a cada hora. Em seguida, por um dia, colete os dados sobre quão bem o processo consegue atender à taxa esperada em termos de produção real. Observe também as razões pelas quais o processo atrasa, adianta, acelera, desacelera, etc. Esses detalhes sempre fornecerão ótimos vislumbres para oportunidades Kaizen.

Outra técnica comprovada é visitar o local de trabalho e passar um tempo identificando todas as formas de desperdício existentes na área. As sete categorias de desperdício são um excelente ponto de partida, e elas existem em todas as operações de uma forma ou de outra. Faça um levantamento e relacione todos os exemplos desses pontos que encontrar, e isso deve levar a muitas zonas de oportunidades Kaizen.

O caminho final nesta etapa relacionada à descoberta é praticar o conceito 5S. Em japonês, as palavras *Seiri*, *Seiton*, *Seiso*, *Seiketsu* e *Shitsuke* referem-se a um método disciplinado de organização e limpeza de uma área. O significado aproximado é ordenar e organizar as coisas nos lugares devidos. Quando tudo estiver devidamente armazenado, limpe, rotule todos os itens e mantenha tudo sempre limpo. Finalmente, o último S refere-se à palavra japonesa que significa "disciplina". Pratique a disciplina para garantir que os ganhos que você obteve em termos de organização sejam sustentáveis.

Qualquer um desses métodos deve funcionar em termos de identificação de oportunidades de melhoria. Muitas vezes, você pode perceber de imediato o que precisa ser melhorado devido às demandas do cliente ou da alta administração. Quando não for esse o caso, a simples aplicação de qualquer um desses métodos deve ajudá-lo a identificar várias áreas de melhoria.

ETAPA 2: ANALISAR O MÉTODO VIGENTE

A segunda etapa básica do Kaizen é analisar os métodos em vigor no processo ou processos que você estiver observando. Não existe uma maneira mágica de analisar processos. Seus objetivos devem direcionar o que observar em detalhes e como estudar o processo. Vou listar alguns dos tipos mais comuns de análise que vêm sendo usados ao longo dos anos na Toyota. Você também terá de usar outros métodos, dependendo da natureza da situação.

A forma mais elementar de análise é algo chamado "análise do elemento de trabalho". É uma maneira elegante de dizer que você deve anotar detalhadamente todas as etapas de uma operação e depois repassar o processo passo a passo para questionar cada etapa. Primeiro, pergunte exatamente o que é essa etapa e qual é seu propósito fundamental. Em seguida, pergunte por que ela é necessária. Tente identificar etapas que você possa eliminar. Além disso, pergunte "onde" a etapa é executada, "quando" é executada, "quem" está executando e, claro, "como" ela está sendo executada. Esse método é referido como a técnica 5W1H[2] para investigação. Repita-o várias vezes, conforme necessário, até todas as etapas do processo terem sido cobertas e suficientemente examinadas.

Em um caso ideal, você está procurando etapas para eliminar; no entanto, isso nem sempre é possível para todas as etapas. Como estamos buscando melhorias, não deixe de considerar também o que pode ser combinado, o que pode ser reorganizado ou, finalmente, o que pode ser simplificado. Esse processo passo a passo é conhecido como ECRS, sigla de *eliminar*, *combinar*, *reorganizar* e *simplificar*. Cada uma dessas letras representa um ângulo diferente de análise de melhoria a ser considerado. Muitas vezes, essa

2. *Why*, *What*, *Where*, *When*, *Who*, *How* (Por quê, O quê, Onde, Quando, Quem, Como). [N.T.]

técnica simples é só o que você precisa para gerar oportunidades valiosas de melhoria.

Uma segunda técnica comum dentro da Toyota para analisar processos é o estudo de tempo. Muitos elementos cruciais do sistema da Toyota são baseados em conceitos baseados no tempo. *Takt time*, Just in Time e tempos de ciclo são apenas alguns dos exemplos bem conhecidos. Os estudos de tempo têm seus pontos fortes e fracos associados, mas quase sempre o tempo necessário para concluir uma tarefa é um aspecto da produtividade. Medir os tempos de uma operação passo a passo é uma maneira valiosa de analisar processos e descobrir de fato em quanto tempo as diferentes tarefas estão sendo concluídas. Etapas que levam muito tempo para serem concluídas ou variam consideravelmente em geral são excelentes candidatas para um Kaizen.

Uma técnica semelhante ao estudo de tempo é a do estudo de movimentação. Normalmente, usamos o termo "estudo de tempo e movimento" como se fosse uma única técnica, mas as raízes e os métodos são bem diferentes. Os estudos de tempo, como já mencionado, só observam quanto tempo uma etapa ou processo levam para ser concluídos. Não dizem nada sobre os movimentos fundamentais necessários para completar esse passo. Para que os estudos de tempo tenham algum significado, contudo, os tempos devem ser relacionados a elementos do trabalho ou movimentos discretos para fins de identificação. O tempo reflete apenas a ação sendo executada, mas não é o movimento ou a ação em si.

Existem símbolos específicos que podem ser usados na análise de movimento quando esse tipo de observação minuciosa é necessário. São símbolos bem antigos e foram formulados pelo casal Frank e Lillian Gilbreth. Podem ser usados dezoito símbolos para descrever a maioria dos movimentos humanos, e são bem detalhados por natureza (por exemplo, estender a mão, pegar, retirar, etc.). Não temos espaço suficiente neste capítulo para explicá-los, mas eles são facilmente encontrados em livros antigos de engenharia industrial ou na internet. Quando o estudo de movimento é combinado com o estudo de tempo, pode se tornar uma técnica importante para gerar muitas pequenas melhorias que resultem em algo muito grande no final.

Se você combinar elementos de trabalho, tempo e estudo de movimento de maneira específica, chegará a úma forma de análise conhecida na Toyota como *trabalho padronizado*. Por si só, o trabalho padronizado daria um capítulo ou um livro em termos de dificuldade e precisão. Contudo, se você estiver familiarizado com o conceito, ele pode ser uma ótima maneira de analisar certos tipos de operações. Em um sentido geral, o que você procura fazer é estabelecer um *takt time* ou índice para um processo e em seguida alinhar os elementos do trabalho para um determinado operador ou conjunto de operadores até chegar a esse índice. Em outras palavras, você está tentando equilibrar o trabalho com índice de demanda do cliente. Quando essa análise e atividade são implantadas, o ritmo do trabalho fica mais alinhado com a demanda do cliente, em geral eliminando a prática do excesso de produção. Além de acabar com essa superprodução, normalmente há também um grande ganho em termos de produtividade e qualidade.

Quando as máquinas são o foco da melhoria do trabalho, e não as operações humanas, costuma ser necessária uma lente diferente para detectar os ângulos de melhoria. Para máquinas da maioria das oficinas de produção, as áreas de quebras mecânicas, tempo de troca, pequenas paradas, perdas de velocidade, refugo e retrabalho, por exemplo, representam excelentes áreas para melhoria. Normalmente, uma ou duas dessas áreas predominam em termos de impacto na produção. É uma boa prática medir a extensão dessas perdas e depois escolher uma ou duas das maiores para um estudo e uma análise mais profundos.

Outro estilo de análise exclusivo da Toyota é a Análise de Fluxo de Materiais e Informações. Fora da Toyota, essa prática é conhecida como *mapeamento do fluxo de valor*, devido ao sucesso de um conhecido manual publicado sobre esse tópico. O conceito básico da análise é medir o *lead-time* [tempo de execução] em toda a instalação de um determinado produto ou componente. Normalmente, o tempo real de valor agregado para qualquer item é medido em minutos, enquanto o *lead-time* é medido em dias. A análise de modelos de cronogramas, fluxo do processo, quantidade de estoque e outros aspectos geralmente destaca muitas áreas para melhorias.

Como alertei no início desta etapa, não existe uma única maneira de analisar um processo. Seu objetivo determinará o que você verá na realidade. Por exemplo, se seu objetivo específico é melhorar a qualidade, é provável que nenhum dos itens mencionados anteriormente seja suficiente. Faz mais sentido empregar outras técnicas relacionadas à melhoria da capacidade do processo. Normalmente, no entanto, alguma forma de análise de elementos do trabalho, estudo de tempo e/ou movimento, trabalho padronizado, análise de perda de maquinário ou análise de fluxo de material e informações é uma ótima maneira de analisar mais a fundo um processo e gerar ideias para melhoria.

ETAPA 3: GERAR IDEIAS ORIGINAIS

A terceira etapa no método Kaizen da Toyota é gerar ideias originais para melhoria. Assim como não existe uma maneira mágica de analisar um processo, não existe uma maneira mágica de gerar ideias. Mas podemos fornecer alguns conselhos básicos sobre o processo de geração de ideias e destacar alguns métodos que foram usados no passado para ajudar a estimular o pensamento.

Com frequência, existem obstáculos que sufocam nosso processo de pensamento criativo, e precisamos estar atentos a essas armadilhas. Caso contrário, mesmo as melhores equipes podem se distrair e deixar de gerar ideias de melhoria. Um problema comum é simplesmente a força do hábito. Repetimos algo vezes e mais vezes até acabar se tornando uma segunda natureza. Em muitos aspectos esse hábito é saudável, mas nem sempre ajuda na implantação do Kaizen. Esteja sempre preparado para questionar o status quo e aberto para experimentar novos métodos no Kaizen.

Entre a série de bloqueios relacionados estão os preconceitos ou o senso comum. Muitas vezes, involuntariamente, temos bloqueios mentais que nos impedem de pensar. Por exemplo, na área de configurações de máquinas, era senso comum executar grandes lotes em equipamentos que processavam um grande número de peças e eram difíceis de trocar. O senso comum dizia para executar menos trocas porque elas causavam a perda de um tempo valioso de produção. O "senso incomum" questionou a suposição por trás dessa ideia de o tempo de troca ser fixo e se propôs a reduzir esse componente de tempo até se tornar irrelevante.

A emoção também pode ser um forte componente a limitar nosso poder de pensamento criativo. Precisamos de lógica e de emoção para formar opiniões e conduzir ações. No entanto, a emoção do medo do fracasso, por exemplo, pode nos deixar hesitantes ou excessivamente cautelosos. No Kaizen, de vez em quando precisamos nos lembrar de que não há problema em errar, desde que ninguém seja ferido e o prejuízo não seja irreversível. Alguns dos nossos melhores aprendizados vêm de errar e aprender por que alguma coisa não funciona. Muitas vezes são necessárias uma segunda ou uma terceira vez para acertar as coisas, e precisamos de paciência e persistência para seguir adiante com essas ações. Tenha cuidado para não deixar as emoções asfixiarem o processo de tentativa e erro e o aprendizado associado a ele.

Em termos de conselhos práticos, há várias coisas que posso sugerir como tentativas para gerar ideias. Uma regra muito importante é separar geração de ideias e julgamento. Muitas vezes somos rápidos em julgar e descartar ideias novas ou diferentes. Ao gerar ideias originais, sugiro primeiro se concentrar na quantidade de ideias de melhoria, e só depois fazer uma triagem para selecionar as poucas mais promissoras. Se você aplicar a lente do julgamento com muita frequência ou cedo demais, inadvertidamente estará asfixiando o processo de pensamento criativo, pois a geração de ideias e o julgamento se utilizam de diferentes partes do cérebro.

Outros conselhos práticos incluem pensar a partir de diferentes ângulos e combinar algumas ideias com outras. Por exemplo, se uma tarefa como apertar um parafuso foi muito demorada ou difícil, talvez a abordagem correta não seja executá-la mais rapidamente ou torná-la mais fácil usando o mesmo mecanismo. A melhor ideia pode ser eliminar a necessidade de apertar o parafuso e encontrar outro método para a fixação. Essa maneira alternativa pode se relacionar com a ideia de outros sobre como utilizar um novo método para fixar os itens em questão.

Ao longo dos anos, foram criados vários documentos para ajudar as pessoas a gerar ideias, e sugiro que você pesquise e aplique essas técnicas conforme o necessário. Alguns métodos são simples, como checklists mentais. Alex Osborn era considerado o "pai do brainstorming clássico". Ele criou vários checklists que faziam uma série de perguntas relacionadas a reutilização, valorização, alteração, ampliação, redução, substituição, reorganização, reversão e combinação de itens. Muitas vezes, essas perguntas instigantes podem ser usadas para estimular a geração de ideias.

Engenheiros industriais também criaram várias regras para economizar movimentos. Essas regras podem ser aplicadas ao uso do corpo humano, à disposição do local de trabalho ou ao design de ferramentas e equipamentos. Revisar esses checklists e — mais importante — criar o seu próprio para sua situação específica é uma ótima maneira de incentivar o processo do pensamento e considerar a situação a partir de vários ângulos.

Outro conselho fundamental é cultivar a prática de fazer perguntas e esclarecer o propósito de vários itens. A técnica fundamental 5W1H para perguntar Por quê, O quê, Onde, Quando, Quem e Como é muito útil para análise e geração de ideias. Depois de fazer as perguntas 5W1H, revise tudo no contexto do que podemos eliminar, combinar, reorganizar ou simplificar para melhorar. Esse processo de questionamento é sempre útil para gerar novas ideias.

O método definitivo e mais famoso para geração de ideias é o brainstorming. Quase todo mundo conhece esse processo, que não precisa de explicação e que, quando aplicado corretamente, é muito útil. Procure manter o grupo num tamanho razoável para que a participação seja administrável. As quatro regras básicas para o brainstorming são suspender quaisquer críticas durante a fase de geração de ideias, estimular a liberdade de expressão, ter o maior número possível de ideias e encorajar o pensamento colaborativo. Designar um facilitador e um escrevente também é muito útil para conduzir uma reunião eficaz.

ETAPA 4: ELABORAR UM PLANO KAIZEN

No Kaizen, normalmente tentamos implantar ideias de melhoria o mais rápido possível. Em certas ocasiões esse ideal pode ser posto em prática de imediato, mas às vezes demora um pouco para implantar alguns itens. Em ambos os casos, é importante ter um plano para orientar as ações que precisam ser realizadas. O plano não precisa ser sofisticado ou excessivamente complicado. Mas precisa conter vários elementos-chave para ser viável.

Em primeiro lugar, o plano deve deixar claro *o que* será feito em termos de ações corretivas ou mudança de métodos para melhorar o estado atual. Os itens de ação devem ser o mais específicos possível e suficientemente detalhados, em nome da clareza. Do contrário, cada um fará suas próprias interpretações da tarefa e o resultado poderá ser confuso. Reserve um tempo para redigir o que será feito de maneira precisa e faça uma revisão de todas as partes necessárias.

Em segundo lugar, o plano também deve especificar *quem* vai executar a tarefa e *quando*. Planos que não designam responsáveis ou não estabelecem uma data de entrega raramente são concluídos. Para as coisas terem prosseguimento, uma pessoa ou alguém que representa um grupo de pessoas precisa coordenar as ações a serem realizadas. Essa pessoa pode até coordenar a conclusão do trabalho, mas é preciso haver uma referência exclusiva para sua clareza e responsabilidade. Da mesma forma, sem uma data de conclusão, as tarefas se arrastarão por um longo período de tempo e nunca serão concluídas. No Kaizen, precisamos deixar claro quem é responsável pelos itens de ação, e qual a data de conclusão.

Além disso, em alguns planos também é útil incluir *como* o item de ação será executado, se isso não for evidente. Em outros casos, *o que* e *como* muitas vezes se mesclam num enunciado do intuito dos itens de ação propostos. Em ambos os casos, também é útil deixar claro *onde* o trabalho será feito e *qual é o resultado esperado* para o item em questão. Por exemplo, se a mudança da técnica de montagem na estação seis for implantada numa tentativa de reduzir a dificuldade e economizar tempo, o que se deve esperar? Nem sempre esperar algo "melhor" é uma indicação clara do que esperar. Se você espera reduzir o tempo do ciclo pela metade, inclua no plano que o resultado esperado é reduzir o tempo necessário de sessenta segundos para menos de trinta segundos, por exemplo. Isso lhe dará algo mais específico para verificar mais tarde, quando estiver avaliando o sucesso de seus itens de ação.

ETAPA 5: IMPLANTAR O PLANO

A implantação do seu plano Kaizen é essencialmente a fase "Fazer" do ciclo de gerenciamento Planejar, Fazer, Verificar, Agir (PDCA). Criar um bom plano conforme descrito na Etapa 4 é um passo saudável para implantá-lo. A implantação normalmente envolve uma combinação de itens de curto, médio e longo prazos a serem concluídos. Aqui estão algumas coisas para manter em mente.

Durante a implantação, é muito importante comunicar o que está sendo feito a todas as partes afetadas. Muitas vezes, um Kaizen não funciona devido a falhas na explicação e na coordenação com as partes afetadas. Parte de ser um bom líder Kaizen é a capacidade de liderança e de comunicação. Certifique-se de realizar atualizações e revisar o plano sempre que necessário durante as fases de implantação.

Em segundo lugar, não se esqueça de fornecer treinamento e instruções adequados, conforme a necessidade. O ato de Kaizen implica mudança, portanto vários padrões e formas de fazer as coisas no processo são alterados.

Aproveite o tempo da implantação para garantir que o treinamento, quando necessário, seja conduzido de maneira apropriada para todos os afetados pela mudança. Ter um bom plano de treinamento de instrução de trabalho como parte da implantação do Kaizen é sempre uma boa ideia para aumentar as chances de sucesso.

Outro ponto-chave durante a implantação é manter-se otimista e entusiasmado com a mudança. É sempre possível que você encontre problemas imprevistos durante essa etapa. Aproveite o tempo para abordá-los, revisar planos e alterar métodos sempre que preciso. O sucesso é muitas vezes uma questão de aderir ao processo Kaizen e repeti-lo conforme necessário. Se no começo você não conseguir, continue tentando.

ETAPA 6: VERIFICAR OS RESULTADOS

A etapa final importante do Kaizen é verificar seus resultados. Se eles não produzirem melhorias mensuráveis, você não fez um verdadeiro Kaizen. Em outras palavras, a atividade por si só não garante um bom resultado. Há vários pontos-chave nessa etapa para manter em mente. Um deles é a importância do uso de padrões como método de medição. Outro é avaliar honestamente se você atingiu seu objetivo. Se você o atingiu, então meça "quanto". Foi na quantidade esperada? Se não foi, quanto faltou e por quê? Essas são ações essenciais a serem concluídas durante a etapa final do Kaizen.

A outra parte implícita dessa fase final é decidir o que fazer a seguir. Se você estiver satisfeito com seus resultados, será possível replicar isso em outro lugar? O que precisa ser feito para sustentar os ganhos obtidos? Essas e outras perguntas devem ser consideradas durante a conclusão da implantação do Kaizen. Uma maneira útil de facilitar essa discussão é realizar um breve relatório de apresentação do Kaizen na conclusão da atividade. Faça a equipe explicar a tarefa e identificar a oportunidade de melhoria que estava procurando. Além disso, peça-lhe que explique os métodos de análise usados e quais ideias de melhoria identificou. Peça ainda que explique a sequência de implantação e os resultados obtidos com o projeto. Como parte da discussão de encerramento, revise o que foi aprendido, como isso pode ser compartilhado e sustentado e o que mais pode ser feito.

RESUMO

Este capítulo tentou explicar um pouco da história, dos conceitos e das etapas básicas associadas ao método Kaizen da Toyota. Eu sempre digo às pessoas que pensem no Kaizen como um processo, não como um evento ou atividade. Ele pode ser praticado por indivíduos, por equipes ou por grupos reunidos para um propósito específico. Seu objetivo é gerar resultados de melhoria para a organização e desenvolver a competência dos participantes nele envolvidos. As oportunidades para um Kaizen são infinitas, e o processo é sempre gratificante para quem estiver disposto a empreender a jornada.

Nota: Para mais detalhes sobre este tópico, incluindo planilhas específicas, exemplos e explicações mais detalhadas, consulte o livro *Toyota Kaizen Methods: Six Steps to Improvement*, de autoria de Art Smalley e Isao Kato, publicado pela Productivity Press em 2010.

7 CULTURA KAIZEN: O MOTOR DA MELHORIA CONTÍNUA

Stephen J. Ansuini

Uma cultura Kaizen é evidente quando todos os níveis da organização se apropriam da melhoria contínua. Se os princípios Lean formam os tijolos de uma organização Lean, a argamassa que os une é a cultura Kaizen. Os membros da equipe envolvidos na melhoria contínua são uma expressão externa do compromisso interno da empresa em colocar o cliente em primeiro lugar e dar à criatividade o respeito que ela merece.

Quando iniciamos a jornada Lean, devemos apoiar a melhoria contínua em todos os níveis da organização, pois o motor que impulsiona muitos aspectos do Lean é o engajamento dos membros da equipe.

As organizações devem capacitar seus funcionários para assumir a responsabilidade de resolver os problemas que ocorrem nas áreas pelas quais são responsáveis. Contando com o envolvimento dos funcionários, uma empresa progride ao longo da jornada Lean com mais facilidade e eficiência do que jamais imaginou ser possível. Com uma força de trabalho empoderada, o trabalho diário é realizado:

- com mais alta qualidade,
- a um custo menor,
- com maior segurança,
- de forma mais sincronizada.

A cultura Kaizen deve ser vista como uma forma de fazer negócios, e não como mais uma coisa "que precisamos fazer". Já foi claramente ilustrado repetidas vezes nas organizações da Toyota que o envolvimento de todos os níveis de funcionários gera muito mais sucesso do que em empresas que não incentivam seus funcionários a melhorar sua área de trabalho e processos. Para serem competitivas no mercado global de hoje, as organizações precisam do poder criativo coletivo de todos os funcionários. Colaboração é o modo como fazemos as coisas!

FIGURA 7.1A

O valor da inteligência colaborativa produz um efeito Gestalt; ou seja, a soma dos esforços de melhoria é maior do que suas partes individuais. Isso é usado com frequência para definir um ambiente Lean. O Lean pode ser comparado a um ecossistema completo. Você pode pegar partes dele e usá-las para melhorar uma organização e torná-la mais competitiva; porém, para ser verdadeiramente Lean, cada componente deve trabalhar em harmonia com todos os outros. A remoção de um fará com que o sistema geral seja menor do que seu potencial.

OS ELEMENTOS-CHAVE DE UMA CULTURA KAIZEN

Para construir um local de trabalho Lean, uma cultura Kaizen também deve fazer parte da jornada, a fim de que a progressão em direção a uma força de trabalho capacitada seja permanente. Então, quais são os elementos-chave de uma cultura Kaizen? As culturas Kaizen são incentivadas e desenvolvidas ao longo do tempo por meio de:

- patrocínio e apoio visíveis da gerência,
- objetivo claro e metas alinhadas,
- sistema de melhoria contínua em evolução.

Patrocínio e apoio visíveis da gerência

O suporte gerencial visível tem muitas características que oferecem amplas oportunidades para o líder Lean cultivar com sucesso uma cultura Kaizen. Algumas dessas características provavelmente se encaixarão na cultura vigente, proporcionando assim uma transição para uma cultura Lean mais empoderada. Aqui estão quatro características específicas que líderes Lean podem seguir para desenvolver uma cultura Lean.

1. suporte ao sistema de melhoria contínua,
2. reconhecimento de funcionários (formal e informalmente),
3. atividades promocionais,
4. metas mutuamente estabelecidas.

Suporte da liderança

Nada é mais importante para a sensação de sucesso de um membro da equipe do que saber que seu trabalho é valorizado, tem importância e faz diferença. Os membros da equipe se sentem recompensados quando os líderes percebem o que estão fazendo. Os líderes devem mostrar um interesse sincero por seus esforços. Líderes que andam pelo chão de fábrica e mostram interesse por eles e por suas atividades manterão sua força de trabalho engajada na busca ativa de novas oportunidades para melhorar seu desempenho. Isso significa que os líderes devem estar dispostos a falar com os membros da equipe, e às vezes ouvir coisas que não gostariam de ouvir. Manter essa comunicação aberta promove relações de trabalho eficazes e fortalece o local de trabalho.

O custo para a empresa de ter esse "tempo presencial" com os membros da equipe é o tempo do líder. Não é um tempo perdido, mas sim um investimento na sua cultura Kaizen. Isso me foi demonstrado pelo presidente da fábrica, Fujio Cho. Cho foi presidente da Toyota Motor Manufacturing de Kentucky (TMMK) de dezembro de 1988 a outubro de 1994. Ele me disse em várias ocasiões que a turnê trimestral era uma de suas atividades favoritas, porque ele ia ao Gemba Genbutsu. Ia para o local onde o verdadeiro trabalho é feito. Passar um tempo com os membros da equipe em seu local de trabalho e conversar sobre suas melhorias provocava sorrisos neles e em Cho. Eu o acompanhava em passeios pela fábrica para conhecer iniciativas específicas de melhoria. As melhorias eram selecionadas por meio de uma série de atividades de eliminação, até que cada líder de departamento tivesse um representante da sua área. Mesmo esse processo de eliminação resultava em reconhecimento para ainda mais membros da equipe. Os gerentes indicavam um ou dois de suas áreas. Os líderes de departamento e seus subordinados diretos discutiam as indicações e praticavam o Ir e Ver com os indicados. O líder do departamento selecionava quem representaria o departamento. Isso normalmente significava que faríamos nossa caminhada Gemba para nada menos que oito áreas de trabalho específicas espalhadas pela instalação de 112 mil metros quadrados. Os membros da equipe valorizavam seu tempo com o presidente e se sentiam muito orgulhosos da oportunidade de mostrar suas realizações. Outros membros eram incentivados a tentar alguma atividade de melhoria que os pusesse na lista. Uma semana depois da turnê, todos os indicados eram convidados para um almoço com o Fujio Cho. Ele reconhecia cada membro da equipe e distribuía placas e um distintivo especial que só poderia ser recebido pelos que estivessem na lista do presidente de reconhecimento de melhorias trimestrais. Cada um deles também falava um pouco sobre sua atividade de melhoria. Cho identificava a melhoria selecionada e explicava por que estava em primeiro lugar na sua lista. Também havia outros executivos presentes, e os lugares eram distribuídos de maneira que cada membro da equipe ficasse ao lado de um executivo. Fazíamos uma boa refeição de confraternização.

Os brindes de reconhecimento trimestrais eram disputados como uma representação visível do orgulho que eles tinham do seu trabalho. À medida que cada membro da equipe, envaidecido, exibia seu brinde de reconhecimento, os colegas perguntavam como havia sido obtido, e ele podia contar sua história de novo e obter um pouco mais de reconhecimento. Não só os comportamentos desejados eram reforçados como muitas vezes os outros membros da equipe se sentiam inspirados a se envolver também.

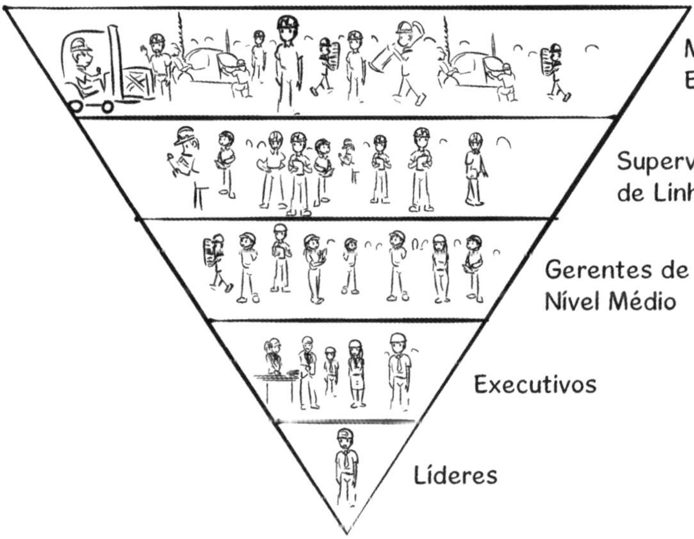

FIGURA 7.1B

As atividades de melhoria reconhecidas contribuíam para alcançar os objetivos do negócio de modo que todos fossem vencedores. Os líderes de departamento identificavam as melhorias implantadas a fim de recomendá-las para essa atividade de reconhecimento trimestral. Os membros da equipe valorizavam o prestigioso reconhecimento das revisões trimestrais. E outros se sentiam incentivados e inspirados a melhorar suas áreas de trabalho.

Propósitos claros e objetivos alinhados

O Lean tem tudo a ver com o alinhamento dos objetivos dos negócios e com sua capilaridade dentro da organização. O processo é referido como Hoshin Kanri. Ele é distribuído a partir dos níveis corporativos superiores e indica objetivos e possibilidades de desenvolvimento e metas futuras. À medida que vai para o nível regional, o nível do país, o nível estadual, o nível da fábrica, etc., cada plano anual subsequente segue as metas do plano anual diretamente acima. A eficácia do processo só pode ser percebida quando as metas são comunicadas com clareza. Esse processo também deve ser aplicado no planejamento anual do sistema de sugestões.

O Hoshin pode ter um impacto significativo na maneira de planejar e executar seu sistema de melhoria contínua. Em última análise, tudo é feito para apoiar os objetivos corporativos do nível mais alto. Há muitos itens que devem ser considerados ao desenvolver seu sistema de sugestões e sua estratégia anual. Isso é algo que pode ter o maior impacto no desenvolvimento de uma cultura Kaizen. Para aumentar sua cultura Kaizen, considere os seguintes pontos:

- publicação de metas e progresso mensalmente,
- critérios de medição eficazes,
- administração simples,
- tempo de ciclo curto,
- relatórios mensais automatizados,
- defensores da melhoria contínua (MC),
- administração local,
- alta taxa de implantação,
- foco na área de trabalho imediata,
- ênfase na participação dos funcionários,
- reconhecimento e prêmios pela participação,
- reconhecimento de funcionários,
- integridade do sistema,
- categorias de melhorias (tangíveis e intangíveis).

Objetivos claros suscitarão comportamentos claros. Portanto, identificar claramente os objetivos e metas do sistema de sugestões incentivará comportamentos corretos. Como precisávamos criar nos membros da equipe o hábito de ver as coisas com "olhos Kaizen", começamos estabelecendo nossas metas na taxa de participação e na quantidade de sugestões. O comitê diretivo atuou durante o primeiro ano e meio do sistema de sugestões, e foi fundamental para motivar comportamentos corretos em seus subordinados diretos, reunindo-se mensalmente durante os seis primeiros meses e depois comparecendo às reuniões trimestrais no ano seguinte. A seguir, um relatório anual para a diretoria da empresa forneceu informações de que o sistema de sugestões estava desenvolvendo o efeito desejado.

O sistema de sugestões teve um impacto significativo na orientação da organização para uma cultura Kaizen. O programa de sugestões também refletiu a missão e os valores da organização para que a empresa se mantivesse no rumo certo. Assim, precisávamos garantir que as metas e a administração do sistema de sugestões não contradissessem nossos valores ou a direção de longo prazo. Por exemplo, se um de nossos valores é fazer que todos os membros da equipe se envolvam e sejam capacitados para fazer melhorias na sua área de responsabilidade imediata e eu publicar uma meta que incentive apenas grandes melhorias em termos de economia, não estarei alinhando a meta com nossos valores. As muitas pequenas melhorias feitas por muitos membros da equipe precisam estar alinhadas para propelir o mecanismo de melhoria contínua.

Lembro-me das duas principais medidas de sucesso quando lançamos nosso programa de melhoria, e de quanto eram simples. Às vezes tentamos tornar as coisas mais complicadas do que o necessário; portanto, mantenha-as simples em sua organização. Seguir esse caminho é benéfico para os membros da equipe, para a administração e para a empresa. Economia não era nem pode ser o foco de um programa de melhoria contínua de longo prazo que pretenda desenvolver uma cultura Kaizen. A discussão posterior das fases de um programa de envolvimento esclarecerá essa meta como apenas uma das etapas na vida de uma iniciativa de melhoria contínua.

Vi cada departamento assumir o desafio de envolver ativamente os membros da equipe no processo de melhoria. A competição amistosa entre os líderes era evidente. Estatísticas mensais eram postadas em quadros de avisos em todas as entradas de funcionários e perto dos seis refeitórios. Os membros da equipe se esforçavam para ler as informações mais recentes, e o aumento da atividade era evidente nas áreas abaixo das primeiras posições.

Com esse aumento vertiginoso de apresentações de melhorias formais, era necessário garantir que o processo fosse o mais eficiente possível. No último ano em que fui responsável pelo programa de envolvimento, tivemos mais de 150 mil sugestões de 5.050 funcionários de uma força de trabalho total de 7.300. Isso representa uma média de mais de trinta melhorias implantadas por cada membro das equipes participantes. Considerando o número total de trabalhadores da empresa (7.300), correspondeu a uma média de vinte sugestões por membro de equipe (= 150.000/7.300). Do todo, apenas cerca de 15% das sugestões apresentaram economias tangíveis, mas esse não era o foco principal do sistema de sugestões. Mesmo levando isso em conta, havia economias documentadas em dólares com um valor de duas a quatro vezes maior que o custo total do sistema de sugestões. Portanto, se o custo total da administração do sistema de sugestões foi de 100 mil dólares, a economia total ficou entre 200 mil dólares e 400 mil dólares. Qualquer contador adoraria executar um programa que rendesse o dobro do investimento, ou mais.

Sistema de melhoria contínua em evolução

Existem pelo menos três fases que devem ser consideradas para desenvolver uma cultura Kaizen, pelas quais, como qualquer grande empreendimento, passou o sistema de sugestões da TMMK:

Fase 1: Introdução — Ênfase na participação de 1 a 3 anos.
Fase 2: Transição — Participação e desenvolvimento de 1 a 2 anos.
Fase 3: Maturação do processo — O sistema evolui à medida que a cultura Lean se desenvolve e amadurece.

Fase 1: Introdução — Ênfase na participação

O planejamento do lançamento de um sistema de envolvimento dos funcionários vai além do primeiro ano, dos dez anos seguintes e até das próximas gerações. Se estivermos em busca do sucesso a longo prazo, precisamos considerar as atividades e acompanhar a evolução do programa de envolvimento. Para realizar grandes coisas, devemos fazer que os membros das nossas equipes comecem a se desenvolver a partir de suas zonas de conforto. Para anunciar o novo sistema de sugestões, uma carta do presidente foi enviada à casa de cada membro da equipe. Incluído no envelope estava um presente em espécie. Se havia sido contratado havia mais de seis meses, o membro da equipe recebeu um vale-presente de 25 dólares, e os com menos tempo de casa receberam um vale-presente de 15 dólares. A carta agradecia as contribuições dos destinatários e acrescentava que, se eles tivessem alguma melhoria importante para apresentar para concorrer a novos prêmios sob o novo sistema de sugestões, isso deveria ser feito num prazo de até noventa dias. Embora houvesse milhares de melhorias, nenhum deles aproveitou essa oferta. E, assim, os membros da equipe da TMMK iniciaram sua jornada de melhoria contínua para se tornar uma cultura Kaizen. Naquele primeiro mês, recebemos menos de duzentas sugestões. Seis anos depois, o mês com maior número teve mais de dezessete mil sugestões. Claramente, os membros da equipe estavam no caminho certo para uma verdadeira cultura Kaizen.

FIGURA 7.2

Nos Estados Unidos, nossa cultura tende a reconhecer os "pesos pesados" e deixar as pequenas melhorias acontecerem. Os membros das nossas equipes se sentem mais à vontade com pequenas melhorias no início, por isso precisamos reconhecer e incentivar muitas delas. As grandes melhorias continuarão a chegar; mas, para a cultura se transformar em uma cultura Kaizen, todos devem estar diariamente engajados em busca de oportunidades de melhoria. Para ter todos engajados, precisamos nos concentrar nas muitas pequenas melhorias de cada membro da equipe. Precisamos ajudá-los a desenvolver o "Olho Kaizen". Em um contexto de negócios, alguns argumentariam que devemos estimar e relatar os custos e economias associados ao esforço. Talvez outros argumentem que deveríamos funcionar como um centro lucrativo. Esse caminho leva apenas a um sucesso de curto prazo e não chega à mentalidade desejada da cultura Kaizen no local de trabalho. Certamente devemos assumir a responsabilidade fiduciária e acompanhar custos e economias, mas isso não significa que isso deva ser uma prioridade. Formalmente, eu fazia um relatório trimestral para a diretoria executiva com as estatísticas de melhoria. Apresentava uma cópia impressa do número de sugestões e do número de membros da equipe participantes. Essas informações eram repartidas entre o nível da empresa e o nível departamental. Eu também fazia um relatório *verbal* sobre os seguintes itens:

- custo de administração,
- número e porcentagem de melhorias intangíveis,
- número e porcentagem de melhorias tangíveis,
- economias confirmadas pela contabilidade.

Em todas as oportunidades, eu instava a liderança a se concentrar no número de melhorias e na taxa de participação quando discutisse isso com seus subordinados diretos e transmitisse as informações ao chão de fábrica. Eu via Fujio Cho fazer o mesmo com aqueles com quem interagia durante nossas caminhadas Gemba e em almoços de reconhecimento. Ele sempre enfatizava a pessoa e suas competências. Lembro-me de vários casos específicos. Em um deles, Cho perguntou: "Como você descobriu essa melhoria?", e um membro da equipe respondeu que sabia que a temperatura do fluido estava muito baixa porque ele tinha um aquário de peixes tropicais no qual a temperatura definida era aproximadamente a do fluido. Outro respondeu que, ao prender o saco de ração no seu cavalo certa noite, achou que o clipe seria a solução perfeita para um problema de peças que estavam se soltando no tanque de tinta. E outro se baseou num assento de barco para melhorar a ergonomia de uma operação. Os exemplos pareciam intermináveis. Os membros da equipe identificavam melhorias com base em seus passatempos ou em alguma atividade recreativa.

A economia resultante não era segredo, e nós a publicávamos anualmente nos quadros de avisos que já mencionei. Mas ela não era o foco principal! Essa fase inicial pode durar de um a três anos. Em algumas organizações, pode demorar ainda mais. A mudança de cultura é um processo lento, se quisermos que seja permanente. E esse processo de melhoria contínua é apenas uma das muitas facetas necessárias para impulsionar uma mudança de cultura.

Há uma expectativa de que a liderança seja responsável por administrar adequadamente o processo do sistema de sugestões, garantindo consistência e minimizando os excessos. Sempre que fornecemos incentivos para um comportamento específico, as pessoas logo aceitam o desafio. Alguns podem tentar exagerar no uso do sistema. Para reduzir esses excessos, é importante estabelecer um ponto central de monitoramento para garantir a adesão consistente às regras e diretrizes do sistema. Revisões regulares e retornos aos que não estiverem em conformidade ajudarão a entender que as regras devem ser seguidas.

Fase 2: Transição — Desenvolvimento dos participantes

O desenvolvimento dos membros da equipe é necessário para que o processo de melhoria se desenrole e evolua. Parte do desenvolvimento é proveniente da participação no próprio processo de melhoria. No entanto, nosso objetivo é aumentar a eficácia do membro da equipe em abordar melhorias que exigem capacidade de investigação e de resolução de problemas. Se a organização tiver um sistema específico de resolução de problemas, como o Seis Sigma (Definir, Medir, Analisar, Melhorar e Controlar), cada membro da equipe deve ser treinado nele e ter oportunidades de aplicar essas novas competências. Isso exigirá primeiro o desenvolvimento de uma liderança para treinar e orientar seus subordinados diretos nesse sistema. O treinamento formal deve ser complementado com análises em painéis de discussões e sessões de coaching com os líderes. Assim, deve começar formando uma liderança, muito antes de ser implantado no chão de fábrica. "Líderes como professores" é uma maneira muito eficaz de aumentar a capacidade da empresa de lidar com desafios cada vez maiores e prosperar em um mercado global.

Fujio Cho era um líder e um grande professor. Usava ocorrências cotidianas para compartilhar o aprendizado situacional com todos que trabalhavam com ele. O tempo que passei ao seu lado foi muito agradável. Muitas vezes era desafiador e exigia um aprimoramento das minhas competências, mas ele sabia que continuar a elevar o nível é o desafio que leva tantos de nós a coisas maiores.

FIGURA 7.3

A liderança deve dar o exemplo, modelando o processo de resolução de problemas da empresa e aderindo aos seus valores e princípios. Para isso, é fundamental divulgar e tornar visíveis para todos os valores da empresa. O reforço destes deve ser evidente na rotina diária dos negócios.

Os princípios Lean devem ser enumerados, divulgados e estar intrínsecos no treinamento, para que os membros da equipe aprendam a integrá-los em seu cotidiano. O Sistema Toyota de Produção (Toyota Production System, TPS) consiste em cinco preceitos e catorze princípios criados por Sakichi Toyoda. Os cinco preceitos não são tão conhecidos ou divulgados, mas foram originalmente publicados em 30 de outubro de 1935. São os seguintes:

> Preceito 1: Seja sempre fiel aos seus deveres, contribuindo assim para a empresa e para o bem geral.
> Preceito 2: Seja sempre estudioso e criativo, esforçando-se para estar à frente dos tempos.
> Preceito 3: Seja sempre prático e evite frivolidades.
> Preceito 4: Esforce-se sempre para construir uma atmosfera familiar no trabalho, que seja calorosa e amigável.
> Preceito 5: Tenha sempre respeito por Deus e lembre-se de ser grato em todos os momentos.

Organizações que levam a jornada Lean a sério devem considerar desenvolver seus preceitos e seus princípios. Não importa quantos você identifique, basta que sejam identificados e entrelaçados no trabalho diário e evidentes nas decisões de negócios. Desse modo, todos os membros da equipe começarão a entender melhor e a acatar a direção da empresa.

Também gostaria de salientar que fatores ausentes na lista de princípios da Toyota são algo que a maioria das organizações precisa incluir em sua lista de princípios Lean. Você consegue pensar em algum exemplo? Bem, não há nada explícito sobre envolvimento e empoderamento dos membros da equipe. Isso não é um descuido da Toyota. A razão pela qual isso não é citado nos seus princípios é que o engajamento e o empoderamento estão muito enraizados na cultura da empresa. A partir do momento em que um membro da equipe entra no grupo de trabalho, espera-se que ele veja como pode melhorar as coisas dentro da sua área de responsabilidade. A melhoria contínua de todos faz parte da rotina diária. As oportunidades são abundantes para tomar a iniciativa de se destacar ao se engajar na melhoria contínua. Muitos líderes incluem esse aspecto como um dos muitos itens considerados na hora de promover alguém.

Fase 3: Maturação do processo

Essa é provavelmente a fase mais difícil da jornada de melhoria contínua. Os fundamentos da cultura Kaizen NÃO mudam. Fica muito evidente que o nível de resolução de problemas que os membros da equipe demonstram é muito mais alto. Ademais, os problemas resolvidos são cada vez mais difíceis. Isso gera mais benefícios para a empresa, aumentando a satisfação dos membros da equipe no trabalho e reduzindo os custos operacionais da empresa.

Temos a tendência de deixar algumas das peças fundamentais para trás por acharmos que já as superamos. Na verdade, todos os aspectos do Lean devem ser mantidos, mas continuar se desenvolvendo e evoluindo à medida que a organização prossegue no caminho da jornada Lean. Gosto de dizer: "Não dá para pegar um avião a jato com destino ao Lean. Você precisa fazer a jornada passo a passo." A paciência no início produzirá uma cultura Lean duradoura e próspera, que levará a organização ao próximo nível e além. Se a "mudança de cultura" for apressada, não terá vida longa. As primeiras medidas para forçar uma mudança de cultura costumam encontrar uma forte reação passivo-agressiva. Tenha cuidado!

Atividades de promoção

Há um número infinito de coisas que podem ser feitas nesse quesito. Nosso processo de reconhecimento trimestral discutido anteriormente era um grande favorito dos membros da nossa equipe. Não só entre os trabalhadores, mas também entre a liderança. Lembro-me de Fujio Cho dizer em várias ocasiões o quanto ansiava pelas turnês trimestrais, quando poderia conhecer os membros da equipe e comemorar com eles suas realizações, demonstrando ser um líder muito interessado naquelas pessoas e no seu desenvolvimento. Isso se tornou muito pessoal para mim na cerimônia de premiação do North American Production Support Center (NAPSC) em Georgetown, Kentucky. Mesmo depois de sete anos sem nos vermos, ele me cumprimentou dirigindo-se a mim pelo meu nome. Que grande líder! Inspirava grandeza em todos que trabalhavam com ele.

As atividades de promoção incluíam:

- reconhecimento mensal pelo supervisor imediato e pela liderança da seção do membro da equipe na frente de seus pares,
- reconhecimento trimestral (já mencionado),
- prêmios de participação anual.

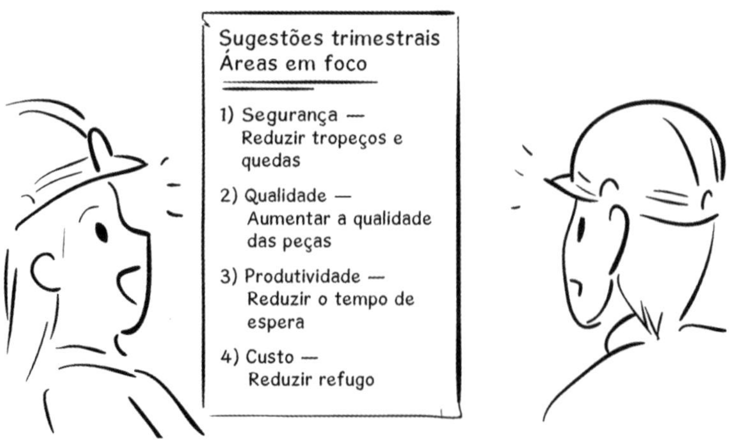

FIGURA 7.4

Além dessas iniciativas de toda a empresa, cada departamento tinha atividades dentro de suas seções, estruturadas como resultado do que os membros da equipe desejavam como reconhecimento. Alguns gostavam de camisetas, outros de bonés. Broches e bótons eram apreciados, e muitos usavam esses bótons nos bonés e nos uniformes.

Também eram realizadas promoções temáticas especiais quando queríamos reduzir problemas de um tipo específico. Por exemplo, em áreas com incidentes acima da média, organizávamos uma promoção como "Reduzir escorregões, tropeções e quedas" por três meses. Os chefes de departamento também podiam estabelecer um foco temático em suas áreas. Quando eram estabelecidos novos processos, fazíamos um período de "apagão" muito curto, que normalmente durava entre trinta e noventa dias, enquanto os equipamentos e processos eram estabilizados. Uma vez concluída essa estabilização, os membros da equipe poderiam fazer sugestões de melhoria e se beneficiar da mudança, dos prêmios e do reconhecimento. O que pode ser melhor do que melhorar seu ambiente de trabalho e ainda obter reconhecimento e prêmios ou presentes por isso?

Outro aspecto do nosso sistema de melhoria do qual os membros da equipe gostavam muito era a possibilidade de acumular pontos de recompensa (1 dólar = 1 ponto) por até um ano e receber um prêmio em dinheiro pelo conjunto de suas pequenas contribuições. O valor mínimo exigido para fazer jus ao prêmio era de 500 dólares. A razão para isso era que esse seria um valor mais memorável. Assim, toda vez que usasse um novo equipamento que fora pago com seus prêmios de sugestões, o funcionário se sentiria incentivado a participar ainda mais. Nossos pontos de premiação foram baseados em aproximadamente 3% a 8% das economias do primeiro ano. Quanto maior a economia obtida, menor a porcentagem concedida.

Custo de operação de um sistema de melhoria contínua

A empresa está no negócio para ser lucrativa, mas um programa de melhoria contínua não deve ser operado como uma fonte de lucros. Uma empresa que cobre seus custos baseada num processo que melhora o moral e o engajamento dos membros da equipe estará muito à frente de onde estava antes.

RESUMO

São várias as lições que aprendi durante a evolução do nosso processo de melhoria contínua. Os membros da equipe costumavam dizer que o *tempo de retorno* era um excelente indicador do quanto a mentalidade da cultura Kaizen era importante para a equipe de liderança. Chegamos a um tempo médio de ciclo de 45 dias desde o pedido até o pagamento. A forma como o sistema foi estruturado permitiu esse tempo de processamento tão curto. O supervisor de linha era responsável por trabalhar com os membros da equipe e apoiar suas ideias de melhoria. Só quando a melhoria era implantada e posta à prova a sugestão era apresentada. A implantação era algo necessário. Era uma expectativa. Tivemos uma taxa de implantação superior a 97% durante os seis anos em que fui responsável pelo processo de melhoria.

Lembro-me de uma iniciativa de melhoria que, na opinião dos membros da equipe, levaria mais de um ano para ser apresentada. Eles estavam se propondo a aprimorar um processamento de plástico que era sensível tanto à temperatura quanto à umidade. Por isso, a equipe disse que precisava testar a mudança por um ano para confirmar se a qualidade não seria prejudicada.

Outra questão delicada para os membros da equipe era que o *processo de avaliação* não só era rápido como também refletia a confiança na capacidade deles de fazer escolhas sábias. A melhoria precisava ser real, e eles confirmavam sua eficácia antes de considerá-la como implantada. A gerência costuma fazer a pergunta: "E quanto a todas essas sugestões 'sucata'? Não precisamos 'policiá-las', e não pagar por melhorias que resultam em pouca ou nenhuma economia mensurável?" Em termos estatísticos, policiar um processo de melhoria saudável em geral tem um custo proibitivo, e por isso o design e as diretrizes do sistema são essenciais para minimizar esse tipo de abuso. Treinamento e diretrizes objetivas fáceis de seguir são usados pelos supervisores de linha. As dúvidas e preocupações levantadas pelos participantes podem ser discutidas com a equipe administrativa do processo de melhoria. Com raras exceções, as melhorias apresentadas pelo supervisor de linha foram processadas e pagas conforme implantadas. Em um ano, tivemos uma média de trinta melhorias implantadas e pagas por membro da equipe. Somente cerca de 8% delas mostraram grandes economias quando avaliadas no processo de revisão e pagamento — e esses 8% renderam um retorno de 4:1 para a empresa quando o custo total de todos os pagamentos de sugestões foi comparado com as economias medidas e avaliadas dos 8% do grupo de sugestões. Se ignorássemos ou rejeitássemos sugestões intangíveis, é muito provável que não tivéssemos recebido todas as grandes sugestões de economia.

O comprometimento visível da equipe de liderança foi importante para fazer a cultura Kaizen se desenvolver e evoluir. Não basta os líderes dizerem: "Eu apoio o processo de melhoria contínua." Eles precisam estar visíveis nesse apoio, ou isso não significará nada. Tínhamos oito departamentos, cada um com sua própria abordagem para apoiar o processo de melhoria contínua.

Outra lição que aprendi foi que a credibilidade do programa de envolvimento muitas vezes será identificada com o administrador e influenciada pelo nível de apoio visível da liderança. Portanto, é imperativo levar isso em consideração ao planejar seu sistema.

O treinamento varia de acordo com a fase do programa. O da fase inicial nada mais é do que explicar as regras e diretrizes do sistema de envolvimento e fazer os membros da equipe se interessarem em participar. À medida que o sistema avança para a Fase 2, um processo de treinamento mais estruturado — que inclui ferramentas de controle de qualidade, solução de problemas e treinamento em PDCA (Planejar, Fazer, Verificar, Agir) — se mostrará eficaz para mover a cultura na direção certa. Também sugeriria treinamento de facilitação de reuniões, pois muitos membros vão querer trabalhar em equipe para resolver problemas mais difíceis. A progressão para a Fase 3 é praticamente a mesma, só que um mergulho mais profundo na solução de problemas e no controle estatístico do processo é benéfico. Tudo isso aumentará a eficácia da empresa no seu nicho específico.

8 ELIMINAÇÃO DE DESPERDÍCIO NO PROJETO DO PRODUTO

Patrick Muller

Durante uma transformação Lean, tendemos a nos concentrar muito na eliminação de desperdícios nos nossos *projetos de processos*. Mas como lidamos com o desperdício nos nossos *projetos de produtos*?

ENGENHARIA DE VALOR/ANÁLISE DE VALOR

Desperdício no projeto do processo

Quando comecei a trabalhar para a Toyota, no início dos anos 1990, havia pouca literatura disponível sobre o Sistema Toyota de Produção (Toyota Production System, TPS), ou o que conhecemos hoje como manufatura enxuta. A maior parte do que aprendemos foi obtida com nossos senseis japoneses.

Aprendemos ao ser desafiados, questionados e com uma abordagem prática. Não sabíamos que estávamos aplicando metodologias "Lean". O "Lean" tornou-se a terminologia mais conhecida depois que Jim Womack, Daniel T. Jones e Daniel Roos escreveram seu grande best-seller *A máquina que mudou o mundo*. O livro definia o processo de fabricação da Toyota como "Lean": um esforço constante para colocar o valor para o cliente em primeiro lugar, para eliminar o desperdício ao longo do fluxo de valor.

Desde então, muitos livros foram escritos sobre tópicos "Lean" — de ferramentas Lean à cultura Lean —, e tenho certeza de que muitos mais serão escritos (você está lendo um agora!).

Quando observamos as metodologias Lean, o foco principal é como podemos identificar e eliminar ou reduzir desperdícios nos nossos processos, sejam eles fabris ou administrativos. O que começou em um mundo de manufatura agora é aplicado a inúmeras indústrias. A maioria de nós está familiarizada com os sete tipos de desperdício (Muda), definidos como superprodução, estoque, transporte, espera, movimentação, processamento excessivo e defeitos/retrabalho. Também sabemos que Mura e Muri (variação e sobrecarga, respectivamente) têm um efeito negativo em nossos processos. Todos nós estudamos várias metodologias que nos ajudam a identificar esses desperdícios, desde a simples observação no Gemba, ensinada tão a fundo por Taiichi Ohno, até abordagens mais sofisticadas, como o mapeamento do fluxo de valor.

Uma vez identificado o desperdício, podemos eliminá-lo ou reduzi-lo por meio do Kaizen, de técnicas de resolução de problemas ou de outras metodologias. Mas sempre me surpreendeu o fato de não ser dada tanta atenção à identificação e à eliminação de desperdícios já no projeto de um produto e não no processo de desenvolvimento.

Desperdício no projeto do produto

Apesar de alguns altos e baixos, a Toyota é e tem sido uma organização de sucesso. É uma das empresas mais estudadas do mundo. Muitos desejam imitá-la copiando técnicas. Um dos meus senseis disse aos nossos fornecedores que eles não deveriam simplesmente copiar o que veem na superfície, mas sim entender o propósito e os conceitos por trás do que veem. Só então é possível captar o verdadeiro significado subjacente a muitos dos princípios Lean. Sugiro que você faça o mesmo. Verifique se esses princípios podem ser aplicados às suas circunstâncias, com ou sem alterações.

Na Toyota, prestar muita atenção ao desperdício no projeto do produto também é uma prática comum.

Então, como podemos definir desperdício no projeto de um produto? Assim como no desperdício nos processos, nesse caso ele também é definido como "sem valor agregado para o cliente". No entanto, aqui não definimos as atividades como sem valor agregado (sete desperdícios). Nesse caso, o valor é visto como uma "função" em relação ao "custo" (Valor = Função/Custo).

Cada projeto de produto (Figura 8.1) tem uma função principal, mas também pode ter funções adicionais que não são necessariamente exigidas ou desejadas pelo cliente, mas que aumentam o custo do produto.

Por outro lado, também podemos ter um projeto caro (por exemplo, na escolha de material) que não necessariamente aumenta o valor para o consumidor.

Aumentar o valor observando as funções e o custo do projeto do produto é conhecido como engenharia de valor (EV)/análise de valor (AV).

A engenharia de valor/análise de valor é uma metodologia comumente usada nas práticas de compras da Toyota. Essas práticas seguem uma filosofia de compras que torna o relacionamento entre a Toyota e seus fornecedores bem singular.

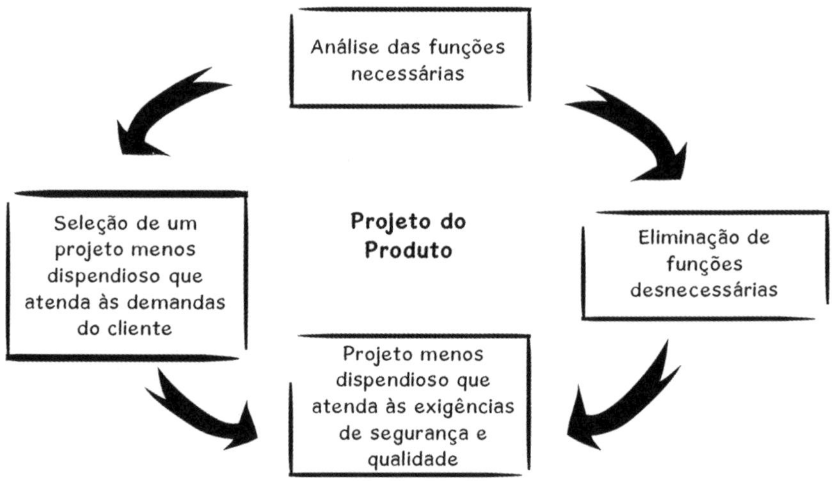

Figura 8.1

Filosofia de compra da Toyota

Meu coordenador superior, Saka-san (nome alterado), me apresentou à filosofia de compra da Toyota, que se baseia nos três seguintes elementos centrais:

1. Concorrência justa baseada numa política de portas abertas.
2. Prosperidade mútua baseada em confiança mútua.
3. Conformidade com a lei.

Concorrência justa baseada numa política de portas abertas

Esse princípio significa que qualquer fornecedor em potencial pode se candidatar a ser um fornecedor da Toyota. Mas também estabelece o princípio fundamental de uma *política de portas abertas*, segundo a qual a companhia está sempre receptiva aos seus fornecedores. Também significa, na prática, que ela exige de seus fornecedores uma discriminação de custos aberta. Isso implica que a matéria-prima e o material adquirido, a mão de obra e o processamento, os custos indiretos e as margens, que no final definem o preço do produto, sejam divulgados em detalhes.

Já vi muitos fornecedores em potencial ansiosos para começar a trabalhar com a Toyota, mas alguns têm um problema com esse princípio de "porta aberta = livro aberto" e recuam. Essa política de portas abertas requer confiança mútua.

Evita-se o fornecedor exclusivo; incentiva-se a concorrência saudável entre alguns fornecedores selecionados.

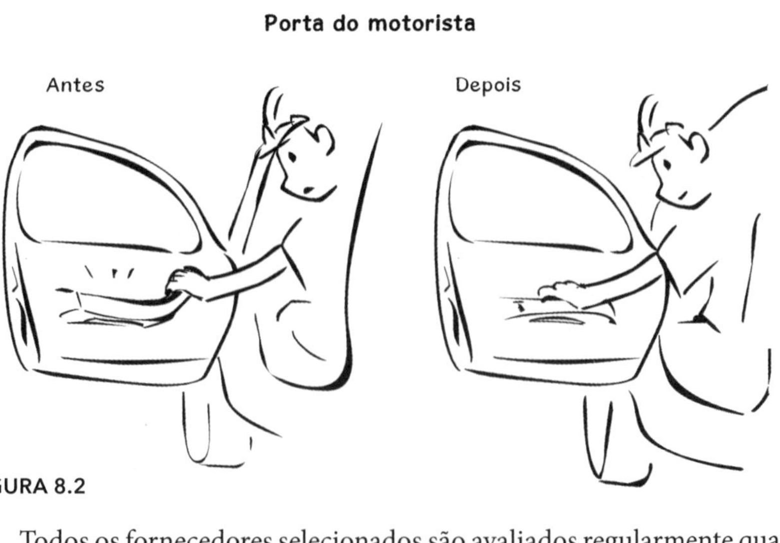

FIGURA 8.2

Todos os fornecedores selecionados são avaliados regularmente quanto ao seu desempenho e competitividade. Os que mostram desempenho melhor costumam receber a maior participação de volume. E os que mostram desempenho inferior têm uma participação de volume menor, mas também contam com a oportunidade de trabalhar seus pontos fracos. Essa abordagem estimula a concorrência justa na base de fornecedores de mercadorias semelhantes.

Prosperidade mútua baseada em confiança mútua

A diligência devida na seleção de fornecedores pode levar muito tempo. A Toyota vê o relacionamento com seus fornecedores como uma parceria de longo prazo crucial para o sucesso em comum, investindo tempo e recursos consideráveis para auxiliar seus fornecedores quando eles precisam. No entanto, a entrega dos resultados continua a ser responsabilidade do fornecedor.

O suporte técnico ao fornecedor da Toyota normalmente assume essa função. Seus engenheiros costumam contar com uma sólida experiência no TPS para ajudar seus fornecedores. Porém, além da assistência, a empresa também desafia continuamente seus fornecedores a melhorar em todos os níveis.

A área de compras e o suporte técnico ao fornecedor buscam maneiras de melhorar a qualidade dos fornecedores, reduzir custos e melhorar os prazos de entrega. Muitos fornecedores dirão que pode ser bem estressante trabalhar com a Toyota, devido ao desafio contínuo de fazer melhor. Mas também dirão que se sentem respeitados, desafiados e valorizados pela empresa. No final, ambas as partes estão em uma parceria ganha-ganha.

Conformidade com a lei

Todos os negócios devem ser conduzidos por todas as partes em total conformidade com a lei. Esse princípio se aplica tanto à Toyota quanto aos seus fornecedores. Antes de se envolver em um relacionamento cliente-fornecedor, a companhia realiza uma diligência devida para garantir que os negócios sejam conduzidos de maneira legal.

Práticas de compra da Toyota

Discriminação de custos

Todo fornecedor da Toyota deve apresentar uma discriminação de custos completa das peças que fornecerá à empresa. Isso significa dar informações detalhadas do custo em relação ao seguinte: matéria-prima (quantidade usada, preço unitário e informações do fornecedor), componentes adquiridos (quantidade, preço unitário e informações do fornecedor), custos de processamento e de mão de obra (custos homem-hora, custos de horas de máquina, tempo de ciclo manual, tempo de máquina e rendimento, etc.), custos indiretos e margem (Figura 8.3).

A seção de compras da Toyota verifica a exatidão dessas informações para determinar se a cotação do preço é aceitável. Usa essas informações em suas negociações de preços, bem como para estabelecer tabelas de custos (Figura 8.4). As tabelas de custos contêm informações do custo histórico de peças relacionadas às suas características físicas e permitem que os compradores façam estimativas de custos de produtos futuros.

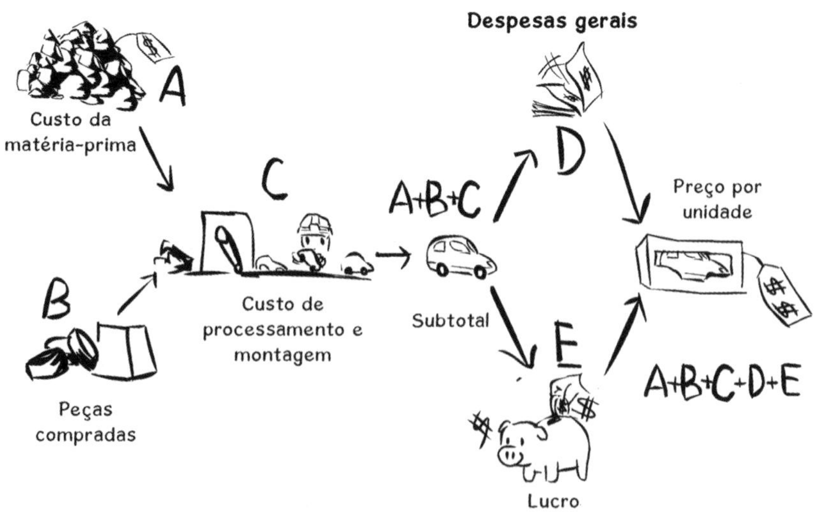

FIGURA 8.3

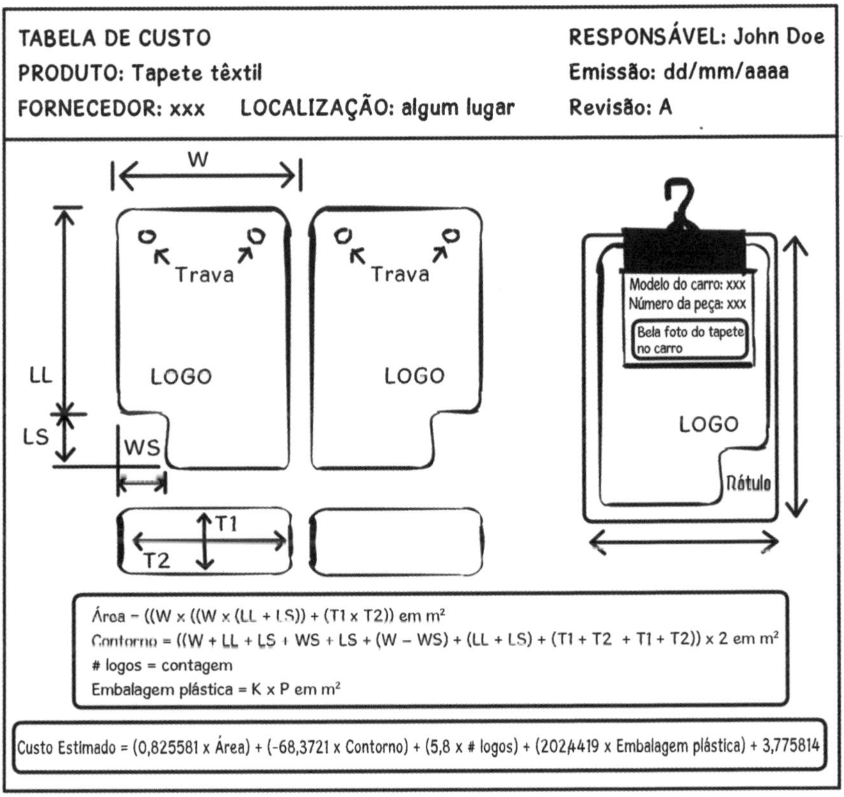

FIGURA 8.4

Custo-alvo, EV/AV, Kaizen

A Toyota segue o princípio do custo-alvo ao projetar novos produtos. O preço de mercado do novo produto planejado, bem como a margem, é basicamente definido de antemão (em função do preço competitivo e da margem de lucro requerida), resultando em um custo-alvo máximo que deve ser atingido após o desenvolvimento do produto (Figura 8.5).

Esse custo-alvo é convertido em custos-alvos para cada componente que precisará ser fornecido/fabricado. Tanto a Toyota como seus fornecedores precisam chegar a esse custo-alvo. Para isso, avaliam o aspecto do projeto e o aspecto do processamento. Em outras palavras: "Como podemos agregar o máximo de valor com o menor custo?" Isso nos leva à engenharia de valor/análise de valor e ao Kaizen (Figura 8.6).

O Kaizen, que trata do desperdício em processos, é explicado com mais detalhes nos capítulos 6 e 7 deste livro.

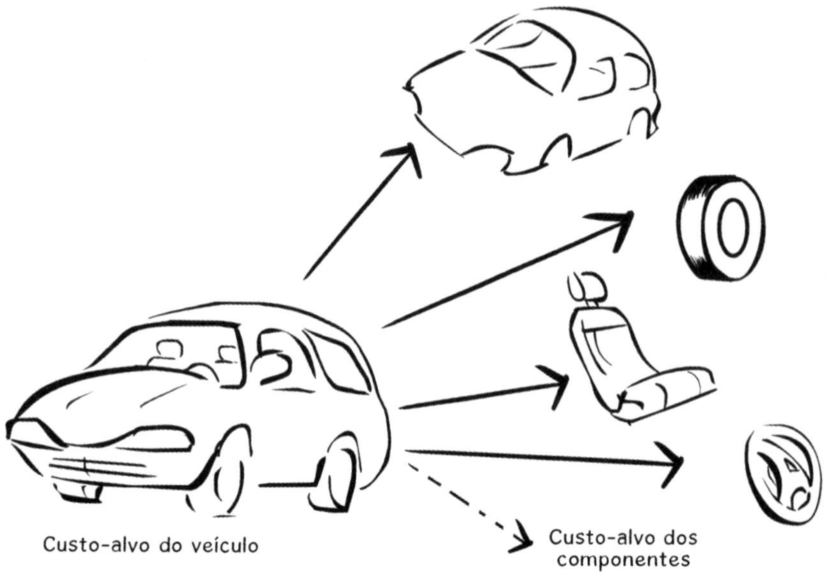

FIGURA 8.5

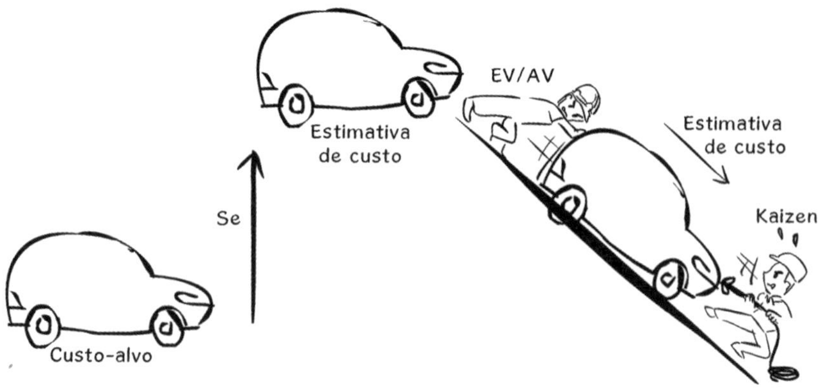

FIGURA 8.6

A seguir, o trecho de um relatório anual público emitido pela Toyota Motor Corporation ao governo dos Estados Unidos dá uma ideia do impacto dessas ações de redução de custos.

Ações de Redução de Custos (Trecho)

Durante o ano fiscal de 2011, as ações contínuas de redução de custos diminuíram os custos e despesas operacionais em 180 bilhões de ienes (aproximadamente 2,2 bilhões de dólares).

Os efeitos das ações de redução de custos incluem o impacto da flutuação no preço do aço, de metais preciosos, de ligas não ferrosas como o alumínio, peças plásticas e outros materiais e peças de produção. No ano fiscal de 2011, os preços das matérias-primas estavam em tendência de alta; contudo, as ações contínuas de redução de custos, trabalhando em estreita colaboração com os fornecedores, contribuíram para a melhoria dos lucros, compensando os efeitos dos aumentos de preços. Essas ações de redução de custos estão relacionadas a atividades contínuas de engenharia de valor e análise de valor, o uso de peças comuns resultando na redução de tipos de peças e outras iniciativas de fabricação destinadas a reduzir os custos de produção de veículos.

Ressalta-se que o impacto negativo dos aumentos de preços das matérias-primas no ano fiscal foi totalmente compensado pelas ações de redução de custos por meio do trabalho com seus fornecedores. Somente uma parceria de sucesso e uma ação contínua para eliminar o desperdício nos projetos e processos podem fazer isso acontecer.

Engenharia de valor/análise de valor

História

O conceito de EV/AV foi usado pela primeira vez pela General Electric, durante a Segunda Guerra Mundial. Por conta da falta de matérias-primas e abastecimento, a empresa foi obrigada a redesenhar produtos com outros materiais disponíveis. Com isso, conseguiu fazer produtos com a mesma função a um custo mais baixo.

O EV/AV tornou-se uma disciplina de definição de valor como função em relação ao custo, uma metodologia para obter um custo de projeto mais baixo.

Qual é a diferença entre EV e AV? A *engenharia de valor* é a aplicação dessa prática antes da fase de produção. A *análise de valor* é a aplicação dessa prática após a etapa de produção, ou seja, em produtos existentes. Desnecessário dizer que, em termos de custo, a engenharia de valor é mais efetiva que a análise de valor.

Na Toyota, os desafios aos fornecedores

A Toyota adaptou o conceito EV/AV para seus processos de projeto e práticas de compra. Os fornecedores são desafiados a apresentar ideias de EV/AV à divisão de compras, e a apresentação de EV/AV e Kaizen faz parte da sua avaliação (Figura 8.7). Cada ideia é avaliada em detalhes: Qual será o impacto no valor para o cliente? Qual será o impacto na segurança? (Ela nunca deve ser comprometida!) Qual é o impacto na qualidade, no custo da peça, no custo do ferramental, etc.?

Muitas ideias são apresentadas, mas nem todas são implantadas devido à avaliação rigorosa. Algumas podem parecer não ter um alto impacto no custo unitário, mas o volume de peças vendidas pode tornar o impacto no custo considerável.

Formulário de Proposta EV/AV

	EV	Número da peça	Modelo:	Fornecedor: Autor:
Proposta Nº	AV	Nome da peça		Data de emissão

Projeto Vigente	**Proposta de Redução de Custo**

Redução Estimada					Valor efetivo
Por peça	Número por montagem	Estimada por ano	Estimada por custos ferramentais	Vida útil das ferramentas	Antes Depois
Custo da unidade	Unidades	Unidades	Custo por unidade	Unidades	
Tempo de Entrega:					

FIGURA 8.7

EV/AV e FMEA

Uma boa prática para introduzir EV/AV é em conjunto com a metodologia de análise de modos de falha e seus efeitos (Failure Mode and Effect Analysis,

FMEA). Durante a execução de um projeto FMEA, todas as funções e componentes do conceito do produto são avaliados em detalhes para verificar possíveis falhas, determinar quais são os riscos vigentes com os controles vigentes e como podemos melhorar. É um bom momento para também fazer as seguintes perguntas referentes a EV/AV: A função é necessária? Podemos consegui-la a um custo menor, por exemplo, com um material diferente, sem comprometer a segurança e a qualidade?

EV/AV e marketing

Quando aplicamos EV/AV em um projeto de produto, precisamos ter certeza de incluir uma avaliação do ponto de vista de marketing. Teoricamente, podemos baratear um produto por seus elementos, o que alguns considerariam valor de "marketing".

Um bom exemplo disso pode ser encontrado na embalagem de um produto: podemos pegar um produto existente com ótimas fotos coloridas e adicionar uma embalagem de alta qualidade para torná-lo muito atraente para o cliente. Podemos redesenhar a embalagem e manter apenas o valor essencial (o conteúdo do produto). No entanto, ao fazer isso, podemos impactar nosso perfil de base do consumidor. Por isso, precisamos atuar em parceria com nossa divisão de marketing com um objetivo comum: oferecer o melhor produto de valor agregado ao nosso consumidor pelo preço mais competitivo.

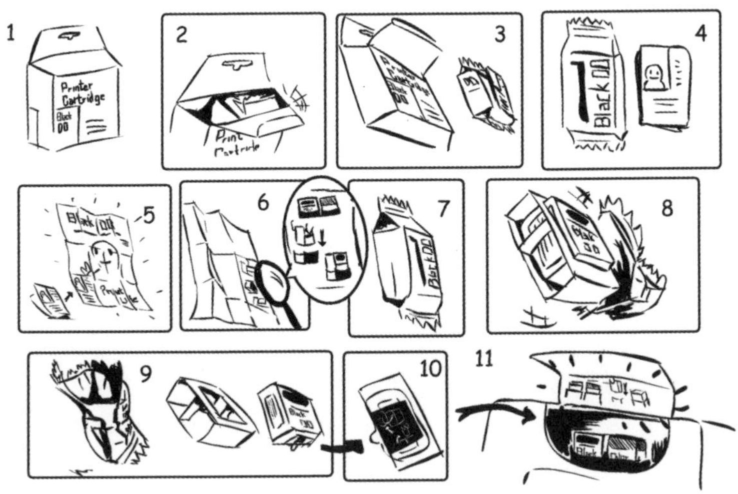

FIGURA 8.8

Exemplo prático

Você é um fabricante de cartuchos de tinta para impressoras. A concorrência é acirrada, por isso contratamos uma equipe para realizar um estudo de benchmarking e uma análise de valor do nosso produto.

Reunimos uma equipe multifuncional com a seguinte representação: design, fabricação, compras, qualidade, e vendas e marketing. Avaliamos o pacote total: produto e embalagem. Decidimos analisar primeiro a embalagem.

O primeiro passo é definir a função principal da embalagem. Proteger o cartucho de tinta contra danos desde o ponto de fabricação até o ponto de uso (instalação na impressora). Quais poderiam ser algumas funções secundárias (fácil de transportar, atraente, informativa, etc.)?

Para realizar a análise de valor, precisamos aplicar "Ir e Ver" (soa familiar?). Então, seja o cliente e avalie como você "usaria" essa embalagem (Figura 8.8). Quais são as funções desnecessárias? Seria possível redesenhar essa embalagem para ganhar um custo-benefício maior?

9 COMO ADAPTAR O LEAN PARA SOB ENCOMENDA/VARIAÇÃO ALTA, BAIXO VOLUME

Greg Lane

Com a América do Norte e a Europa perdendo grande parte da tradicional "fabricação de alto volume" para a concorrência *offshore* e o fornecimento de países de baixo custo, o que restou basicamente para o Ocidente foram: produtos de curto prazo de entrega, produtos de engenharia, itens de alta variação/baixo volume e produtos e serviços feitos contra pedido. Embora a maioria das "ferramentas" Lean esteja centrada e prolifere com base em produtos de maior volume e menor variação, os "princípios" por trás dessas ferramentas, bem como as técnicas de gerenciamento Lean, podem ser lucrativamente adaptados para baixo volume, alto volume e até mesmo para empresas de *job-shop*.[1] Os que pensam "Nós não fazemos carros", e portanto o Lean não funciona para eles, precisam dar um passo atrás e entender os conceitos subjacentes, não as ferramentas mais propagandeadas.

O treinamento e a orientação que recebi na Toyota me ajudaram a me preparar para a transição desses princípios para o mundo de baixo volume e maior variação, pois meu sensei sempre me perguntava: "Qual é a causa-raiz?" e "Qual princípio você vai usar no seu Kaizen?" Esse coaching me acompanhou ao longo dos anos e sempre me ajudou a refletir sobre qual

1. Processo de produção de um grande número de artigos diferentes, normalmente em pequenas quantidades e de acordo com determinações específicas do cliente. [N.T.]

"princípio" subjacente — não a metodologia específica — eu precisava utilizar e em seguida adaptar esse conceito de princípio ao problema em questão.

Minha história na adaptação prática dos princípios Lean em um ambiente de *job-shop* começou com meu desejo de ser responsável por meus lucros e perdas. Engenheiro predominantemente envolvido em produção, e financeiramente limitado ao tamanho da empresa que meus ativos pessoais (bem como alguns financiamentos alavancados) me permitiriam possuir, acabei comprando uma lucrativa empresa manufatureira de alta variação e baixo volume. Produzíamos basicamente peças de metal e plástico e pequenos subconjuntos, a maior parte para fabricantes de equipamentos semicondutores (sobretudo fabricantes originais de equipamentos). Sem saber nada sobre esse negócio e seu mercado, eu só podia contar com minha experiência na Toyota e o bom senso, ainda que os conceitos "Lean" exigissem um pouco de massagem para ser lucrativos nesse ambiente de produção sob encomenda.

Minha jornada Lean começou na Toyota, na indústria automotiva de maior volume e menor variação, porém aprendi a verdadeira flexibilidade através do que está por trás dos conceitos. Assim, nos seis anos em que fui proprietário da minha *job-shop*, e também no longo período de assessoria especializada na transformação de outras empresas de alta variação para a gestão "Lean", aprendi alguns truques adicionais com base na minha experiência na Toyota, e vou discorrer sobre alguns desses aprendizados-chave neste capítulo.

Durante meu período como empresário, nunca propus uma "implantação do Lean"; preferi os conceitos adaptados do pensamento Lean para gerenciar, crescer e aumentar a lucratividade. Segui o que vi do Sistema Toyota de Produção utilizado na Toyota, mas só a forma subjacente como eles operavam o negócio, sem tentar "implantar" esse sistema. Não introduzi melhorias com termos japoneses, pois isso não tinha valor para minha equipe. Em vez disso, tudo foi feito de maneira sistemática para melhorar o negócio e garantir a segurança do emprego no mercado instável e cíclico de alta tecnologia. Sempre tendo em vista o quadro geral e relacionando cada melhoria visada à estratégia geral, a necessidade de melhoria contínua se justificou durante todo o meu mandato com a equipe.

O esclarecimento da nossa estratégia (a versão do Hoshin Kanri na nossa organização) e seu desdobramento em todos os níveis na minha pequena empresa promoveu ideias de melhoria bem-sucedidas e lucrativas. Eu não chamaria isso de "desdobramento de diretrizes", como vi outros fazerem, pois infere um desdobramento de "diretrizes"; em vez disso, tratou-se de um desdobramento da estratégia em cada nível, permitindo contribuições e clareza sobre como os indicadores de cada pessoa e as ações relacionadas apoiavam a lucratividade e o crescimento geral da empresa (muito importante para minha equipe foi como essa lucratividade se traduziu em segurança no emprego e alguma forma de gratificação pessoal). Com essa estrutura implantada, cada nível da organização tornou-se mais capacitado para propor ações que solucionassem problemas reais no cumprimento dos seus objetivos gerais.

O desdobramento dessa estratégia não apenas garantiu nosso sucesso e priorizou nossas melhorias (ou seja, quais conceitos Lean eu poderia adaptar para apoiar nossos objetivos) como também sempre foi fundamental nas transformações bem-sucedidas que consegui tanto em alto volume como em baixo volume, tão bem como em organizações de alto volume. Sem esse referencial, tenho visto empresas "implantando o Lean" com um sucesso bem relativo, pois muitas vezes ele resulta em trabalho adicional com ganhos de curto prazo e raramente tem longevidade e sustentabilidade.

A METODOLOGIA USADA PARA APRENDER E TRANSFORMAR

Como base para aprender e transformar o negócio, utilizei uma metodologia Toyota menos conhecida chamada OSKKK.[2] Comecei a aprender essa técnica prática durante meu treinamento nas fábricas da Toyota no Japão em 1992. E me familiarizei ainda mais com ela quando assessorei a Delphi Automotive, no período em que o gerente de controle de produção da Toyota, Yoshinobu Yamada, estava introduzindo a OSKKK em muitas divisões operacionais da Delphi.

A sigla OSKKK não tem nada a ver com a Ku Klux Klan, é simplesmente uma forma do ciclo Planejar, Fazer, Verificar, Agir (Plan-Do-Check-Act, PDCA). As etapas desse processo são: Observar a fundo, Padronizar (em alguns casos, talvez seja necessário primeiro Estabilizar), depois Kaizen do fluxo e do processo, Kaizen do equipamento, e finalmente Kaizen do

2. Sigla em inglês para Observar a fundo, Padronizar, Kaizen do fluxo e no processo, Kaizen do equipamento e Kaizen no layout. [N.T.]

layout. Ele deve ser visto como um circuito sem fim; assim que o primeiro ciclo do Kaizen (ou seja, melhoria contínua) for concluído, a observação e a padronização serão novamente necessárias.

Os primeiros passos parecem senso comum, e de fato são, embora muitas vezes baste apenas um pequeno período de observação para que os "impacientes solucionadores de problemas" percebam a causa-raiz e pulem diretamente para as soluções. As etapas do "Kaizen" (melhoria contínua) estão na ordem de eficácia e classificadas pelo custo mais baixo ao mais alto da implantação. O conflito nessa sequência Kaizen (melhorar o processo e o fluxo, depois o equipamento, e finalmente melhorar o layout) é que ela funciona contra a natureza humana. Muitas vezes, é mais tangível e mais empolgante trabalhar em questões de layout ou abordar melhorias de equipamentos (inclusive com investimento em equipamentos novos ou de alta tecnologia) do que lidar com problemas de processo e fluxo, normalmente dominados por anos de uso do mesmo método, opiniões conflitantes, adesões medíocres ou pela zona de conforto na forma como a tarefa sempre foi realizada. Só depois de questionamentos às vezes "confrontacionais" ou desconfortáveis a eficácia dos processos existentes pode ser melhorada; lembre-se de que todos estes têm sua pequena parcela de participação pessoal. Muitos dos nossos processos não são padronizados nem aprimorados continuamente, mas evoluíram com pessoas que preenchem essas funções e baseados em seus talentos e experiência (isso é especialmente verdadeiro em processos indiretos e administrativos).

APRENDER OS PROCESSOS ANTES DE GERENCIÁ-LOS

Seguindo minha positiva e lucrativa experiência com as diretrizes da Toyota, em que os novos funcionários em geral começam com um período de aprendizado prático, independentemente do cargo assumido, meus primeiros meses na minha nova empresa foram dedicados a subir de posição, começando como operador de máquina. Por mais difícil que seja imaginar isso para um gerente moderno e instruído, é uma utilização valiosa dos seus talentos, antes de passar a decisões e revisões de "alto nível". Para mim, é sem dúvida a diferença entre ideias equivocadas de melhoria de um gerente e a evolução bem-sucedida de melhorias sustentáveis e lucrativas.

A OSKKK foi minha metodologia de aprendizado enquanto passava gradualmente pelos vários trabalhos e tarefas (como tinha feito quando comecei na Toyota). Não sendo uma pessoa naturalmente paciente, esse período de humildade, restringindo meu impulso de introduzir mudanças rapidamente (ou seja, não "metralhar" melhorias), exigiu disciplina e contenção, mas sua necessidade foi reforçada pela falta de padronização que encontrei. Graças a meu treinamento anterior no TPS, eu já sabia: tentar reduzir desperdício onde não havia padronização era em si um esforço desperdiçado. No meu negócio, o "conhecimento tribal" era soberano. Assim, em vez de apenas perder o sono imaginando as dificuldades que passaríamos com a saída de qualquer funcionário com um conhecimento tribal essencial na cabeça (processos não documentados), eu aprendia de dia e documentava o que aprendera à noite. Mais tarde, esses padrões seriam a base de melhorias estruturadas com base em restrições no cumprimento de nossa estratégia de implantação. (Nota: A essa altura, a "estratégia" ainda não tinha sido desenvolvida; ela só veio depois que obtive uma compreensão melhor e muito mais profunda dos processos da oficina e do escritório, e que conheci a "voz do cliente" com visitas a clientes. Contratei o ex-gerente para continuar a bordo durante esse período até eu aprender o suficiente para começar a liderar.) Esse aprendizado prático também era necessário para minhas apresentações aos clientes (para entender melhor o que era importante para eles), pois os clientes perspicazes são rápidos em identificar líderes que não conseguem se relacionar com as realidades do negócio.

RESTRIÇÕES EXIGEM MAIS DO QUE CORREÇÕES RÁPIDAS

Entender e vincular as restrições aos nossos objetivos de negócios exige que tenhamos uma implantação robusta da estratégia e uma compreensão das nossas restrições (ou gargalos) priorizadas em relação à nossa estratégia.

É mais fácil pensar primeiro nos gargalos no chão de fábrica. A maioria concorda que em negócios de alta variação eles são mais difíceis de localizar, pois estão em constante movimento e dependem de muitos fatores, como mudanças na demanda do cliente, mudanças no mix de modelos, etc. Precisamos encontrar uma maneira de visualizar esses gargalos em tempo real, para podermos trabalhar para minimizá-los também em tempo real. Em outros livros, já mostrei exemplos de como essas visualizações podem ajudar a identificar e atenuar gargalos na fábrica e nos processos indiretos em tempo real, mas aqui eu gostaria de passar para onde as maiores restrições tradicionalmente residem em negócios de alta variação ou sob encomenda.

Em organizações de alta variação, é provável que a maior parte das melhorias de alto impacto dependa do nosso fluxo de informações (nossos processos indiretos). Lembre-se de que, em alta variação, uma proporção maior dos nossos recursos é dedicada a gerenciar o fluxo de informações associado a produtos e serviços mais complicados, bem como quantidades menores e pedidos altamente técnicos. Normalmente, 50% ou mais da nossa folha de pagamento vai para nossos custos indiretos. Nessas organizações, nota-se que o planejamento é uma área especialmente delicada. Contudo, se você tiver indicadores e "métricas apropriadas", isso pode ajudar a identificar problemas nesse "fluxo de informações", e muitos desses problemas estarão relacionados ao *lead-time*. Quando eu trabalhava na Toyota, parecia haver sempre uma conscientização e muitas vezes uma medição comparativa com o padrão do *lead-time*, e acho que muitas organizações não mantêm esse foco.

O planejamento não era apenas uma restrição importante no meu negócio, mas a principal área de oportunidade dentro das organizações que assessoro. Existem vários níveis de planejamento que envolvem diferentes partes interessadas e têm diferentes funções dentro de uma organização. A Figura 9.1 é um esboço dos níveis e funções característicos de planejamento, começando com o plano "Mestre". Todas as organizações devem ter a mesma clareza ao visualizar e melhorar seus processos de planejamento. Cada um dos três níveis deve ter uma ferramenta a ser usada para coletar e comunicar visualmente as informações, e essa "ferramenta" deve ser a base de um ciclo PDCA para melhorar o planejamento. Muitas vezes esse pode ser um bom ponto de partida quando uma empresa identifica um problema ou gargalo na sua entrega ou lucratividade. Na Toyota, o controle da produção era considerado uma função absolutamente essencial; em outras empresas, é visto apenas como um papel de suporte.

Voltando à jornada Lean da minha empresa, depois de concluir o aprendizado dos processos da oficina e do escritório e conhecer meus clientes para entender melhor suas necessidades e opiniões sobre quão bem estávamos resolvendo seus problemas, eu estava pronto para desenvolver minha estratégia de implantação (evitando assim "metralhar" melhorias). Ao divulgar meus objetivos de lucro e crescimento à minha estrutura organizacional relativamente horizontalizada, percebi que uma das principais restrições era minha capacidade de prever e planejar, e o processo de estimativa era fundamental para isso.

Níveis	Quem	PDCA — Melhoria
Previsão mensal contínua ↘ (Mudar para o planejamento MRP (conforme aplicável))	Marketing/vendas/ desenvolvimento do negócio/operações/ cadeia de suprimentos	Revisão mensal real vs. previsão & razões para diferença
Programação semanal (fixa e contínua)	Controle de produção/ ops/vendas/cadeia de suprimentos	Revisão semanal real vs. cronograma & isolar: Ops, problemas na cadeia de suprimentos
Programação diária fixa dia-a-hora min. Matriz de treinamento cruzado firma 24 horas	Ops/líder de equipe	Acompanhamento diário: razões de Pareto, i.e., O que é, padr. de horas, mtls de qualidade, treinamento cruzado aprimorado, etc.

FIGURA 9.1

Essencialmente, um negócio por pedido (*job-shop*) pode fazer muito pouco em termos de previsão; no meu caso, raramente tínhamos mais de duas semanas de prazo de entrega para o cliente, então esse era nosso horizonte básico de visão de futuro. Porém, com base em vários fatores nas nossas estimativas vigentes (tipo de peça, relacionamento com o cliente, especificações da peça, etc.), seria possível fazer estimativas de prazo um pouco mais longo. Contudo, uma limitação crucial era a falta de qualquer tipo de retorno ou ciclo de melhoria no processo de estimativa; ou seja, não tínhamos certeza da precisão da nossa estimativa, e essa precisão afeta diretamente as vendas, a lucratividade e nossa capacidade de planejar as operações por seus tempos de ciclo. Nesse tipo de negócio, sua estimativa realmente substitui ou se torna seu *takt time* (*takt time* = tempo disponível/demanda do cliente). Assim que o cliente confirma o pedido com base na sua estimativa, esse é seu canal para o que o cliente precisa e o que é comercialmente aceitável. Se você mantiver os custos de material, se os tempos de ciclo estimados e seus custos G&A (gerais e administrativos) forem absorvidos conforme o esperado em sua estimativa, você ganhará a margem prevista. Então, se a estimativa é tão crucial, por que não havia um ciclo de melhoria embutido? E por que faltavam indicadores básicos de desempenho? Esse foi um ponto de partida crucial para mim, pois melhorar esse processo provavelmente afetaria tanto a lucratividade quanto as metas de crescimento.

FOCO NO PROCESSO, NÃO NO PRODUTO

Para melhorar um processo indireto como a estimativa, eu precisava primeiro que a equipe o visualizasse da mesma maneira. Isso requer que você siga um padrão básico e tenha alguma estabilidade de processo, apesar de não utilizarmos um método padrão na maioria dos nossos processos. Como acontece com a maioria dos negócios de alta variação, com centenas a milhares de números de peças, precisávamos nos concentrar em um "processo" padrão, e não em como lidar com peças individuais (já que tínhamos muitos tipos de peças).

O que chamo de "mapeamento de processo" é um método para chegar a uma compreensão visual comum do status vigente de um processo indireto (envolvendo fluxo de informações, enquanto o fluxo de material utiliza o mapeamento do fluxo de valor) como base para discutir e identificar melhorias. O mapeamento de processos também é um método em que a OSKKK pode ser aplicada, pois você deve primeiro Observar, depois concordar com um Padrão, seguido pela identificação de áreas que requerem Kaizen (melhoria). Nosso primeiro mapa para visualizar nosso processo de estimativa foi feito com folhas de Post-it® afixadas na parede, mas ele foi redesenhado, como mostra a Figura 9.2. Na verdade, esse mapa do "estado atual" representava aproximadamente o que fazíamos com mais frequência, mas nosso processo não era estável nem bem padronizado, de modo que o "estado atual" estava na verdade mais próximo do "melhor cenário".

Os processos indiretos representam essencialmente um fluxo de informações e, embora mais difíceis de entender e mapear do que o fluxo de material (como feito no mapeamento do fluxo de valor), é vital chegar a um consenso sobre por onde a informação flui e onde ela para e espera. Queremos manter o fluxo de informações como quando usamos métodos Lean para melhorar o fluxo de materiais; sempre que o fluxo para, existe uma oportunidade de melhoria. Quando o fluxo de informações é interrompido, a visualização é mais difícil, pois geralmente acontece em computadores ou caixas de entrada, e alguns deles podem estar fora da sua organização ou controle; mas, como acontece com o material, o prazo de entrega é crucial, e por isso sempre mostramos uma linha do tempo na parte inferior do mapa do processo. Lembre-se de que algo que você de início pode pensar que está fora de seu "controle" provavelmente estará na sua área de "influência" (em geral, ao reunir os fatos que demonstram o custo dos problemas à organização, você pode influenciar a mudança).

Depois de finalmente obter o estado atual (eu uso a palavra "finalmente" porque isso envolve mais tempo e discussão do grupo multifuncional do que se imagina), você precisa observar os problemas encontrados em cada etapa; estes são mostrados nas caixas de linhas tracejadas na Figura 9.2. Mesmo quando alguém logo começa a sugerir uma melhoria, sempre peço que a anote como um problema; se alguém for incapaz de articular qual é o problema que sua ideia poderá resolver, pode ser algo "bom de ter à mão", mas não ter uma prioridade tão alta quanto algumas outras soluções. Uma vez que os problemas sejam identificados, você pode fazer um brainstorming em busca de soluções (geralmente exibidas em Post-its® verdes, mas não mostradas na Figura 9.2).

Quando você começa a identificar problemas no mapa, é provável que a equipe justifique processos instáveis com base em fatores fora do seu controle (ou seja, demandas de clientes, alterações de pedidos, etc.); os membros se veem como vítimas e tentam fazer que os outros se compadeçam deles. As conversas precisam demonstrar onde temos "influência" nessas áreas, apesar de não podermos ter "controle". Muitas vezes você precisa primeiro trabalhar na "estabilidade", antes mesmo da "padronização"; às vezes os bombeiros nem conseguem imaginar a padronização, pois estão ocupados justificando todas as razões pelas quais não conseguem implantar a estabilidade.

O uso de métodos semelhantes para visualizar os gargalos dos seus processos (priorizados a partir de sua implantação de estratégia) evita "metralhar" melhorias isoladas e pode ajudar diretamente na priorização de melhorias ao se concentrar apenas naqueles que têm uma correlação com as métricas que você deseja melhorar. No meu exemplo de nosso processo de estimativa, um dos objetivos era melhorar o prazo de entrega (como mostrado na linha do tempo na parte inferior da Figura 9.2); mas também queríamos focar a precisão da cotação, e o mapa mostra claramente que não há um sistema de feedback para melhorar o processo ou obter informações do cliente. Para que qualquer solução nessa área fosse lucrativa para o negócio, eu precisava basear o planejamento, o orçamento, a alocação de custos e as margens de lucro em cotações precisas.

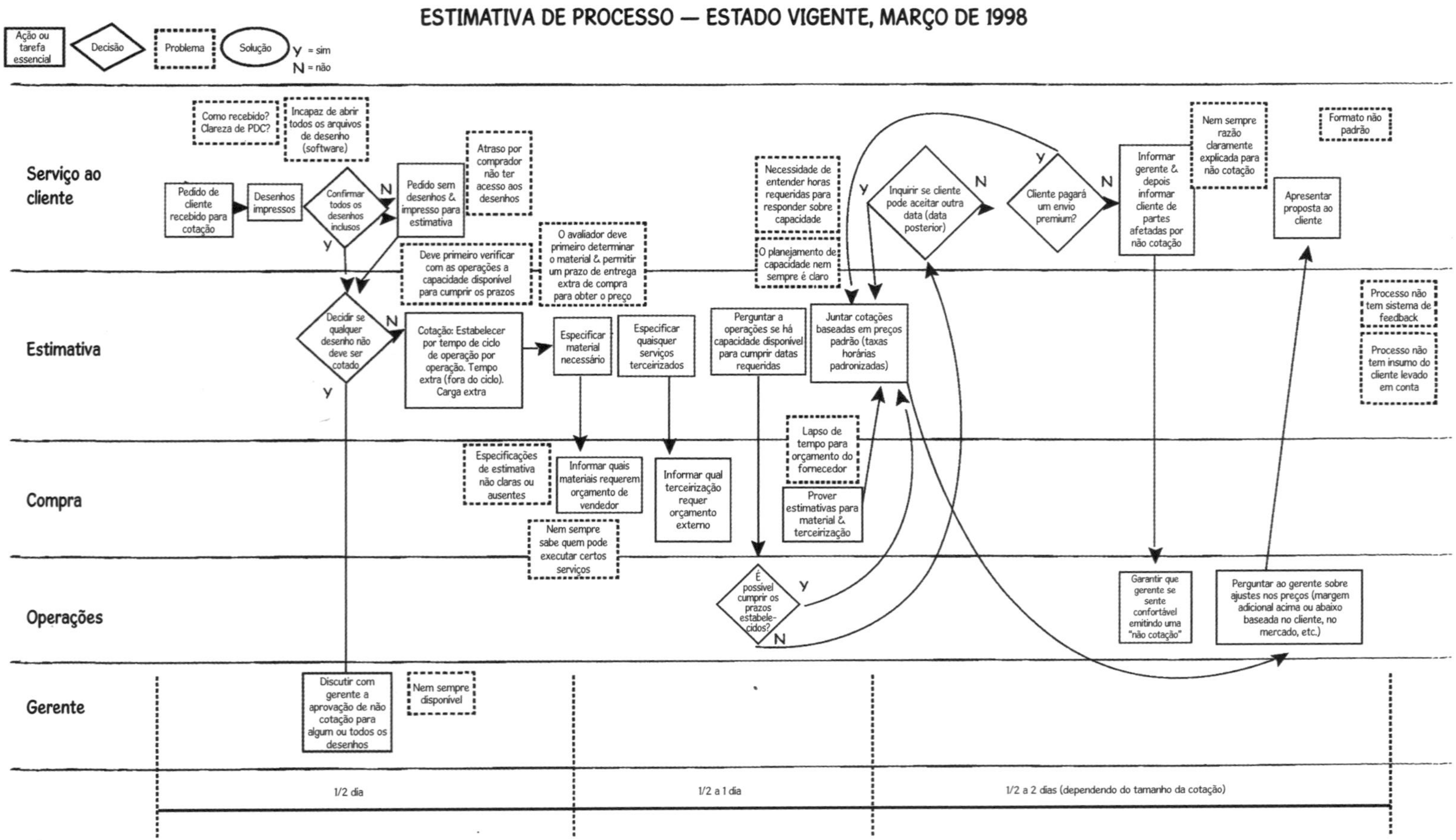
ESTIMATIVA DE PROCESSO — ESTADO VIGENTE, MARÇO DE 1998
Ação ou tarefa essencial
Decisão
Problema
Solução
Y = sim
N = não
Serviço ao cliente
Estimativa
Compra
Operações
Gerente
Como recebido? Clareza de PDC?
Incapaz de abrir todos os arquivos de desenho (software)
Pedido de cliente recebido para cotação
Desenhos impressos
Confirmar todos os desenhos inclusos
Pedido sem desenhos & impresso para estimativa
Atraso por comprador não ter acesso aos desenhos
Deve primeiro verificar com as operações a capacidade disponível para cumprir os prazos
O avaliador deve primeiro determinar o material & permitir um prazo de entrega extra de compra para obter o preço
Decidir se qualquer desenho não deve ser cotado
Cotação: Estabelecer por tempo de ciclo de operação por operação. Tempo extra (fora do ciclo). Carga extra
Especificar material necessário
Especificar quaisquer serviços terceirizados
Especificações de estimativa não claras ou ausentes
Informar quais materiais requerem orçamento de vendedor
Informar qual terceirização requer orçamento externo
Nem sempre sabe quem pode executar certos serviços
Necessidade de entender horas requeridas para responder sobre capacidade
O planejamento de capacidade nem sempre é claro
Perguntar a operações se há capacidade disponível para cumprir datas requeridas
É possível cumprir os prazos estabelecidos?
Lapso de tempo para orçamento do fornecedor
Prover estimativas para material & terceirização
Juntar cotações baseadas em preços padrão (taxas horárias padronizadas)
Inquirir se cliente pode aceitar outra data (data posterior)
Cliente pagará um envio premium?
Informar gerente & depois informar cliente de partes afetadas por não cotação
Nem sempre razão claramente explicada para não cotação
Garantir que gerente se sente confortável emitindo uma "não cotação"
Perguntar ao gerente sobre ajustes nos preços (margem adicional acima ou abaixo baseada no cliente, no mercado, etc.)
Apresentar proposta ao cliente
Formato não padrão
Processo não tem sistema de feedback
Processo não tem insumo do cliente levado em conta
Discutir com gerente a aprovação de não cotação para algum ou todos os desenhos
Nem sempre disponível
1/2 dia
1/2 a 1 dia
1/2 a 2 dias (dependendo do tamanho da cotação)

FIGURA 9.2

Utilizamos mapas semelhantes para outros processos, conforme ditado por nossa implantação de estratégia e OSKKK. Tenha em mente a importância da documentação e do aprimoramento desses processos indiretos. Um estudo de 2002[3] que analisava como é mantido o conhecimento de uma organização constatou que 80% dele fica armazenado na cabeça das pessoas, enquanto 16% fica armazenado em bancos de dados não estruturados (ou seja, em discos rígidos pessoais, planilhas, etc.) e apenas 4% fica guardado em bancos de dados estruturados. Embora esse número possa ter mudado nos últimos anos, ainda mostra uma situação alarmante; isso é agravado por processos não padronizados que eram aparentes na minha empresa e em muitas outras organizações que assessorei. Talvez mais oportuna seja a aposentadoria próxima de muitos *baby boomers*, o que drenará uma experiência considerável e deve priorizar uma melhor gestão do conhecimento.

SEGREGAR PEÇAS PARA GERENCIAR DE FORMA DIFERENTE

Se você produz uma mercadoria com demanda constante, ou fabrica para manter um depósito cheio de produtos acabados, provavelmente a discussão a seguir não se aplica. Mas você vai achá-la muito útil se cria um produto com alta variação.

Embora nem todos os negócios tenham distribuições de vendas que seguem a regra 80/20 do princípio de Pareto (20% de algo ser responsável por 80% dos resultados), muitos o fazem. Isso é verdade para organizações de alta variação e até mesmo contra pedido. Primeiro, eu gostaria de esclarecer o tipo de distribuição de vendas a que me refiro, e depois como isso afeta a gestão.

Muitas organizações têm 80% de suas vendas (com base no preço de venda) provenientes de 20% ou menos do número total de peças vendidas nesse período. Essa análise é comumente chamada de análise de peças ABC, e em geral uma planilha simples provará como isso se aplica. Normalmente, os dados dos últimos seis meses de vendas (um ano ou mais de dados para negócios sazonais) são classificados por ordem de vendas decrescente, e os produtos que representam 80% das vendas são considerados peças "A", enquanto os seguintes 15% do valor de vendas compõem as peças "B" e todas

3. D. W. Rasmus, Collaboration, Content and Communities: An Update, 31 maio 2002. Estudo elaborado pelo Giga Group (posteriormente adquirido pela Forrester Research).

as restantes são as peças "C". Isso requer algum filtro adicional baseado em volumes, exceções e inteligência de marketing sobre o que é realmente representativo das peças "A", "B" e "C", respectivamente; mas, para nossos propósitos, a explicação a seguir deve ser suficiente.

A razão para realizar esse exercício é que essas categorias de peças podem se beneficiar de diferentes sistemas de gestão, supondo-se que nem todas sejam rentáveis se produzidas "just in time"; em outras palavras, você não consegue ajustar rapidamente sua capacidade às demandas variadas do cliente. Lembre-se de que, em termos ideais, queremos construir a peça apenas quando o cliente precisar dela, e em seguida mantê-la fluindo pelos nossos processos, embora normalmente, devido a expectativas de tempo de entrega, problemas de capacidade, fornecedores e problemas de fabricação, talvez seja necessário utilizar outras opções. Essa distribuição ABC é visualizada na Figura 9.3.

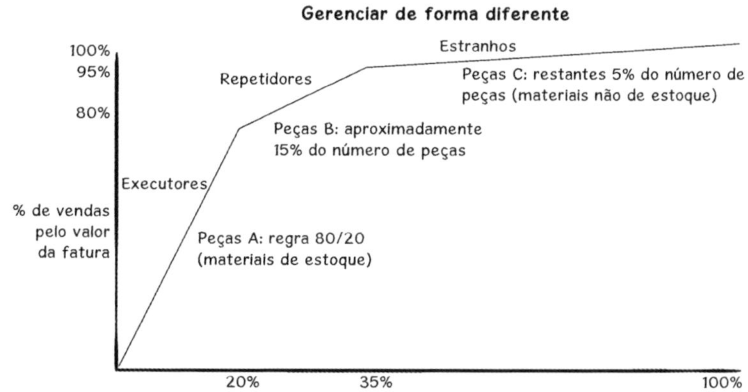

FIGURA 9.3

Uma opção é que algumas ou todas as peças "A" possam ser colocadas em um sistema puxado (normalmente um sistema de reabastecimento "Kanban") com um risco relativamente baixo de obsolescência e custo mínimo de manutenção de estoque. Esse tipo de sistema puxado não envolveria estoque de produtos acabados; em vez disso, pode envolver estoque de peças "A" diretamente na frente do processo que tem maior variação. Isso ajuda a melhorar o prazo de entrega e equilibrar melhor nossa capacidade menos flexível com as variações na demanda do cliente. Como qualificar peças específicas para reabastecimento, como calcular esses níveis (níveis Kanban) e como o planejamento funciona são questões discutidas em detalhes em outros livros meus. A Figura 9.4 ajuda a visualizar a primeira vantagem de como essa pequena quantidade de estoque de peças "A" melhora o equilíbrio entre capacidade e a variação da demanda.

Algumas peças "B" podem ser gerenciadas por um sistema de troca de duas caixas (ou paletes). Significa ter uma caixa ou palete em estoque da qual são despachadas peças para os clientes, enquanto a outra caixa ou palete espera para ser reabastecida. É bem provável que muitas peças "B" sejam deixadas como "fabricar sob encomenda", só para quando houver demanda do cliente. Por fim, as peças "C", suas "estranhas", representam um risco grande demais para serem gerenciadas com um sistema de reabastecimento, portanto seriam fabricadas apenas quando houvesse um pedido. O gerenciamento com essa segregação de suas peças nas categorias "A", "B" e "C" permite mais opções no planejamento (incluindo muitas opções de planejamento visual simplificado, em vez de tentar planejar essas peças com a lógica tradicional de planejamento de necessidades de material, ou PNM).

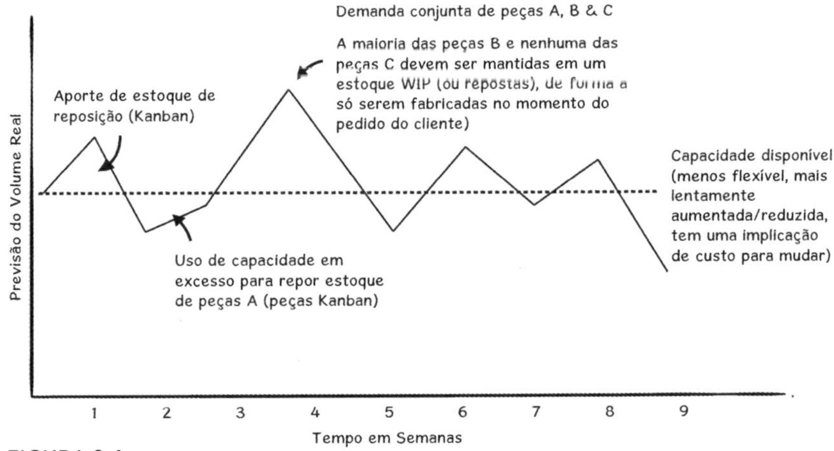

FIGURA 9.4

Essas formas opcionais e diferentes de gerenciar peças remetem ao planejamento discutido anteriormente e à importância de um sistema de retroalimentação para suas estimativas. Gerenciar suas peças separando--as em "A", "B" e "C" permite o uso de algumas técnicas de planejamento visual no planejamento de suas operações diárias (o nível mais baixo de planejamento é exibido na Figura 9.1, a "programação diária fixa"). Como a base desse planejamento provavelmente começará utilizando seus tempos estimados, ela cria também o ciclo de retroalimentação que ajuda a avaliar a precisão do seu processo de estimativa; se você planejar com base nesse tempo e não atingir a meta (supondo que não haja problemas externos), é provável que o tempo estimado não esteja correto. Isso também deve levar a uma melhor compreensão da sua margem de lucro específica, peça por peça. A conexão entre o gerenciamento por "A", "B", "C" e o uso de recursos visuais para planejar demonstra como os princípios Lean estão conectados, e que escolher apenas alguns princípios pode ser perigoso.

No meu caso, minha *job-shop* realmente não me possibilitava identificar as peças "A"; não tínhamos capacidade de saber se haveria um novo pedido para uma peça; e, apesar de solicitarmos previsões aos nossos clientes, nada de substancial se materializou. Nossa inteligência de marketing dava margem a um pouco de adivinhação com base no tipo de peça, no nível de revisão e no histórico com o cliente, mas fora isso era um puro jogo de azar. Apesar de termos passado a usar nossas cotações como base para planejar nossas máquinas, a Figura 9.5 mostra nossa primeira tentativa de usar um quadro de programação horária para uma determinada máquina. Além de criar um sistema de retroalimentação para nosso processo de estimativas e nos permitir planejar melhor e utilizar nossa capacidade, esse quadro estava vinculado à captação de nossos problemas em tempo real, o que ajudou não apenas na priorização dos problemas, mas também na determinação de outros princípios Lean que precisávamos incorporar.

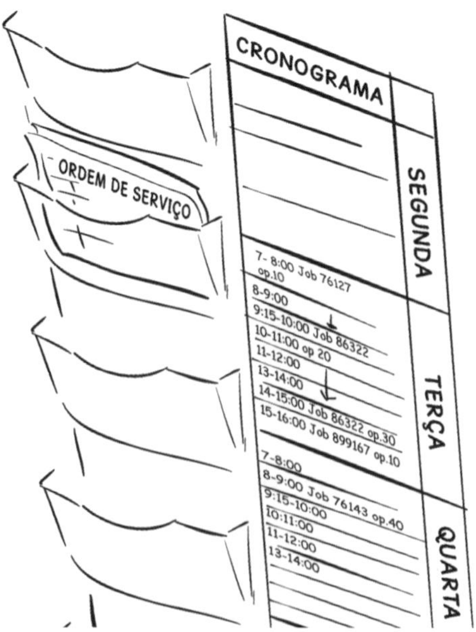

FIGURA 9.5

GERENCIAMENTO EM TEMPO REAL REQUER OUTROS PRINCÍPIOS LEAN

À medida que nossos quadros começaram a quantificar quais eram nossos problemas recorrentes e seus custos correspondentes para a organização, percebemos que estávamos sobrecarregados de problemas e tínhamos poucos recursos para resolvê-los, como acontece na maioria das empresas. A Toyota tinha seus líderes de equipe como sua primeira linha de defesa, e eu precisava de uma solução semelhante. Tive a sorte de não sofrer com a mentalidade típica de faculdades de administração de contrapor funcionários diretos versus funcionários indiretos, acreditando que os diretos agregavam o valor significativo. Portanto, consegui identificar uma posição em termos de um valor quantificável para resolver os problemas dos nossos clientes.

Meu gerente de fábrica era um supervisor parcial, que solucionava parte dos problemas, mas que precisava operar uma máquina com a maior frequência possível, o que normalmente representava mais de 50% do dia. Para mudar essa situação, resolvi transformá-lo num líder de equipe em tempo integral. Suas novas atribuições deveriam incluir tudo, desde a minimização dos tempos de configuração até a eliminação da escassez de materiais, resolução de problemas de causa-raiz e uma série de outras tarefas que se traduziam em mais responsabilidade. Ficou provado que isso foi um grande benefício através da comparação da eficiência das máquinas (OEE, na sigla em inglês para Overall Equipment Effectiveness) dos meses anteriores com a OEE após ele ter assumido a função de líder de equipe por alguns meses.

O que isso provou foi o seguinte: comecei a ver uma média de 7% a 8% de melhoria de OEE nas nossas máquinas essenciais depois dos primeiros meses. Uma tradução aproximada da economia com base nas nossas cinco máquinas principais (que na época tinham em média mais de trinta horas de produção programada por semana) foi: 30 horas por semana × 5 máquinas com 8% de melhoria = 13 horas adicionais de produção por semana.

Se agora multiplicarmos as treze horas adicionais por semana que ganhei (supondo que consegui vender a maior parte dessa capacidade, o que era realista para nós) e multiplicarmos pela média de 60 dólares por hora pela qual vendíamos nosso tempo de maquinário, o total era de 780 dólares a mais por semana de tempo de máquina, o que quase cobriu o salário de Tom (sem benefícios); mas é preciso levar em conta que Tom também operava uma máquina quando cobria absenteísmos e realizava muitas outras atividades de valor agregado, como atuar como supervisor. Isso foi só o começo, pois fizemos mais melhorias em OEE e expandimos a função de liderança da equipe para resolver outros tipos de problemas. Isso prova que foi tomada a decisão correta, e implica que você não deve se preocupar com o número de funcionários diretos e indiretos, mas sim com o valor que cada cargo está agregando.

A maioria dos gerentes aceita sem questionar uma eficiência de 70% a 80% de toda a sua força de trabalho, enquanto luta às cegas para resolver seus próprios problemas. Em vez disso, designar um líder de equipe (a Toyota tinha uma proporção aproximada de um líder para cada cinco membros de equipes quando eu trabalhava lá) pode aumentar a eficácia de toda a equipe em mais de 90%. Além de superar a mentalidade de direto versus indireto, os problemas na transição para líderes de equipe residem no processo de seleção, na descrição do trabalho, no desenvolvimento de suporte gerencial e na orientação dessas pessoas. Mesmo se você achar que existe um cargo semelhante ao de "líder de equipe" na sua organização, tire uma cópia das responsabilidades dos líderes de equipe da Toyota (disponível em meus outros livros) e compare sua descrição de trabalho atual com a da Toyota. Provavelmente você perceberá que seu conceito é bem diferente e que está perdendo alguns benefícios lucrativos.

Nossos quadros de planejamento diário também identificaram a oportunidade de mais treinamento cruzado para minimizar o tempo perdido. Isso não era aparente só no chão de fábrica, mas também crucial no escritório. Mais uma vez, a visualização foi a chave; quando assumi a empresa, o status de treinamento cruzado já era feito na cabeça do supervisor, com base no conhecimento tribal. Estávamos sempre muito ocupados para organizar treinamentos, mas de alguma forma sempre encontrávamos tempo para compensar as deficiências que isso causava. O primeiro passo foi chegar a algum tipo de acordo sobre nossa situação vigente; isso foi feito por meio da visualização. A Figura 9.6 é um exemplo de um gráfico semelhante ao que usamos para nossas tarefas indiretas no contato direto com os clientes.

O formato para a exibição dessas informações não é importante, mas para empresas de alta variação os princípios por trás do que está sendo mostrado é crucial. Por exemplo, nos quadrantes em preto e branco, você vê o status vigente (isso costuma ser preenchido primeiro pelo gerente ou supervisor antes de ser exibido, para não evocar opiniões diversas e muitas vezes não solicitadas da equipe); naturalmente, a distinção entre os quatro níveis de treinamento é subjetiva, mas é muito melhor que o simplesmente previsto na cabeça do supervisor. Em seguida, você pode acrescentar seus planos de treinamento futuros (mostrados em quadrados sombreados na Figura 9.6); também pode mostrar o status de qualquer documentação padronizada existente, ilustrado na parte superior da Figura 9.6 em vermelho (sem documentação), amarelo (documentação parcial) e verde (documentação completa). Essa visualização é provavelmente o primeiro passo para melhorar seu treinamento cruzado, criando operações mais padronizadas, reduzindo o tempo de inatividade, minimizando problemas ergonômicos e aprimorando a eficácia do processo à medida que mais pessoas contribuem com ideias para melhoria. A principal importância dessa técnica é aumentar a flexibilidade, permitindo um melhor equilíbrio entre sua capacidade e sua demanda flutuante; isso chega a ser mencionado na Figura 9.1 como crucial para fazer o planejamento diário. Mais uma vez, trata-se de uma demonstração de quantos princípios Lean estão conectados enquanto sistema para promover melhorias.

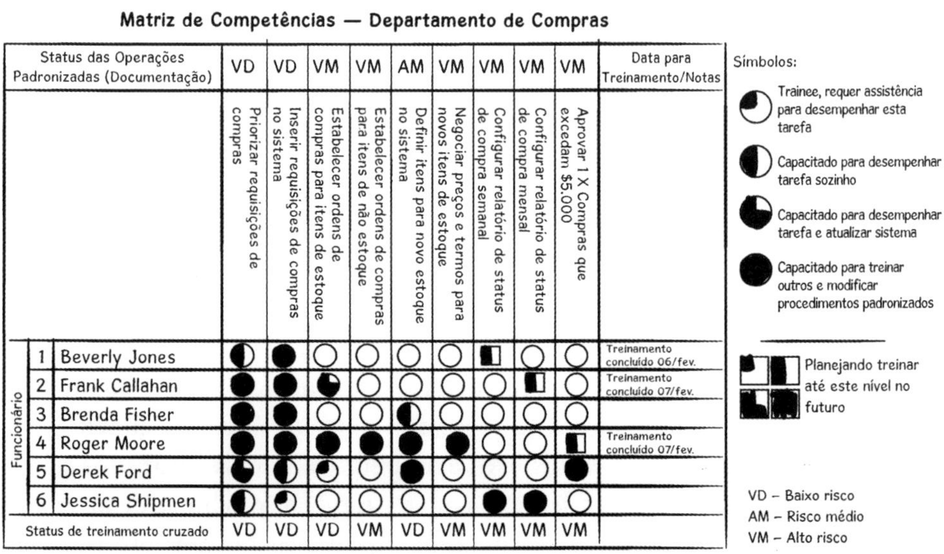

FIGURA 9.6

CUSTOS PROPORCIONALMENTE MAIS INDIRETOS NECESSITAM DE CONTABILIDADE LEAN

Uma das partes mais interessantes da minha jornada foi quando nos tirei de nossa pior queda de vendas, causada por uma desaceleração cíclica na indústria de equipamentos semicondutores. Nessa ocasião, usei uma adaptação extremamente básica do custeio baseado em atividades (considerado como um método de contabilidade Lean), o que aumentou nossas receitas (e margens), trazendo-nos de volta à lucratividade. O custeio baseado em atividades aloca com mais precisão os custos indiretos e fixos (inclusive custos gerais e administrativos) ao tipo ou família de peças que consome esses vários níveis de atividades e seus custos relacionados. A retração aumentou nossos problemas de vendas porque os clientes agora tinham mais tempo para pesquisar em busca das menores cotações para o que desejavam. Até então, nossa taxa de acerto na concretização de cotações em pedidos variava entre 65% e 70%; agora caía abaixo de 50%, e isso em relação a um volume de cotações significativamente reduzido.

Percebi que em muitos casos nossos custos fixos eram iguais ou inferiores aos dos nossos concorrentes. Também sabia que nossas estimativas de mão de obra e materiais eram muito precisas, com base na nossa revisão semanal de cotado versus consumado em cada pedido. Assim, imaginei que a única razão pela qual poderíamos estar perdendo pedidos para nossos concorrentes (além dos seus próprios erros de cotação) era o fato de minhas alocações de custos fixos estarem sendo atribuídas incorretamente ou de eu estar querendo lucrar demais. Eu já tinha reduzido minha margem ao mínimo aceitável; consequentemente, concentrei-me em alocar os custos fixos com mais precisão. Minha suposição era que meu método básico de cotação na verdade não alocava os custos indiretos de forma adequada às peças que consumiam esses custos.

Lembre-se de que em negócios de alta variação/baixo volume, geralmente metade ou mais da sua folha de pagamento cobre os cargos indiretos. Na pior das hipóteses, esses grandes montantes de custos indiretos combinados com outros custos fixos e indiretos são todos agrupados e alocados (a um produto ou serviço) com base apenas nas horas de mão de obra direta; basear essas alocações generalizadas em horas imprecisas de mão de obra direta só agravaria essa imprecisão. Como sabia que minhas horas de mão de obra direta eram precisas e era muito difícil utilizar outra base, decidi mantê-las como referência na distribuição dos meus custos indiretos.

Depois de ler alguns livros sobre custeio baseado em atividades, percebi que não tinha tempo nem recursos para implantar os conceitos fundamentais no nível de detalhe descrito. Mas o conceito era sólido e provavelmente melhoraria a precisão do meu custeio, e por isso simplifiquei o modo como alocava minhas atividades às peças e aos clientes que as consumiam. Decidi trabalhar em dois níveis gerais: a oficina e o escritório. Criei um sistema arbitrário de pontuação em forma de matriz (uma para a oficina e outra para o escritório); quanto mais pontos atribuídos, mais "atividade" ou tempo era proporcionalmente consumido. Então eu só precisaria relacionar esses pontos a um fator de custo. Primeiro, precisei determinar as características que afetavam mais diretamente minhas despesas gerais. Vou discorrer brevemente sobre a primeira matriz que elaborei para o escritório, para você conceitualizar o que eu estava fazendo.

Comecei listando as características das nossas peças, os tipos de serviços que prestávamos e como nossos clientes afetavam os níveis de atividade dos vários indiretos que trabalhavam no "escritório". Em seguida, distribuí os dados numa matriz bidimensional em ordem crescente, da esquerda para a direita e de cima para baixo, com base no nível crescente de atividade que eles consumiam. Então, analisando proporcionalmente quanto tempo alguém em geral consumia, comecei a atribuir pontos. A Figura 9.7 mostra a primeira matriz que elaborei para as funções indiretas do escritório.

Pontuação de Atividade no Escritório		(+1) Cliente fácil (pagamento no prazo, bons termos etc.)		(+2) Cliente difícil (pagamento fora do prazo, maus termos etc.)	
		(+1) Facilidade de remessa e embalagem	(+2) Dificuldade de remessa e embalagem	(+1) Facilidade de remessa e embalagem	(+2) Dificuldade de remessa e embalagem
(+1) Demandas mínimas ou padrão de apoio ao cliente (poucas mudanças, fácil suporte de vendas, especificações, quantidades padrão etc.)	(+1) Lista curta de material (1–5 itens) e sem terceirização	1+1+1+1= 4	1+1+1+2= 5	1+1+2+1= 5	1+1+2+2= 6
	(+2) Lista média de material (6–15 itens) e terceirização de 1–2 serviços	5	6	6	7
	(+3) Lista grande de material (16 + itens) e terceirização de 3 ou mais serviços	6	7	7	8
(+2) Mais demandas de apoio ao cliente (mudanças frequentes, apoio de vendas extra, especificações, quantidades etc.)	(+1) Lista curta de material (1–5 itens) e sem terceirização	5	6	6	7
	(+2) Lista média de material (6–15 itens) e terceirização de 1–2 serviços	6	7	7	8
	(+3) Lista grande de material (16 + itens) e terceirização de 3 ou mais serviços	7	8	8	9

FIGURA 9.7

Na matriz, pontos adicionais são equivalentes à atividade indireta adicional sendo consumida por aquele produto ou cliente; isso gerou a oportunidade de reatribuir esses custos indiretos com mais precisão, em vez de utilizar apenas várias taxas para centros de trabalho, muitas vezes deixando a maioria dos custos aplicados como que passando manteiga no pão. Também desenvolvi uma matriz semelhante, porém mais detalhada, para os custos indiretos na oficina (não mostrada aqui). Agora eu precisava estabelecer uma relação com um valor em dinheiro para distribuir esses pontos com mais precisão.

Apesar de ter várias taxas para meus centros de trabalho, as máquinas mais usadas eram as fresadoras CNC[4], e no final dos anos 1990 elas tinham uma taxa de custo de 60 dólares por hora. A média de meus operadores diretos trabalhando sem parar na oficina era cerca de 20 dólares por hora; portanto, os outros 40 dólares por hora estavam cobrindo todos os custos gerais, fixos e indiretos. A única falha provável era a precisão de como esses custos estavam sendo alocados.

Pelos meus cálculos financeiros, eu sabia que cerca de 60% dos meus custos após a remoção da mão de obra direta iam para a oficina, e os outros 40% para o escritório (pessoal, equipamentos e custos fixos diversos). Portanto, pode-se calcular que 24 dólares por hora (40 dólares por hora × 60%) estavam associados à oficina, e 16 dólares por hora (40 dólares por hora × 40%) eram vinculados ao escritório. Agora eu só precisava relacionar isso às minhas matrizes.

Trabalhei com algumas teorias diferentes, mas afinal decidi vincular esse custo por hora ao ponto médio dessa escala arbitrária em cada matriz; a Figura 9.8 mostra isso na matriz do escritório.

Conversão da taxa de atividade do escritório a um custo horário

Pontuação da atividade no escritório	4	5	6	7	8	9
Custo horário do escritório	$12	$14	$16	$18	$20	$22

FIGURA 9.8

Os 16 dólares por hora que eu sabia serem o custo do escritório estavam no ponto médio de "6". Em seguida examinei alguns casos reais de

4. Ferramenta que utiliza um método subtrativo para modelar uma peça, esculpindo-a em uma chapa ou bloco de material. [N.T.]

tempo gasto em vários pedidos no escritório e achei que, se aumentasse ou diminuísse 2 dólares no meu custo de mão de obra, respectivamente, para cada ponto, eu cobriria meus custos reais. Quando as duas matrizes eram levadas em consideração, meus centros de usinagem CNC tinham uma taxa que variaria de 48 dólares por hora (utilizando o menor esforço indireto no escritório e na oficina) até um máximo de 74 dólares por hora, em vez de 60 dólares por hora, cobrindo todos os níveis de atividade que a peça ou o cliente exigiam. Agora, para cada cotação eu tinha as etapas extras de qualificar um nível de pontos nas matrizes da oficina e do escritório, mas em geral era uma questão de poucos segundos.

Não vou enganá-lo dizendo que essa sempre era a única base para o preço real da cotação para o cliente. Considero esse aspecto como a cotação técnica; depois isso quase sempre era ajustado para cima ou para baixo, dependendo do fator "estratégico" da precificação. Em outras palavras, o ajuste do preço apresentado ao cliente dependia da nossa carga de trabalho vigente, do cliente em particular, da probabilidade de que isso trouxesse novos trabalhos, etc., mas pelo menos sabíamos com mais precisão o custo real e podíamos tomar decisões melhores.

No final, se isso não acarretar um aumento da lucratividade, torna-se apenas um esforço adicional. No meu caso, nos meses seguintes a taxa de acerto nas cotações subiu de 50% para 60%, com o lucro médio bruto (sem contar juros e impostos) aumentando de 40% para pouco mais de 47%. Fui refinando devagar esse conceito e, embora provavelmente não possa ser considerado um verdadeiro custeio baseado em atividade, ele aumentou de maneira drástica minha lucratividade.

FALHAS

Tive minha cota de fracassos "aprendendo do jeito difícil". Um exemplo disso é nunca ter projetado um sistema de bônus muito eficaz. Queria motivar e partilhar dividendos com meus funcionários quando trabalhávamos juntos para aumentar a lucratividade, e, embora qualquer contador pudesse definir um cálculo para a lucratividade, eu tinha um vultoso financiamento para quitar e níveis salariais variados para mim e outros indiretos, o que dificultava a definição da lucratividade real e a elaboração de qualquer plano de participação nos lucros. Em termos ideais, eu teria inserido um sistema de bônus às metas definidas na implantação da minha estratégia. No final, meu único sistema de bônus era baseado na assiduidade; e, apesar de ser melhor do que bônus nenhum, nem sempre ele transmitia os pontos que eu considerava importantes.

Outra área em que muitas vezes nos desviamos foi seguir a ordem estabelecida pela OSKKK. Por exemplo, não chegamos a um ponto na nossa jornada de melhorias para começar um Kaizen no nosso layout; mas, por conta de alguns fatores externos, foi prudente fazer mudanças no negócio. Naturalmente, aproveitamos a ocasião para melhorar o escritório e a oficina com um "layout Lean". Também aconteceu de mudanças no nosso ambiente de negócios nos oferecerem uma oportunidade de introduzir melhorias, e a OSKKK nunca teve a intenção de ser rígida a ponto de não aproveitar esse tipo de circunstância favorável.

RESUMO

Ao compartilhar alguns dos conceitos Lean que adaptei com bons resultados a uma *job-shop* de alta variação, espero que você veja mais claramente como muitas vezes é preciso retornar aos "princípios" Lean, e não a alguma "ferramenta" Lean específica (em geral definida para ser aplicada em maior volume ou menor variação). Normalmente, o princípio se prestará a uma melhoria de lucratividade se for apoiado de maneira correta pela administração. Essa é uma razão crucial do fracasso de muitas jornadas Lean que começam no nível da "ferramenta"; você precisa cultivar e desenvolver a cultura certa. Não discuti neste capítulo o fato de que minha jornada foi facilitada e provavelmente mais bem-sucedida por eu ter as características de melhoria contínua incutidas no meu caráter; na verdade, foi essa forte característica e suas vantagens que apliquei ao negócio. Embora existam muitas escolas de pensamento e publicações para ajudar nesse quesito, isso provavelmente exigirá mais esforço. Implantação de Estratégia, OSKKK, Planejar, Fazer, Verificar, Agir, relatórios A3 e outros princípios Lean ajudarão a moldar e reforçar o processo de melhoria. No tipo de negócio abordado neste capítulo, você precisará se concentrar em melhorar seus processos da oficina e do escritório, em vez de se concentrar em melhorias de produtos individuais. Isso estará fortemente ligado às pessoas nesses processos, pois os procedimentos raramente são planejados e padronizados; na verdade, eles se desenvolveram ao longo do tempo com base nas pessoas que trabalhavam com eles, no conhecimento e na capacidade de cada uma, e em muitos outros fatores no desenvolvimento contínuo de seus negócios. Metodologias como mapeamento do fluxo de valor e mapeamento de processos, discutidos aqui, ajudarão você a entendê-los e melhorá-los. Sejam quais forem seus objetivos ou seu plano para sua jornada Lean, você precisa tirar proveito de todos os problemas e mudanças que seu ambiente de negócios apresenta como oportunidades para introduzir melhorias usando os princípios Lean. Espero que isso ajude a compreender o paradigma de que o Lean pode ser adaptado para dar suporte lucrativo a todos os tipos de negócios.

10 LOGÍSTICA LEAN

Robert Martichenko

"Quando o *discípulo* está pronto, o mestre aparece."
Provérbio budista

PARTE 1: PROPÓSITO + PESSOAS

Introdução

É incrível como o tempo voa quando a gente se diverte ajudando organizações a implantar o pensamento Lean. Parece que foi ontem que me formei em matemática na faculdade. O mais surpreendente, quando me formei, foi o fato de tão poucas empresas estarem à procura de graduados em matemática! Felizmente, tive uma oportunidade de trabalhar em uma firma de transporte/logística muito progressista e empreendedora em Cambridge, na província de Ontário, no Canadá. Após vários anos atuando na indústria de transporte canadense, ofereceram-me um cargo numa companhia de logística terceirizada, responsável pelo suporte de parte dos processos logísticos de insumos da Toyota Motor Manufacturing. Meu papel seria liderar o trabalho da minha empresa em uma instalação da Toyota em Green Field, nos Estados Unidos. Como jovem profissional do setor de logística, logo percebi que era uma grande oportunidade. Em retrospecto, o que não percebi é que aquela experiência seria um catalisador para definir quem sou hoje, tanto pessoal quanto profissionalmente. Apesar de já se ter passado mais de uma década desde essa experiência, continuo aprendendo com lembranças de conversas, de experiências táticas e de princípios estratégicos que me foram ensinados ao longo do caminho. Na verdade, a experiência de trabalhar para a Toyota Motor Manufacturing forneceu a base para fundar minha própria empresa de logística terceirizada, o LeanCor Supply Chain Group.

Como jovem profissional nascido no norte de Ontário, mudar para o Centro-Oeste dos Estados Unidos foi um grande acontecimento. Quando cheguei à sede da Toyota em Green Field pela primeira vez, a empresa era literalmente um enorme edifício de aço no meio do nada cercado por um milharal. Imediatamente, me levaram para um tour pela "futura fábrica" em construção, incluindo a sala de implantação de estratégia (OBEYA), onde a linha do tempo de toda a edificação e implementação era gerenciada numa parede. Foi minha primeira experiência com sinalizações "vermelhas" e "verdes", delineando o Planejar, Fazer, Verificar, Agir em relação a todo o projeto. A partir daquele dia, seriam mais dez meses de trabalho até o primeiro veículo sair da nova linha. Posso dizer com sinceridade que meu aprendizado começou naquele primeiro dia.

A fábrica e todos os canteiros de obras eram limpos, e uma cultura de segurança era clara e evidente. As pessoas logo começaram a se apresentar, deixando-me à vontade para entrar em contato com elas se precisasse de ajuda. O conceito de "escritório aberto" para as mesas e estações de trabalho era incrível, com um mar de mesas num salão do tamanho de um campo de futebol. Um movimentado centro de interação e trabalho em equipe murmurava e se movimentava em meio ao que parecia um caos planejado com um grande propósito. Fiquei surpreso ao ver a mesa do presidente da fábrica misturada com as de todos os outros líderes e membros da equipe. Naquele primeiro dia, vi (mas ainda sem entender) a essência do 5S (área de trabalho visual), planejamento Hoshin (implantação de estratégia), trabalho em equipe, eliminação de desperdícios, gestão visual e outros princípios do Sistema Toyota de Produção (Toyota Production System, TPS).

Meu papel era ajudar na implantação dos processos logísticos entre a base de suprimentos e a fábrica, de modo que não demorou muito para eu começar a entender o propósito do nosso trabalho.

Nota: Para fins do meu ensaio, usarei os termos "TPS" e "Lean" de forma intercambiável. Quando trabalhamos para a Toyota, não usamos o termo "Lean", mas sim "TPS". Desde minha experiência nessa organização, uso o termo "Lean" para descrever princípios e técnicas originárias do pensamento de muitas pessoas e empresas históricas, incluindo influências de Henry Ford, William Deming e da Toyota Motor Manufacturing.

Propósito

O objetivo principal da fábrica era atender às expectativas dos clientes, construindo um veículo da mais alta qualidade com o menor custo total possível, respeitando todos os membros da equipe, a comunidade e o mundo em geral. Meu propósito (e da minha equipe) era fazer nossa parte nessa visão maior, conectando a base de fornecimento à nova fábrica com o uso de princípios baseados no TPS. Os princípios centrais do nosso trabalho eram projetar e implantar um sistema logístico de insumo com base no reabastecimento puxado, velocidade, fluxo nivelado e redução do tempo de espera. Embora esses sejam os princípios de logística TPS, os elementos táticos para implantá-los logo nos levariam aos sistemas de gerenciamento de transporte, *cross-docking*[1] e gerenciamento de processos de apoio aos princípios TPS de alto nível de estabilidade, padronização, qualidade na fonte, fluxo e eliminação de desperdícios.

O que mais me lembro da primeira parte do meu trabalho é do foco constante nos princípios TPS. Nunca ouvi frases como "Nossa tarefa é minimizar o custo de transporte" ou "Precisamos comprar peças apenas de um fornecedor em grandes quantidades". O foco sempre esteve no objetivo central do nosso trabalho, que era conectar a base de fornecimento à fábrica usando os princípios TPS de *puxado*, *velocidade*, *fluxo nivelado* e *redução do prazo de entrega*. Isso não quer dizer que ignoramos o custo de transporte. Muito pelo contrário, gerenciá-lo tornou-se uma obsessão; mas não era nosso princípio orientador nem nosso principal objetivo.

Defino um princípio orientador como algo "em que você acredita, sem precisar de dados que apoiem sua convicção; você simplesmente sabe que é a coisa certa a fazer". Essa foi minha primeira lição no meu trabalho com a Toyota Motor Manufacturing. É absolutamente necessário ter princípios orientadores para direcionar sua cadeia de suprimentos e seus esforços de

1. Prática de descarregar mercadorias de veículos de entrega de entrada e carregá-los diretamente em veículos de saída. [N.T.]

logística. No caso desse trabalho, eram puxado, velocidade, fluxo nivelado e redução do tempo de entrega. Nos anos seguintes, aprendi que a ausência de princípios orientadores serve apenas para criar um ambiente de negócios em que a alta liderança sempre interfere nas atividades da empresa, alterando estratégias e direções com a mesma frequência com que as condições dos negócios mudam. Na minha opinião, isso só serve para confundir clientes, membros da equipe e todas as outras partes interessadas na cadeia de suprimentos.

Lição 1: Você precisa ter princípios orientadores para apoiar a cadeia de suprimentos e a estratégia de logística.

O cliente e colaboração 3PL [terceirização de processos logísticos]

Trabalhei em uma empresa de logística terceirizada (3PL) para a qual a Toyota delegava parte de suas operações logísticas. De início, fiquei surpreso ao saber que a Toyota terceirizava partes de seus processos logísticos, principalmente transporte e gerenciamento de *cross-docking*. Afinal, ela não é a melhor das melhores em logística? Mas logo aprendi que sua ideia de terceirização é muito diferente da de outras organizações. O que tenho visto com muita frequência é que uma empresa prefere terceirizar uma função porque não entende o processo e quer se livrar dele. Nada disso se aplica à Toyota. A estratégia é terceirizar processos que ela considera que outras empresas são capazes de operar com sucesso; contudo, a liderança nunca deixa de participar deles. O caminhão na estrada pode não ser da Toyota, mas o pensamento e o TPS da Toyota fazem parte de onde o caminhão está vindo, para onde está indo e o que está transportando. Essa é a verdadeira colaboração.

Embora nem sempre seja divertido para a empresa 3PL, relacionamentos bem-sucedidos são aqueles em que ela adota o que pode aprender com o cliente. Pessoalmente, tentei aprender o máximo que pude com a Toyota — no trabalho, lendo e fazendo perguntas. Aprendi logo que um ambiente onde as pessoas se concentram na resolução de problemas é um ambiente onde, se o aluno estiver pronto, os professores aparecerão de todos os cantos do prédio.

Lição 2: A colaboração na cadeia de suprimentos implica entender os pontos fortes e fracos de todos os fornecedores parceiros, bem como trabalhar com eles e instruí-los.

Pessoas e planejamento

Quando cheguei à fábrica, fui o segundo funcionário que representava minha empresa no local. O primeiro era um jovem e talentoso engenheiro de logística que estava lançando as bases. Ele me ajudou imensamente a começar a entender nossa tarefa e a cultura da Toyota. Entre nós dois, em combinação com o excelente suporte de nossos escritórios corporativos no Canadá e nos Estados Unidos, em seis meses tivemos de passar de uma equipe de dois para uma equipe de mais de cinquenta profissionais. Esses cinquenta precisavam ter experiência em engenharia logística, transporte e gestão de frotas; mas o papel mais importante da equipe era o do motorista de caminhão, responsável por pegar e entregar as peças da base de suprimentos.

Constituir a equipe foi a parte mais importante do nosso trabalho. Foi minha primeira lição para entender o princípio da "qualidade na fonte". Em outras palavras, acertar na primeira vez. Tínhamos pressa, mas tentamos não nos precipitar. Entrevistamos várias vezes as mesmas pessoas antes de tomarmos uma decisão. Líderes dos escritórios corporativos foram à fábrica para assessorar as entrevistas. Entramos em contato com as universidades requisitando seus "primeiros da classe". Sabíamos que, se contratássemos as pessoas certas desde o início, teríamos êxito com nossas operações e processos. Os processos não se executam sozinhos. É necessário ter gente para implantar e dar seguimento a processos brilhantes.

Nos primeiros meses, a Toyota esperou até contratarmos e treinarmos a equipe necessária para o início do planejamento de vendas e operações. Começamos a levar pessoal, inclusive motoristas de caminhão, quando não havia sequer estradas para percorrer nem cargas para transportar. Por quê? Porque ensinar e treinar os membros de nossa equipe sobre o TPS, com todos os seus planejamentos, fazia parte da cultura. Muitos podem dizer que houve planejamento demais, mas nunca pensei dessa forma. Desde minha experiência na Toyota, estive envolvido em muitos projetos em que o aspecto das pessoas e do planejamento não foi levado a sério. Os resultados (ou a falta deles) ficaram óbvios muito rapidamente.

Lição 3: O desenvolvimento de pessoas e o planejamento de processos são cruciais para o sucesso inicial e sustentado de qualquer empreendimento operacional.

PARTE 2: PROCESSO

Projeto logístico de rotas

Com as pessoas se instalando e os processos sendo desenvolvidos, nossa primeira tarefa real de "logística" foi criar o projeto de uma rota para ligar a base de suprimentos à fábrica. Isso foi estabelecido em uma iniciativa de uma semana numa sala de conferências com uma equipe multifuncional composta por membros da Toyota e da minha empresa.

Começamos esboçando nosso propósito e o plano para a semana, e estabelecemos uma meta para cada dia. Veja a seguir as etapas de alto nível do processo que usamos (note que grande parte dele foi manual, com uma ajuda limitada de programas de computador):

1. Assinalamos em um mapa cada fornecedor da América do Norte (foi bom ver que a Toyota adotava o fornecimento doméstico).
2. Identificamos os volumes projetados por dia e por semana para cada fornecedor.
3. Passamos os volumes projetados pelo nosso arquivo de plano para cada peça para obter os volumes "cúbicos" de cada fornecedor. Isso nos permitiu saber quanto de espaço seria requerido da caçamba do fornecedor.
4. Regionalizamos os fornecedores em zonas geográficas para o estabelecimento das múltiplas rotas e paradas, com rotas expressas para as fábricas e rotas com baldeações em *cross-dock* com peças seguindo para outras fábricas da Toyota.
5. Elaboramos um cenário ideal do número de cargas e descargas desejado de cada fornecedor.
6. Finalizamos as rotas, demos nomes a elas e começamos o trabalho de percorrer quilômetros e identificar suas especificações (trabalho padrão dos nossos motoristas de caminhão), para garantir que um motorista ou equipe de motoristas pudesse percorrê-las com segurança e de acordo com todas as normas do Departamento de Transporte.

Embora essa lista de etapas possa parecer simples, não foi nada trivial. Durante aquela semana, estabelecemos rotas para centenas de fornecedores e para os milhares de peças que forneceriam. A tarefa não incluía apenas levar as peças para as fábricas, mas também devolver os recipientes retornáveis aos fornecedores usando os mesmos princípios TPS de puxado, velocidade, fluxo nivelado e redução do tempo de entrega. Dizer que a tarefa era complexa e assustadora seria eufemismo.

Apesar de toda a minha carreira na época ser em logística, eu nunca havia participado de um projeto de rotas de escala tão grande. Lembro-me de achar que devia haver "um pacote de software que possa fazer tudo isso por nós". Mas não era esse o objetivo do exercício. A plotagem manual dos fornecedores garantiu que conhecêssemos seus nomes; a plotagem manual dos volumes dos fornecedores garantiu que entendêssemos os volumes e as complexidades das peças de cada um deles; e o traçado manual das rotas garantiu que implicitamente conhecêssemos todas elas. Mais tarde aprendi que forçar um processo a ser concluído manualmente é conhecido como colocar uma "impressão digital" no processo. Deixar um computador fazer o trabalho para você não garante que você entenda o trabalho. Isso não quer dizer que ao longo do tempo não automatizemos alguns processos que podiam ser automatizados; no entanto, quando você faz algo pela primeira vez, não há lição maior do que executar o processo manualmente.

Lição 4: Para qualquer grande iniciativa, desenvolva uma equipe multifuncional e execute o processo manualmente na primeira vez.

Reabastecimento puxado

O reabastecimento puxado (ou Just in Time) é definido como "reabastecer na quantidade exata que foi consumida no período anterior e fazer o reabastecimento chegar só quando as peças forem necessárias". Acho que o *puxado* foi simplificado demais por muitas empresas e por isso muita gente o considera fácil. Nada poderia estar mais longe da verdade. A essência do puxado é que "se usei hoje, preciso reabastecer nas mesmas quantidades para amanhã". A premissa fundamental é que "se usei hoje, vou precisar novamente amanhã". Isso funciona para a Toyota, mas parece confundir outras organizações. O fato de funcionar para a Toyota deve-se à genialidade do TPS. O coração desse sistema é a estabilidade. O coração da estabilidade é "como podemos fazer que todos os dias pareçam iguais". A puxada pura só poderá funcionar se todos os dias parecerem iguais (ou seja, se nosso cronograma de produção de cada dia espelhar o dia anterior). Em outras palavras, se o dia de hoje é igual ao de amanhã, e usei peças hoje, então vou precisar dessas mesmas peças na mesma quantidade amanhã. Nessas circunstâncias, não são necessários algoritmos complicados (ou planejamento de recursos de produção) para determinar os pedidos de peças. Basta pedir o que você usou hoje da base de suprimentos para usar amanhã.

Seria ingênuo dizer que a Toyota ou qualquer outra organização atinge esse estado utópico de todos os dias parecerem iguais; mas era esse o objetivo do planejamento da produção e da função dos materiais na minha experiência na Toyota. Era mais um dos princípios orientadores inegociáveis do gerenciamento da cadeia de suprimentos Lean.

Nossa função como logísticos era pegar o trabalho dos planejadores de produção (que focavam a estabilidade) e conectar o plano de produção à base de suprimentos. Em nenhum momento o plano começou com o fornecedor simplesmente despachando peças. Sempre começava com o cronograma de produção, que a jusante atendia à demanda real do cliente, e a montante se relacionava ao reabastecimento pelo fornecedor.

Lição 5: O puxado começa com a demanda do cliente, ajusta-se ao cronograma da produção e depois se aplica a montante para o fornecedor.

Velocidade e compreensão da importância da redução do prazo de entrega

Velocidade é uma palavra ambígua em logística. Quando falamos em velocidade, estamos falando em aumentar a rapidez do fluxo de materiais e informações na cadeia de suprimentos. Trata-se de reduzir o tempo de entrega, um princípio fundamental do pensamento Lean. Costumo dizer às pessoas que, como estudante do Lean, me tornei um pensador de "economias de tempo", em oposição a "economias de escala". A teoria da redução do prazo de entrega pode parecer simples, mas está longe de ser intuitiva. A teoria das *economias de tempo* é fundamental para nossa compreensão do Lean.

O pior desperdício de todos é a superprodução. A superprodução é definida como construir mais do que o necessário ou construir antes do necessário para atender à demanda do cliente. Do ponto de vista da logística de insumo, ela pode ser definida como encomendar mais peças do que você precisa ou encomendar peças antes de você precisar. A superprodução é considerada o pior desperdício de todos porque cria todos os demais desperdícios. No momento em que há materiais ou produtos acabados não demandados pelo cliente, você é obrigado a armazenar, transportar, retrabalhar e esperar que esses produtos sejam solicitados por ele.

Então, se a superprodução é o pior desperdício, por que produzir demais? Por causa da dinâmica do tempo de entrega.

Vamos rever algumas definições de prazo de entrega:

- *Logística do prazo de entrega de saída*: O tempo necessário para preparar, enviar e transportar um pedido após recebê-lo do cliente.
- *Prazo de entrega do reabastecimento da fabricação*: O tempo necessário para fabricar seu produto depois de receber um pedido do cliente.
- *Logística do prazo de entrega de entrada*: O tempo necessário para encomendar e receber material de sua base de suprimentos para fabricar seu produto.

Com essas definições em mente, podemos definir o prazo de entrega total como o período de tempo desde a requisição do material da nossa base de fornecimento até a entrega do produto ao cliente. (Uma definição mais rigorosa de prazo de entrega incluiria o tempo decorrido para receber o pagamento do cliente depois de receber seu pedido.)

Se pudesse projetar a cadeia de suprimentos ideal, seria um processo em que você só constrói por encomenda (*build to order*, BTO). Você não teria estoques e só iniciaria sua cadeia de suprimentos de insumos e processos de fabricação ao receber um pedido do cliente. A beleza do BTO é eliminar a superprodução por não pedir material de seus fornecedores nem fabricar produtos acabados antes de ter um pedido. Ademais, não há necessidade de armazenamento de qualquer tipo, pois você simplesmente despacha o produto para o cliente após a conclusão do processo de fabricação. Em essência, essa é a definição de um sistema puxado, quando o pedido aciona todas as atividades da cadeia de suprimentos para ser atendido, resultando em zero de superprodução. Os profissionais da cadeia de suprimentos precisam se concentrar na eliminação da superprodução porque isso cria outros desperdícios graves, como excesso de estoque, excesso de armazenamento e excesso de transporte. O BTO também elimina a necessidade de previsão, que, por sua vez, resulta na eliminação de estoques excedentes devido a inevitáveis erros nesse quesito. Essa é outra área-chave em que um profissional da cadeia de suprimentos Lean precisa se concentrar.

O BTO é a solução perfeita para uma cadeia de suprimentos sem desperdícios, mas requer uma dinâmica específica para ter sucesso:

- *O prazo de entrega total deve ser menor que as expectativas do prazo de entrega do pedido sob encomenda do cliente.*

Por exemplo, se um ambiente competitivo determina que os clientes devem receber o produto dez dias depois de feito o pedido, um processo de BTO exige que você consiga pedir e receber material de seus fornecedores e fabricar e despachar o produto para o cliente em menos de dez dias. Ainda que muitos de nós nunca atinjam esse estado ideal de BTO, precisa ser esse o objetivo principal da cadeia de suprimentos Lean.

Quando não somos mais rápidos que nosso cliente, somos forçados a adivinhar (prever) o que eles podem precisar, e, quando adivinhamos, adivinhamos errado. Se conseguimos reduzir o prazo de entrega, ficamos mais próximos da demanda dos nossos clientes, encurtando nosso horizonte de adivinhação, o que resulta em menos desperdícios de superprodução.

Esse foi o princípio orientador do nosso trabalho na cadeia de suprimentos de entrada da Toyota (Figura 10.1).

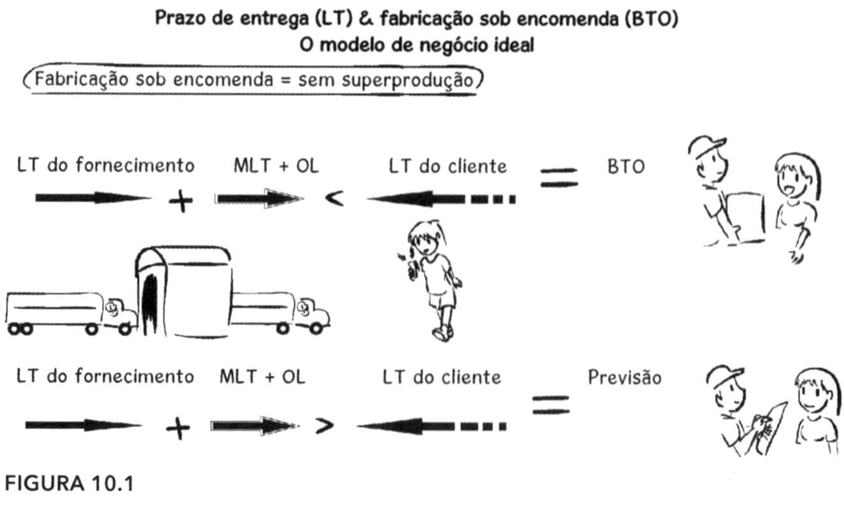

FIGURA 10.1

Velocidade de condução

A velocidade é um método poderoso para reduzir o prazo de entrega. Do ponto de vista tático, a única maneira de criar velocidade é movimentar remessas menores (tamanhos do lote) com mais frequência. Esse foi o objetivo durante nosso trabalho inicial na Toyota.

Começamos com uma frequência mínima de quatro entregas por dia na fábrica para todas as peças. Fornecedores de alto volume (quantidade de peças) podem entregar até dezesseis vezes por dia. Mais uma vez, esses princípios orientadores de velocidade nortearam nosso trabalho em engenharia logística e gestão de transportes. Em nenhum momento tentamos simplesmente encher um caminhão para minimizar os custos de transporte. O objetivo era criar velocidade para se conectar à fábrica e reduzir o tempo de entrega geral. Curiosamente, um grande benefício da velocidade é a redução substancial do estoque e de todos os seus custos de manutenção relacionados.

Infelizmente, tenho de admitir que no começo não acreditava em velocidade.

"Como isso pode fazer sentido?", foi uma das perguntas que me fiz muitas vezes. Na verdade, levei a questão ao extremo com um coordenador graduado da Toyota que me orientava no trabalho.

"Mostre-me os cálculos, mostre-me os números; isso vai custar muito em transporte", disse eu muitas vezes.

"Nenhum número é necessário, Robert, basta acreditar que está certo", era a resposta que eu sempre escutava.

Continuei relutante, e um dia meu coordenador, frustrado comigo, finalmente disse: "Você quer números... veja o desempenho global da Toyota em custo, qualidade e entrega!"

"O que isso tem a ver com alguma coisa?", foi minha reação inicial.

Acho que levei dois anos para afinal aprender a lição. Minha cabeça só conseguia pensar em minimizar apenas os custos do transporte de insumos. Mas meu coordenador via o quadro geral. Esse quadro geral começava com a demanda do cliente, passava para o cronograma de produção nivelada e continuava a montante até o fornecedor. O objetivo nunca era minimizar os custos de transporte de insumos, mas sim criar velocidade para conectar a fábrica ao cliente, reduzir o prazo de entrega geral da cadeia de suprimentos e o custo total de todo o sistema.

Em última análise, isso também leva a uma redução da superprodução, a avó de todos os desperdícios.

É importante enfatizar mais uma vez que não estou dizendo de forma alguma que ignoramos os custos de transporte; simplesmente não era esse o principal objetivo do nosso trabalho. Nossa tarefa era criar velocidade e "gerenciar" os custos de transporte. E tínhamos um plano para realizar isso.

Lição 6: A redução do prazo de entrega deve ser o objetivo da logística. Devemos acreditar em "economias de tempo".

Integração da planta de fabricação

O volume é o melhor amigo da logística Lean. Quanto maior o volume, mais flexibilidade temos para consolidar o material e aumentar a velocidade. Embora isso possa soar como um pensamento de "economias de escala", a dura realidade é aumentar a velocidade (acelerar a frequência de entrega) e ao mesmo tempo gerenciar os custos de transporte. Para atingir nossas metas de velocidade na Toyota, precisávamos consolidar todas as cargas disponíveis em toda a rede americana da empresa. Isso significava colaboração com todas as fábricas para ter uma visão de toda a rede e não apenas de cada fábrica isoladamente. Quando uma organização combina todos os volumes, as metas de velocidade podem ser atingidas e os custos de transporte podem até ser reduzidos na totalidade. Na logística Lean, chamamos isso de "tríplice coroa", quando aumentamos a frequência de entrega, reduzimos os estoques e até reduzimos os custos de transporte. Parece inteiramente contraintuitivo, mas posso dizer que é possível. O que isso exige é o compromisso com o trabalho árduo de padronização de processos em toda a organização.

Os aspectos de transporte da integração da fábrica de volumes de fornecedores incluem entregas de transporte de rotina e *cross-docks* para consolidar e redirecionar material de fornecedores para fábricas específicas (Figura 10.2). O objetivo é mandar um caminhão para um fornecedor e carregar todo o material para todas as fábricas atendidas por ele no mesmo veículo. O caminhão pega no fornecedor e entrega em um *cross-dock* predeterminado, onde o material é descarregado e consolidado com outros fornecedores e segue para uma fábrica específica. Ao fazer isso, as rotas de coleta de transporte para as fábricas são otimizadas. Atingimos nossas metas de frequência e ao mesmo tempo temos caminhões cheios na cadeia de suprimentos. Contudo, essa técnica de logística de entrega por *cross-dock* é a parte relativamente fácil do trabalho.

A parte difícil não é o fluxo físico do material, mas sim o fluxo de informações! Os códigos do fornecedor da fábrica devem ser harmonizados, os números das peças precisam ser padronizados e os fornecedores devem ser instruídos sobre como selecionar e embalar peças destinadas a várias fábricas. Uma rede de transporte baseada em *cross-dock* de alta frequência depende muito do fluxo de informações. É aqui que o verdadeiro trabalho começa; os benefícios de reconhecer esse importante trabalho são imensos.

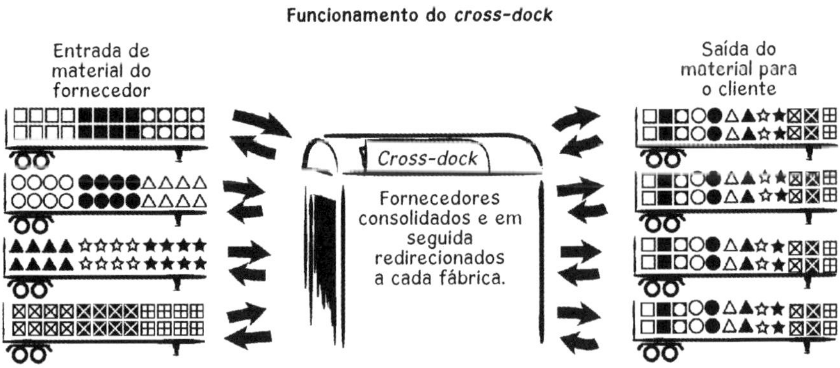

FIGURA 10.2

Lição 7: Consolide todos os volumes em toda a rede e conclua o trabalho árduo relativo ao fluxo de informações.

Fluxo nivelado

Não adianta criar velocidade se você não nivelar o fluxo de material. Por exemplo, qual é o sentido de passar de uma para cinco entregas por semana se todas elas chegam na segunda-feira de manhã? A velocidade atinge sua meta de redução do prazo de entrega e redução de estoque quando nivelamos o aumento da frequência com o tempo de trabalho disponível. Isso chega ao cerne do "takt", onde projetamos a rede de entrada para se conectar à fábrica no ritmo (ou cadência) das necessidades da fábrica.

Uma técnica simples e eficaz para conseguir isso é usar o cronograma de recebimento de insumos na fábrica na entrada. Um cronograma de recebimento é uma maneira simples de nivelar o número de entregas de peças com tempo de trabalho disponível. Se estamos descarregando cinquenta caminhões por semana, precisamos atender a dez caminhões por dia. Se estamos trabalhando dez horas por dia, precisamos atender a um caminhão por hora. Uma vez elaborado esse cronograma de recebimento, com seu uso projetamos o sistema de transporte e as peças para fluir dos fornecedores para a fábrica.

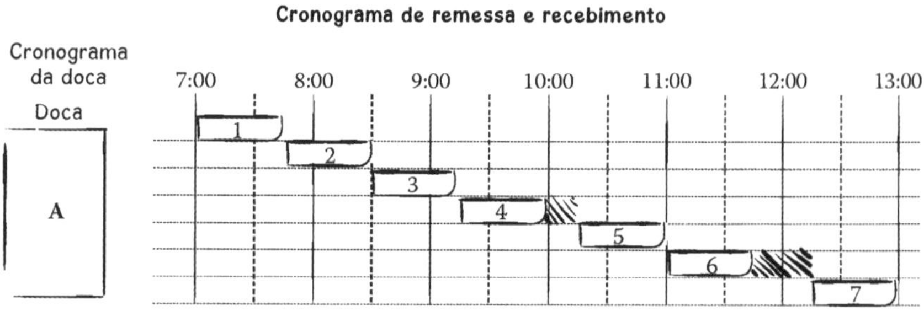

Dias de recebimento						ETA (tempo estimado de chegada)	Tempo de sono	Descarga	Doca
Rota	S	T	Q	Q	S				
1	X	X	X	X	X	5:00	2:00	7:00	A
2	X	X	X	X	X	4:45	3:00	7:45	A
3	X	X	X	X	X	6:30	2:00	8:30	A
4	X	X	X	X	X	6:15	3:00	9:15	A
5	X	X	X	X	X	8:15	2:00	10:15	A
6	X	X	X	X	X	8:00	3:00	11:00	A
7	X	X	X	X	X	10:15	2:00	12:15	A

FIGURA 10.3

O estabelecimento de um cronograma de recebimento é um exemplo de *trabalho padrão* em logística. O propósito é que todo fluxo de material seja planejado e coordenado. O plano versus a condição real pode ser medido, e os problemas podem ser destacados de imediato. Em muitos aspectos, o cronograma de recebimento é a verdadeira ponte logística para conectar a base do fornecimento externa à fábrica interna (Figura 10.3). É uma técnica fundamental e necessária para a logística Lean ser implantada com sucesso.

Na minha experiência na Toyota, o cronograma de recebimento era uma técnica fundamental a ser utilizada. Não era negociável e seu uso era dado como fato. Portanto, deduzi que fosse básico em todas as organizações. A história provou que meus pensamentos estavam errados. Ao trabalhar com outras organizações, estabelecer um cronograma de recebimento disciplinado pode ser um desafio. A principal razão é que muitos departamentos de recebimento acham que a chegada do caminhão e o fluxo de material são um processo caótico que não pode ser gerenciado. O recebimento disciplinado de materiais exige que os caminhões cheguem apenas nos horários programados (janelas temporais). Se eles não chegam a tempo, todo o cronograma entra em colapso. Embora eu não negue que possa acontecer, isso não deve nos impedir de estabelecer um cronograma de recebimento para nivelar o fluxo do material. Na Toyota, reconhecemos esse desafio e utilizávamos o estacionamento para cargas para mitigar os distúrbios e as variações inerentes à variação normal na rede de transporte externa.

Lição 8: Nivele o fluxo de materiais e estabeleça um cronograma de recebimento disciplinado.

Layout do estacionamento de reboques e gerenciamento visual

De todas as lições que aprendi trabalhando para a Toyota, uma das mais importantes tinha relação com o estacionamento dos reboques. Este era simplesmente um espaço alocado para os reboques esperarem até serem descarregados de acordo com a janela temporal no cronograma de recebimento. Nunca vou me esquecer de quando nossos coordenadores da Toyota perguntaram quantas vagas para reboques iríamos precisar, pois seria necessário asfaltar e pavimentar esses locais para nos prepararmos para a data de "Início da Produção" da fábrica. Como engenheiros de logística, fizemos o que fazemos e concluímos que precisávamos de mais de duzentas vagas. A resposta que recebemos dos nossos coordenadores foi que só poderíamos ter cem — menos de 50% do que pedimos! Ficamos confusos e estupefatos. "Como vamos fazer isso funcionar?", foi nossa pergunta imediata. Então começamos a trabalhar nisso (Figura 10.4).

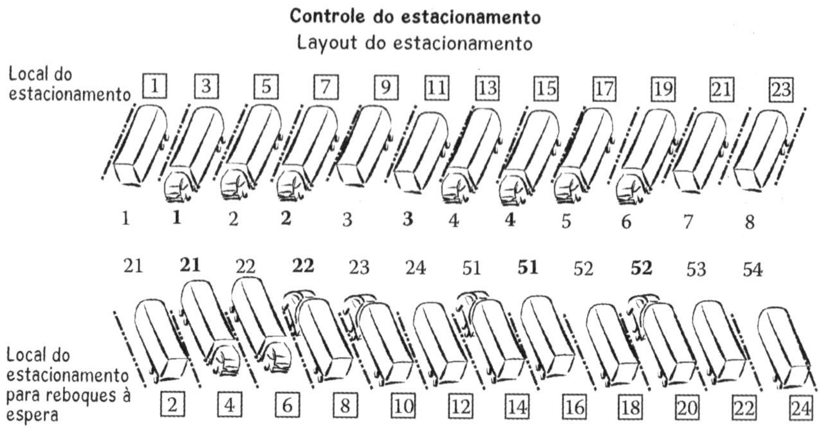

FIGURA 10.4

Se tivéssemos as duzentas vagas que pedimos, não precisaríamos de nenhuma disciplina de processo. Qualquer veículo que chegasse encontraria lugar para estacionar. Mas, com apenas cem vagas aprovadas, iríamos precisar de muita disciplina. Cada vaga precisaria ter um nome, cada reboque teria de ser alocado em um determinado local quando chegasse à fábrica, e só poderia permanecer nesse local pelo tempo alocado, pois precisaríamos daquela vaga para outro veículo que chegasse. Em outras palavras, precisamos estabelecer uma "rotatividade" no estacionamento, da mesma forma como se faz com um depósito de estocagem. Isso pode parecer ridículo, considerando todo o espaço que poderíamos ter pavimentado naquele imenso milharal. Porém, por termos uma quantidade mínima de vagas para reboques, fomos obrigados a planejar o sistema o mais detalhadamente possível para que ele funcionasse. Além disso, o gerenciamento visual foi criado naturalmente. Por exemplo, se um veículo chegasse e a vaga pré-planejada não estivesse vazia, isso significava que um dos reboques não havia sido transportado para a doca de descarga da fábrica conforme o planejado. Portanto, o próprio estacionamento destacava anormalidades no cronograma de recebimento, o que indicava possíveis problemas com a função de recebimento de material na planta. Era realmente um sistema de gerenciamento visual em cascata em vários aspectos da operação. Foi minha primeira lição fundamental em gestão visual. Ou seja, que a verdadeira gestão visual conecta pessoas a processos e processos a processos.

Lição 9: Minimize os ativos e recursos para forçar a disciplina do processo e o gerenciamento visual.

Qualidade na fonte e disciplina de processo

A qualidade na fonte é definida como "acertar na primeira vez". Na logística, isso se manifesta em "fazer o mais certo possível na cadeia de suprimentos". Na maioria das redes de logística de entrada, os fornecedores recebem um pedido e o enviam, e a fábrica espera receber as peças que pediu. Se isso não acontece, há uma agilização do processo e a fábrica pode fechar. Isso não é qualidade na fonte. Acertar na primeira vez significa ter meios de garantir que o fornecedor esteja enviando as peças certas no momento certo antes de carregar as peças no caminhão. Esse processo é conhecido como "verificação da carga pelo motorista".

Esse processo de verificação é realizado pelo caminhoneiro responsável pela retirada das peças. Atuando como um agente do fabricante, ele é treinado para verificar todos os componentes do pedido feito ao fornecedor. Para fazê-lo, tem uma relação detalhada de tudo que o fornecedor deve enviar no dia. Antes de carregar o caminhão, o motorista verifica se o pedido encaminhado contém todas as peças certas, na quantidade certa, na embalagem certa, com a rotulagem adequada e quaisquer outras variáveis essenciais para a qualidade do processo, de modo a reconhecer quaisquer problemas neste. Por exemplo, se o fornecedor deve mandar vinte volantes e na carga só houver dezoito, o processo é interrompido imediatamente pelo motorista. Denominado Jidoka no léxico Lean, esse é o ato de interromper o processo assim que uma anormalidade é detectada, identificando um erro e evitando uma falha. Nesse caso, o motorista informa o fornecedor sobre a falta de peças e uma solução é encontrada no local em tempo real.

Compare esse processo com outro que não tem um mecanismo à prova de erros. O motorista chega ao fornecedor e carrega o caminhão com o que o fornecedor preparou para enviar no momento. O reboque chega à fábrica, e depois da inspeção se percebe que faltam dois volantes (se isso for detectado!). Mas aí já é tarde demais, o que provavelmente resulta em falta de peças e talvez até interrompa a linha de montagem; ou, no mínimo, encarecendo o processo.

A qualidade na fonte nos ensina a detectar erros o mais rápido possível. Em logística, isso significa que precisamos ter ferramentas à prova de erros para todos os processos críticos. Na prática, significa que devemos estar atentos aos processos, tão longe da cadeia de suprimentos quanto possível. O objetivo é detectar e resolver problemas antes que eles se tornem um entrave para a organização.

Precisamos desenvolver processos e treinar nossos motoristas para verificar as peças na doca de embarque dos fornecedores antes que elas sejam embarcadas no caminhão. Embora isso pareça simples no conceito, pode ser muito difícil na aplicação.

Para que haja essa verificação, precisamos colaborar com os fornecedores, ter estabilidade no treinamento e manter uma equipe de motoristas treinados, bem como uma estrutura de apoio de coordenadores logísticos para desempenhar a função de rastreamento e gerenciamento das rotas.

Lição 10: Um sistema de logística Lean foca a qualidade na fonte e é à prova de erros em todos os processos críticos distantes da cadeia de suprimentos.

LIÇÕES APRENDIDAS E CONCLUSÃO

Seria uma simplificação grosseira dizer que minha experiência na Toyota foi boa para minha carreira. Literalmente, ela definiu quem sou como profissional e empresário de cadeia de suprimentos. Hoje, o LeanCor Supply Chain Group ajuda as empresas a implantar o pensamento Lean em seus processos logísticos e cadeias de suprimentos. Embora seja impossível (e não aconselhável) tentar transformar outras organizações na Toyota, muitos dos princípios que aprendi naqueles dias compõem as diretrizes que usamos com outras companhias. Em outras palavras, processos e técnicas podem ser diferentes para atender às necessidades de uma determinada organização; no entanto, os *princípios orientadores* devem ser consistentes na logística Lean. São eles reabastecimento puxado, velocidade, fluxo nivelado e redução do tempo de entrega. Do ponto de vista tático, as lições que aprendi e as lições que encorajo todas as empresas a adotar são:

Lição 1: Você deve ter princípios orientadores para apoiar a cadeia de suprimentos e a estratégia de logística.

Lição 2: A colaboração na cadeia de suprimentos implica entender os pontos fortes e fracos de todos os parceiros, bem como trabalhar com eles e instruí-los.

Lição 3: O desenvolvimento de pessoas e o planejamento de processos são cruciais para o sucesso inicial e sustentado de qualquer empreendimento operacional.

Lição 4: Para qualquer grande iniciativa, desenvolva uma equipe multifuncional e execute o processo manualmente na primeira vez.

Lição 5: O puxado começa com a demanda do cliente, ajusta-se ao cronograma da produção e depois se aplica a montante para o fornecedor.

Lição 6: A redução do prazo de entrega deve ser o objetivo da logística. Devemos acreditar em "economias de tempo".

Lição 7: Consolide todos os volumes em toda a rede e conclua o trabalho árduo relativo ao fluxo de informações.

Lição 8: Nivele o fluxo de materiais e estabeleça um cronograma de recebimento disciplinado.

Lição 9: Minimize os ativos e recursos para forçar a disciplina do processo e o gerenciamento visual.

Lição 10: Um sistema de logística Lean foca a qualidade na fonte e é à prova de erros em todos os processos críticos distantes da cadeia de suprimentos.

11 LIDERANDO UMA CULTURA KAIZEN

Bob Plummer

Kai' zen: (substantivo) mudança para melhor.

Cheguei a Fremont, Califórnia, em fevereiro de 1993, apreensivo, empolgado e muito ansioso pela experiência de aprendizado que estava por vir. Eu tinha sido selecionado para um de duas dezenas de cobiçados cargos de coordenador da General Motors (GM) por dois anos na New United Motor Manufacturing, Inc. (NUMMI), a *joint venture* GM/Toyota administrada pela Toyota. Embora não tivesse como saber, ter deixado uma longa carreira naquela que se tornaria a Delphi — a divisão de componentes da GM — para ocupar o cargo de coordenador da GM provaria ser uma das experiências de aprendizado mais intensas da minha carreira.

A NUMMI havia sido concebida nove anos antes para ser um laboratório de aprendizado para seus parceiros da *joint venture* — cada parceiro com seus próprios objetivos. A GM queria aprender como a Toyota fabricava veículos de qualidade muito superior a custo mais baixo, enquanto a Toyota queria aprender sobre as operações da GM com a força de trabalho americana, nesse caso, trabalhadores representados pelo sindicato United Auto Workers.

Quando o empreendimento foi formado, em 1984, a GM estava bem atrás da Toyota em horas de trabalho de montagem por veículo, e também na pesquisa anual de automóveis novos da J. D. Power, que classificava os modelos por defeitos por veículo. Ao mesmo tempo, a Toyota ainda não tinha uma montadora de veículos na América do Norte.

Quando cheguei à NUMMI, a GM tinha mandado milhares de gerentes de nível médio para visitá-la e fazer visitas por suas instalações. Mais de uma centena de coordenadores GM antes de mim completaram tarefas como a minha: aprender e ensinar métodos do Sistema Toyota de Produção (Toyota Production System, TPS) para depois voltarem para implantá-los nas instalações da GM após a conclusão dos estágios.

Depois de nove anos de aprendizado de laboratório, a GM continuava errando na transferência dos métodos TPS para suas fábricas. Ao reconhecer que ela ainda não havia encontrado a fórmula certa para uma implantação bem-sucedida — e não querendo trabalhar em vão para ter o mesmo destino —, estabeleci duas metas pessoais para minha experiência na NUMMI. Primeiro, aprender sobre os métodos TPS. Em segundo lugar, determinar por que a GM errava na aplicação do TPS, a fim de desenvolver métodos de uma implantação bem-sucedida do sistema numa fábrica que não fosse da Toyota.

UMA SINFONIA TPS

Minha atribuição como coordenador GM de montagem na NUMMI me proporcionou acesso total à planta e a todas as aulas de treinamento disponíveis para os membros da equipe, bem como participação no projeto de lançamento do caminhão 285T. Enquanto trabalhava nesse lançamento, passei três semanas em instalações da Toyota no Japão: nas fábricas 4 Runner, nas plantas do Lexus em Tahara, numa usinagem em Motomachi e em duas montadoras em Toyota City.

Meu primeiro objetivo continuava sendo aprender os métodos TPS. Nesse processo, logo descobri como esses métodos eram fundamentais para o léxico Lean usado hoje: trabalho padronizado, 5S, solução de problemas PDCA (Planejar, Fazer, Verificar, Agir), Heijunka (nivelamento e suavização), Muri (sobrecarga), Mura (irregularidade), Muda (desperdício), Kanban (Just in Time), transporte de materiais e controle de produção, Jidoka (não produzir defeitos), qualidade de construção na estação, SMED [troca rápida de ferramenta], *takt time*, Andon (gestão visual), quadros de equilíbrio, estrutura de equipe (líder de grupo, líder de equipe, membro de equipe), processo de mudança de modelo, produção de relatórios A3 e, talvez o mais importante para meus objetivos, Kaizen (mudança para melhor).

Aprender os métodos TPS e seus efeitos na planta foi fascinante. Cada método individual como parte do sistema fazia a fábrica operar de forma suave, eficiente e em harmonia. A combinação de todos os métodos em uso me fazia lembrar uma sinfonia de Beethoven ressoando numa sala de espetáculos (Figura 11.1). Eu conseguia ver muitos instrumentos diferentes, com propósitos e funções diversos, mesclando-se como sob a direção e o andamento regidos por um maestro. Até então, minhas experiências em fábrica dentro da GM se caracterizavam por pressão e graus variados de caos, conflito e desarmonia entre gerência e sindicato. Agora eu via uma fábrica projetada e operando tão intrincadamente quanto as notas entrelaçadas de uma peça orquestral.

A harmonia que vi tão claramente na NUMMI e em outras fábricas da Toyota me fez refletir sobre a seguinte questão: Qual era a causa da excelente produtividade e da qualidade constante da NUMMI e das fábricas no Japão? Eram os métodos TPS? Ou alguma outra coisa?

FIGURA 11.1

Essa pergunta me levou a refletir sobre o fato desanimador de que durante nove anos os principais líderes de manufatura da GM tinham observado, estudado, aprendido e retrabalhado esses métodos em suas fábricas, com maus resultados. Eram líderes inteligentes, experientes, e o fracasso não se devia à incompetência ou à falta de esforço e motivação. Tinha de haver algo mais que fazia o TPS funcionar em harmonia. E eu precisava descobrir o que era.

DESCOBRINDO A CULTURA KAIZEN

À medida que me aprofundava, percebi que muitos elementos da implantação bem-sucedida do TPS exigiam o envolvimento da alta liderança da empresa — liderança, em particular, acima do nível da fábrica. Talvez o regente desse sistema sinfônico inter-relacionado fosse o próprio CEO.

Então, fiz uma descoberta. Visitei duas fábricas em Toyota City no mesmo complexo industrial, operadas pela mesma empresa e produzindo automóveis de passageiros de tamanhos semelhantes. O que eu esperava — ver dois conjuntos de processos de produção idênticos — não foi o que vi. Obviamente, ambas as fábricas tinham um processo de soldagem, um processo de pintura e uma área de montagem. Mas quando observei com atenção as operações individuais, comecei a notar pequenas diferenças. Então me ocorreu: Kaizen. Diferentes indivíduos tinham implantado o Kaizen em cada linha ao longo do tempo, com base em suas próprias ideias e como resultado da avaliação das necessidades da situação, com diferentes layouts, equipamentos de processo e mix de modelos de produção. Havia literalmente milhares de Kaizen.

Para onde eu olhava, via pequenas melhorias. Na linha de montagem com um mix de modelos muito alto, notei telas de luz e luzes Andon indicando qual item selecionar no lado da linha correspondente ao Katashiki (manifesto) para o veículo na estação, pois havia muitas opções de peças em potencial. Na outra linha, descobri que o lado da apresentação de peças já estava sequenciado no container de armazenamento ao lado. A Toyota tinha decidido testar a ideia de sequenciamento off-line naquela linha específica. Em outro exemplo, na linha de montagem de alto mix, um líder de equipe construiu um dispositivo eletrônico/pneumático específico que selecionava o manual do proprietário correto, baseado em informações armazenadas na etiqueta de identificação de radiofrequência do veículo que entrava na estação. O dispositivo selecionava entre mais de vinte manuais diferentes — escritos em vários idiomas — e colocava o correto no topo de uma pequena rampa parecida com uma minirrampa de esqui. A partir daí, o manual deslizava por ela e pousava no chão do banco do passageiro dianteiro. Um líder de equipe, não um engenheiro de fábrica, tinha construído aquele dispositivo.

Os Kaizen nas cinco fábricas no Japão superavam muito os da NUMMI, e essa constatação me deixou pasmo (Figura 11.2). A grande maioria deles era bem simples, não tão complicada quanto a minirrampa de esqui ou os processos de tela de luz. A genialidade do TPS me surpreendeu, e apresentou uma questão-chave: Como um concorrente pode acompanhar uma empresa que está contínua e frequentemente usando um grande número de ideias de todos os seus funcionários para implantar melhorias que eliminam desperdício de tempo e energia? A resposta é: Não pode. Não é possível, a menos que melhore com a mesma rapidez. Na minha opinião, a cultura Kaizen é a razão pela qual a Toyota é a principal fabricante de automóveis do mundo, e assim permanecerá enquanto mantiver essa cultura.

FIGURA 11.2

Recentemente, li *Million Dollar Consulting* [Consultoria de um milhão de dólares], de Alan Weiss. Um dos conceitos recorrentes no livro é "The One Percent Solution" [A solução 1%], uma frase que o autor cunhou e um conceito que a Toyota aplica com precisão. A solução 1% descreve o benefício transformacional da melhoria contínua. Weiss explica que, se a pessoa implantar uma mudança por dia (um Kaizen, em japonês) que melhore um processo de negócio em 1%, em setenta dias o processo terá sido melhorado em 100%. Analisando esse conceito em termos matemáticos, o efeito transformacional da melhoria contínua fica claro: $1 \times 1{,}01^{70} = 2$, ou 100%

de melhoria. A liderança da Toyota executa o TPS de tal forma que produz o mesmo efeito transformacional.

Então, qual é a chave para gerar o efeito transformacional de milhares de Kaizen em uma única organização? Descobri a resposta quando participei de uma apresentação para gerentes da NUMMI e coordenadores da GM sobre o TPS, feita por um membro da equipe da Divisão de Desenvolvimento de Gerenciamento de Operações (OMDD), considerada dentro da Toyota como o grupo de elite de mestres do TPS. O palestrante definiu o TPS em termos muito simples e fundamentais: criar um ambiente em que os membros da equipe implantem o Kaizen. Francamente, não achei que ele fosse formular uma resposta tão simples, direta e pragmática. Esperava algo mais e tinha me preparado para uma explicação sofisticada, com tabelas, gráficos e metodologias de implantação complicados. Para minha surpresa, porém, quando questionado sobre o prazo de implantação em uma fábrica americana, ele respondeu: "Mais de dez anos." Talvez sua referência fosse a NUMMI. Com nove anos de atividade, ela continuava atrás de suas homólogas japonesas na implantação estratégica do TPS. A liderança é responsável por iniciar, promover e implantar um ambiente propício ao Kaizen para os membros da equipe. Se as fábricas americanas não seguiam esse exemplo, nosso prazo de mais de dez anos até a implantação ideal não era exagerado.

A imagem — e a sinfonia de partes móveis — estava gradualmente se tornando mais clara. O TPS é mais do que apenas métodos. O objetivo é que os membros da equipe implantem o Kaizen e usem os métodos para apoiar e sustentar seus esforços individuais no Kaizen. Existe uma harmonia entre a liderança, os membros da equipe e os métodos TPS. A sinfonia se desenvolve com os músicos individuais e como um grupo coletivo.

COMO CRIAR E MANTER A CULTURA KAIZEN EM FÁBRICAS AMERICANAS

Os líderes da Toyota e as filosofias que eles modelaram e ensinaram demonstraram o papel fundamental que um líder TPS desempenha na cultura de aceitação de mudanças existente numa instalação da companhia. Em minhas observações dessa cultura única, concluí que os líderes da Toyota implementaram oito filosofias que têm um efeito profundamente positivo na criação e na sustentação de uma cultura Kaizen bem-sucedida:

1. *Cliente em primeiro lugar*: É uma verdade simples que uma empresa não existiria sem clientes. Assim, não surpreende que as necessidades deles sejam de importância primordial na Toyota. Uma filosofia de "cliente em primeiro lugar" incorpora vários elementos que não podem ser comprometidos, como qualidade, entrega, recursos, desempenho e excelência. É trabalho de cada membro da equipe situar o cliente em primeiro lugar. Por exemplo, se eu fosse operador de linha e percebesse que tinha montado errado uma peça, puxaria o cordão Andon para avisar ao meu líder de equipe que estava com um problema, e se necessário interromperia a linha para o defeito não ser passado para a operação seguinte. Nesse exemplo, destaca-se o cliente externo, mas as necessidades dos clientes internos também são um aspecto crucial dessa filosofia. Foram inúmeros os exemplos de atendimento das necessidades dos clientes internos com extraordinária prioridade e importância. É claro que a supervisão da liderança também desempenha um papel em assegurar que os compromissos sejam cumpridos na falta de um desempenho pessoal nessa área.
2. *Segurança e proteção dos membros da equipe*: A segurança física de cada membro da equipe é de importância primordial na Toyota. A liderança respalda esse ponto com reuniões semanais de segurança entre eles, medição de incidentes de segurança e slogans de segurança exibidos em placas distribuídas pelas instalações da fábrica. A liderança comunica ostensiva e regularmente sua atenção à segurança dos membros da equipe, o que provou ser uma preocupação genuína. No Japão, o compromisso com a equipe e o renomado compromisso com a baixa rotatividade são bem conhecidos dos membros das equipes da Toyota. Esse compromisso filosófico satisfez as preocupações com a segurança dos membros da equipe e eliminou uma barreira significativa para o Kaizen. Sem a confiança na segurança de cada um, eles não estariam dispostos a participar do Kaizen, que melhorou a produtividade e resultou em menos trabalhadores necessários na produção.
3. *Confiança e respeito mútuos*: A confiança e o respeito mútuos, tanto entre colegas quanto entre gerentes e membros da equipe, são um elemento fundamental dessa cultura revolucionária. Para que as ideias de todos os membros da equipe sejam ouvidas e usadas nas operações Kaizen na empresa inteira, cada um deles precisa ser ouvido e ouvir o que os outros têm a dizer. Se seus pensamentos e opiniões são ignorados, informações valiosas e sua participação futura no Kaizen se perdem pela negação da eficácia do indivíduo. Se, ao contrário, os pensamentos e opiniões dos membros da equipe são

altamente valorizados, eles não só podem contribuir como também vão querer fazê-lo. Quando eles se sentem valorizados e importantes, por serem confiáveis e respeitados, a organização pode explorar o poder criativo e o potencial para implantar o Kaizen que existe dentro de cada indivíduo. Os membros da equipe sentem-se energizados, animados e orgulhosos do seu trabalho, e podem transformar uma organização ao contribuir para mudanças bem-sucedidas nos seus processos de trabalho. Eles são os mais qualificados para executar melhorias no trabalho, pois sabem mais sobre o que fazem do que qualquer outra pessoa na organização. Quando seu esforço no Kaizen é combinado com suporte, direção, treinamento e recursos fornecidos pelo líder de equipe ou pelo líder de grupo, todos os membros da organização podem se tornar uma poderosa fonte de transformação com milhares de Kaizen.

4. *Trabalho em equipe*: O grau de cultura das empresas varia ao extremo no local de trabalho e na forma como elas tratam o trabalhador — inclusive na nomenclatura usada para o próprio trabalhador. Alguns são "empregados". Outros são "associados". Na Toyota, eles são "membros da equipe". Toda vez que esse termo é enunciado, o que costuma acontecer dezenas de vezes em um único dia, a empresa reforça um importante ponto filosófico: todos na organização são membros de uma equipe, trabalhando em conjunto para alcançar um objetivo comum. O conceito de equipe engloba muitos aspectos da atividade que a Toyota deseja promover: trabalhar juntos, apoiar uns aos outros, tomar decisões juntos, resolver problemas juntos, confiar e respeitar uns aos outros, ajudar uns aos outros e ter sucesso juntos. Além disso, observei que os traços de caráter individuais de disciplina e honra são aspectos pessoais que desempenham um papel significativo no cumprimento de compromissos com outros membros da equipe e na promoção dessa cultura de equipe.
5. *Comunicação*: A cultura nessas plantas demonstrou um valor filosófico que quase supervalorizava a comunicação. Havia reuniões diárias de equipe, um boletim diário da fábrica, reuniões em toda a empresa, ferramentas visuais e de áudio que permitiam o conhecimento do status de uma operação com um passar de olhos superficial, ferramentas de informação de desempenho, ferramentas de retroalimentação de qualidade e produtividade, reuniões de planejamento, o processo Nemawashi[1] e relatórios A3. Uma cultura que valoriza

1. Processo informal de trabalhar silenciosamente em segundo plano para reunir apoio para chegar a um consenso. [N.T.]

tanto a comunicação com seus membros permite o acesso a uma enorme quantidade de informações em vários meios, em vários níveis, a fim de prover as equipes com os mais recentes conhecimentos e competências para melhorar a contribuição de cada indivíduo para a equipe e para a empresa.

6. *Direcionamento e estabelecimento de metas de melhoria*: A liderança da Toyota fornece a direção coordenada da empresa usando o processo Hoshin Kanri (desdobramento de diretrizes). Usando o desdobramento, as estratégias, iniciativas, objetivos e metas da companhia fluem do topo para os departamentos, chegando afinal aos membros de cada equipe. O fluxo desse processo cria um esforço coordenado de melhoria e harmonia entre as funções e os membros funcionais da equipe que resulta na realização de metas de melhoria em toda a empresa.
7. *Conhecimento, ensino e modelagem*: Ao longo de minha carreira, descobri que nenhuma organização pode superar o nível do seu líder. Se o líder não entende de Heijunka, por exemplo, não se pode esperar que a organização mantenha uma produção suave e nivelada. Por isso, a atuaçao de uma liderança experiente é vital para o sucesso do TPS em fábricas estrangeiras e americanas. Particularmente em organizações onde o TPS não é praticado ou compreendido, é fundamental que os líderes tenham conhecimento suficiente de uma cultura Kaizen e competência para ensinar e modelar o comportamento desejado e os métodos associados ao Kaizen e ao TPS.
8. *Suporte e recursos*: A estrutura organizacional utilizada na Toyota inclui recursos de suporte, tanto de recursos humanos quanto de capital, para o Kaizen. A própria estrutura de líder de grupo-líder de equipe-membro de equipe fornece suporte aos membros da equipe e à atividade Kaizen. As fábricas da Toyota têm áreas Kaizen equipadas com materiais e ferramentas que os membros da equipe podem utilizar para implantar o Kaizen em suas áreas de trabalho. Para projetos Kaizen maiores, observei várias vezes onde os líderes apoiavam os projetos com pessoas e capital. Por exemplo, a Toyota aprovou um projeto de 1,5 milhão de dólares que desenvolvi para substituir o robô de montagem de assentos e realocá-lo mais adiante na linha de montagem final. A justificativa para o investimento foi o aumento do espaço de linha disponível para inspeção final e a redução do tempo de inatividade da linha.
9. *Genchi Genbutsu*: A prática do Genchi Genbutsu significa ir e ver por conta própria, para entender pessoalmente a situação e tomar a

melhor decisão. O Genchi Genbutsu é um método fundamental para os líderes fomentarem o TPS e a cultura Kaizen, porque os problemas não são resolvidos na sala de reuniões. Eles são resolvidos no chão de fábrica ou no escritório no ponto de causa, onde estão ocorrendo. A qualidade da tomada de decisão com o uso desse método é muitas vezes mais eficaz do que o método da sala de conferência. Aprendi na prática o valor desse método durante meu treinamento na NUMMI, e muito mais vezes desde então. Percebi que na sala de reuniões os fatos exatos e necessários para resolver um problema ou tomar uma decisão geralmente não estão disponíveis. Além disso, por conta do acesso inadequado à quantidade de dados necessários para tomar uma boa decisão, há uma tendência de fazer suposições incorretas. O resultado costuma ser uma tomada de decisão ineficaz. Por outro lado, ao praticar o Genchi Genbutsu e ver por si mesmo o ponto de causa, pode-se conseguir o acesso a dados mais precisos e completos, o que melhora a qualidade da decisão tomada.

IMPLANTANDO OS MÉTODOS TPS

A implantação bem-sucedida do TPS exige que os líderes avaliem os fluxos de valor dentro da empresa e identifiquem oportunidades para eliminar o desperdício pela aplicação de métodos desse sistema. O conhecimento dos requisitos do cliente, a capacidade de resposta ao mercado, os fluxos de valor vigentes e os métodos TPS são necessários para uma implantação bem-sucedida.

Ao implantar métodos TPS em instalações que não as da Toyota, aprendi que existem interações entre os métodos e que há uma ordem de implantação que deve ser seguida ao usá-los. Alguns métodos têm pré-requisitos que já devem estar em vigor para funcionar corretamente. Na minha experiência de implantação desses métodos em instalações que não da Toyota, descobri que os pré-requisitos para um sistema Kanban eficaz são Heijunka e *takt time* (taxa padrão de produção), e que os pré-requisitos para Heijunka e *takt time* são produção em pequenos lotes; e, mais ainda, que os pré-requisitos para a produção em pequenos lotes são a redução do tempo de preparação, fluxo de peça por peça e estabilidade do processo. Líderes de implantação do TPS, portanto, precisam orquestrar a implantação dos métodos na sequência correta.

Porém, a aplicação efetiva de alguns métodos não está apenas sob o controle da fabricação. Chegar a um Heijunka, ou carga de trabalho, suave e nivelado requer o envolvimento e a cooperação de líderes empresariais graduados, e especialmente das funções de vendas e marketing. Sem essa cooperação visível, é impossível a fábrica operar com uma taxa de produção e carga de trabalho constantes por meses a fio.

Minhas observações na fábrica da Toyota indicaram benefícios de custo significativos de uma carga de trabalho implantada dessa maneira (Figura 11.3). O Heijunka possibilita que a fabricação otimize sua mão de obra e seu custo de produção. Como ilustração hipotética, digamos que uma montadora da Toyota sabe que a cada hora de cada dia, durante os próximos três meses, serão produzidos 58 veículos por hora, que terão as seguintes opções: 60% dos veículos com câmbio automático, 30% com teto solar, 35% com alto teor de acabamento e 40% com airbags laterais (e a lista continua). A fábrica pode então otimizar a carga de mão de obra em toda a instalação para usar apenas a quantidade mínima de mão de obra necessária para dar suporte a essa combinação de opções. Manter essa carga de trabalho suave por um período tão longo requer um esforço coordenado de toda a empresa. Requer um Heijunka bem organizado. E é preciso liderança para reconhecer o papel que cada função desempenha no apoio ao TPS.

O processo padronizado de mudança de modelo é outro método TPS que tem aplicação bem-sucedida além do controle da fabricação. Pela minha experiência e com base em observações, são necessários um foco de quantidade extraordinária e recursos de toda a fábrica para concluir uma mudança de modelo sem problemas. A manufatura é o braço destinatário do processo, que geralmente gerenciado é por outras funções da empresa. Na Toyota, as mudanças de modelo são feitas com frequência e regularidade, a cada quatro anos para muitos modelos. Quando existe essa cadência regular, os recursos de manufatura (engenharia de fabricação, engenharia de controle de qualidade do fornecedor, controle e planejamento da produção e gerenciamento de fabricação) mantêm uma carga de trabalho mais nivelada da atividade de transição o tempo todo. Recursos fora da fabricação, como projeto e engenharia de produtos, também mantêm cadência e carga de trabalho regulares.

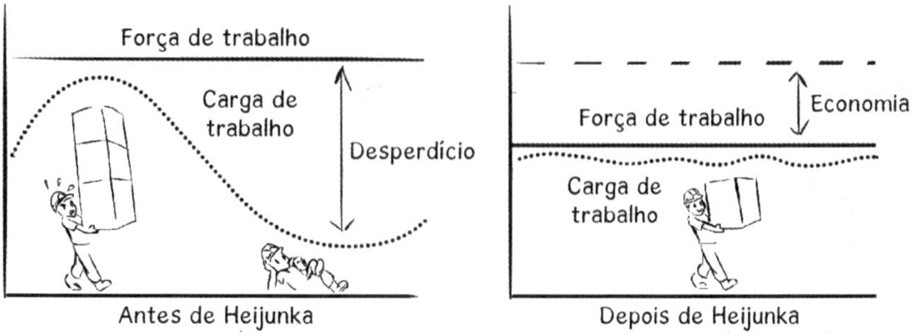

FIGURA 11.3

Essas observações me levaram a concluir que os líderes de TPS devem identificar interações funcionais entre vendas, marketing, finanças, engenharia, recursos humanos e manufatura. A implantação efetiva dos métodos TPS só pode ser alcançada quando os líderes os introduzem de uma perspectiva de toda a organização. Os métodos TPS não são apenas para fabricação e, ainda mais importante, os benefícios totais do sistema não podem ser alcançados se apenas a fabricação os implantar.

DE VOLTA AO COMEÇO

Quando comecei a observar a fábrica no início do meu trabalho com a NUMMI, meus olhos se abriram para uma sinfonia de peças e operadores nos métodos TPS. Mas o que vim a descobrir ao longo do meu tempo lá foi que a harmonia que percebi não era criada apenas pelos métodos TPS. O regente é a liderança, e a harmonia existe quando ela sustenta uma cultura Kaizen em que o potencial Kaizen dos membros da equipe é liberado em toda a organização. Os métodos TPS sustentam a cultura Kaizen; eles não são a razão da cultura.

Quando afinal aprendi sobre a harmonia entre os métodos TPS, liderança e cultura Kaizen, ficou claro para mim por que o TPS não tinha sido transferido com sucesso para a GM. Na maioria das instalações da companhia existe uma relação acrimoniosa entre os funcionários e a administração, caracterizada pela forte resistência dos trabalhadores e do sindicato em participar da concepção e implantação de melhorias de produtividade. Era inegável que eu havia descoberto a principal razão pela qual a GM fizera tão poucos progressos na implantação do TPS nos nove anos anteriores.

As lideranças da GM e do sindicato não conseguiram estabelecer uma cultura Kaizen, na qual todos os membros da equipe fomentam o Kaizen, além de também promoverem discórdia entre os trabalhadores e a gerência.

Infelizmente, a cultura de desunião no relacionamento entre o sindicato e a administração da GM era tão arraigada que uma cultura de mudança não poderia ser implementada por ninguém além da liderança da empresa e do sindicato. Enquanto esses líderes-chave não se decidissem a trabalhar pela mudança, a GM teria de se contentar em implantar o maior número possível de métodos, mas sem conseguir liberar totalmente o potencial dos membros da equipe para adotar mudanças bem-sucedidas — para o Kaizen — e então transformar a empresa.

MINHA SAÍDA DA GM

Como aluno determinado da bem-sucedida cultura Kaizen da Toyota, e entendendo os obstáculos existentes entre a GM e esse objetivo, tomei a difícil decisão de sair da GM. A capacidade da companhia de se manter competitiva com a Toyota e outras organizações semelhantes me preocupava. Por isso, preferi implantar o TPS primeiro em uma empresa de embalagens global não sindicalizada e em crescimento, cuja liderança foi muito receptiva aos métodos TPS e criou essa revolucionária cultura Kaizen. Essa experiência, que foi seguida por outras, tornou-se a primeira de várias histórias adicionais de observação, aprendizado, estratégia e mudanças TPS, que ficam para outros capítulos, em outro livro, em outro dia.

12 HOSHIN KANRI

Alistair Norval, com Darril Wilburn

O Hoshin Kanri é conhecido por muitos outros nomes — planejamento Hoshin, implantação de diretrizes, implantação de estratégias —, mas todos se referem ao mesmo conceito: "Fazer as coisas certas versus meramente fazer as coisas". Muitas vezes, trabalhamos arduamente para fazer as coisas, mas não fazemos a seguinte pergunta: São realmente essas as coisas certas que farão a organização avançar? Em termos de futebol, estamos correndo de um lado para o outro ou tocando a bola no campo? Temos observado, em muitas organizações, uma desconexão entre a atividade individual e a estratégia da alta liderança. O Hoshin Kanri ajuda a conectar todos os níveis da empresa, para que todos estejam alinhados com a estratégia. O resultado é que conseguimos responder à pergunta com fatos, não com "achismos".

Este capítulo discute como o Lean é aplicado aos processos de gestão e como o uso do Hoshin Kanri reduz o desperdício nesses processos e em toda a organização.

Quando comecei minha jornada pessoal Lean, em meados dos anos 1990, fiquei impressionado com os termos japoneses e com todas as novas técnicas, e quis aprender o máximo possível sobre o assunto. Como ocorre com muita gente, as técnicas me deixaram encantado. Até hoje rio de mim mesmo ao pensar naqueles tempos. Felizmente, tive a sorte de ter um sensei que me guiou e orientou na direção certa. Foi Pascal Dennis — que trabalhava na Toyota Motor Manufacturing Canada e mais tarde escreveu vários livros sobre o Lean laureados com o prêmio Shingo, como

Produção Lean simplificada e *The Remedy* [O remédio] — quem orientou e moldou meu pensamento em relação ao Lean. Especificamente, que o Lean não consiste apenas em técnicas, que estas são uma pequena parte dele. Na verdade, o Lean tem a ver com pessoas. Pascal me ensinou que, como a essência do Lean são as pessoas, havia alguns conceitos-chave que eu precisava aprender:

- engajar as pessoas,
- solução de problemas,
- o papel da gestão.

Se conseguirmos fazer essas coisas, podemos tornar uma transformação Lean em algo especial. Ou seja, obter bons resultados nos negócios de forma consistente com o princípio de "respeito pela humanidade", que faz parte da base do Sistema Toyota de Produção (Toyota Production System, TPS):

- melhoria contínua,
- eliminação de desperdícios,
- respeito pela humanidade.

Para isso, precisamos de uma maneira sistemática de impulsionar a melhoria em toda a organização, que nos permita fazer melhorias de forma consistente com os valores da empresa e sem sacrificar a estrutura da organização para atender às necessidades de resultados de negócios a curto prazo. Já vi empresas atingirem sua meta de lucratividade eliminando gastos com manutenção, ou demitindo pessoas experientes e substituindo-as por mão de obra mais barata e menos experiente, ou sobrecarregando pessoas em processos falhos, ou negligenciando a qualidade e o atendimento ao cliente. Essas táticas acabam corroendo nossas relações de trabalho e destruindo nossa capacidade de planejar o futuro.

Todos os sistemas precisam de um propósito. Os processos de negócios que usamos no âmbito do sistema precisam ser organizados para atingir esse propósito. O objetivo do Hoshin Kanri é cristalizar a estratégia da organização e engajar o poder das pessoas para empurrar a organização rumo ao futuro.

O QUE É O HOSHIN KANRI?

Hoshin Kanri é um termo japonês que pode ser dividido em quatro kanji, ou pensamentos, conforme ilustrado na Figura 12.1.

O idioma japonês é muito visual. Lembro-me de, numa viagem ao Japão na virada do milênio, ficar muito impressionado com o aspecto das apresentações dos pratos, dos horários de trens e dos sinais de trânsito. Apesar de não falar nem entender japonês, o visual facilitava a locomoção. Por exemplo, cartazes ilustrativos dos pratos nas vitrines de restaurantes facilitavam o pedido. No caso do Hoshin Kanri, podemos imaginar os kanji, ou pensamentos, da seguinte forma:

FIGURA 12.1
O Hoshin Kanri.

Gestão, Direção, Lógica, Controle

Juntos, eles nos proporcionam:

Um sistema para desenvolver objetivos estratégicos e torná-los realidade.

POR QUE PRECISAMOS DE UM SISTEMA DE PLANEJAMENTO ESTRATÉGICO

Muitas organizações sofrem com problemas em seus sistemas de planejamento estratégico. À medida que as observo, vários problemas tornam-se visíveis:

- Falta de um sistema de planejamento estratégico, e portanto o planejamento financeiro e o orçamento resultam em um plano estratégico baseado em pressupostos.

- Sistemas de comando e controle que não engajam as pessoas que fazem o trabalho no desenvolvimento de planos para atingir as metas organizacionais; muitas vezes, isso resulta em planos impraticáveis e que não abordam as questões mais importantes.
- Grandes estratégias que nunca são transmitidas ao restante da organização, e portanto permanecem no domínio da "torre de marfim".
- Falta de um ciclo Planejar, Fazer, Verificar, Agir (Plan-Do-Check-Act, PDCA) completo; as empresas vivem planejando, e se atêm em Planejar, Planejar, Planejar; ou ficam alternando entre Planejar, Fazer, Planejar, Fazer; ou, o pior de tudo, em Fazer, Fazer, Fazer; na maioria dos casos elas nunca têm um ciclo PDCA completo.
- Planejamento baseado em números sem uma noção do que está realmente acontecendo, sem aplicar Gemba e sem ir conversar com clientes, fornecedores e funcionários.

NO QUE ISSO RESULTA?

Organizações disfuncionais, em que as pessoas:

- são puxadas em muitas direções diferentes,
- são puxadas na direção errada,
- não têm uma visão clara do que é realmente importante.

Certa vez, trabalhei com uma organização que tinha 31 objetivos estratégicos diferentes. Eu não conseguia entender como alguém podia se concentrar em 31 coisas diferentes, e ainda assim a organização insistia em que todas as 31 coisas eram cruciais e precisavam ser feitas. É fácil ver como muitas questões de planejamento estratégico inspiram cartuns de que todos gostamos.

CONTRAMEDIDA PARA PROBLEMAS DE PLANEJAMENTO ESTRATÉGICO

A contramedida da Toyota para esses problemas comuns de planejamento estratégico é o Hoshin Kanri. A empresa o desenvolveu em meados dos anos

1950 e o vem usando desde então. O Hoshin Kanri é fundado no método científico de PDCA. É uma mistura de análise de dados e intuição, baseada na experiência adquirida no Gemba.

O Hoshin Kanri tem três propósitos:

1. foco nos poucos vitais em vez de nos muitos triviais,
2. alinhamento da organização a essas áreas de foco,
3. resposta rápida para problemas.

O HOSHIN KANRI PERMITE ÀS ORGANIZAÇÕES DESENVOLVER PLANOS ESTRATÉGICOS QUE SÃO

- um equilíbrio entre controle central e autonomia local,
- nem muito rígidos nem muito frouxos,
- envolventes para os membros da equipe por permitir que o método PDCA prospere,
- um método de comunicação para facilitar o diálogo.

Vale a pena explorar um pouco mais esse último ponto. Um dos principais problemas enfrentados pelas organizações no mundo de hoje é a sobrecarga de dados e a falta de informações úteis. Laptops e PowerPoint permitiram a criação de apresentações gigantescas, repletas de arquivos anexados e gráficos sofisticados, tão extensas que perdem a essência do problema. Trabalhei certa vez com uma grande corporação que me deu um resumo de 98 páginas de seus planos estratégicos. O documento original tinha quase novecentas páginas — tão longo, na verdade, que ninguém conseguia lê-lo nem sabia do que se tratava.

Há uma ótima frase de Winston Churchill sobre isso: "Este documento do Tesouro, por sua própria extensão, defende-se contra o risco de ser lido."

O Hoshin Kanri é uma maneira de reduzir a estratégia à sua essência pura para torná-la compreensível, e assim permitir que as pessoas se engajem no diálogo sobre ela.

O VERDADEIRO NORTE

Parece ótimo, mas quando alinhamos a organização, com o que a alinhamos?

Alinhamos a organização com a conquista do Verdadeiro Norte, que é a direção estratégica e filosófica na qual se encontra a organização. Sempre pensei que o Verdadeiro Norte era uma ótima imagem para a direção que as organizações queriam tomar. Imagine o Verdadeiro Norte como a estrela Polar, Polaris, guiando os marinheiros por um mar agitado e tempestuoso e rumo a um porto seguro (Figura 12.2).

O Verdadeiro Norte consiste em duas partes:

1. Objetivos de negócios sólidos (como receita, lucratividade, crescimento e capital de giro). São itens que apelam à cabeça e metas de negócios difíceis que devem ser alcançadas.
2. Objetivos gerais. É a visão ou direção da organização que apela ao coração. Costuma ser de natureza inspiracional e representa tanto quem você é como organização quanto o que valoriza. É fundamental no engajamento dos membros da equipe, que muitas vezes têm dificuldade de se relacionar com metas financeiras de alto nível. Permite testar nossos planos em relação a um conjunto de metas para garantir consistência.

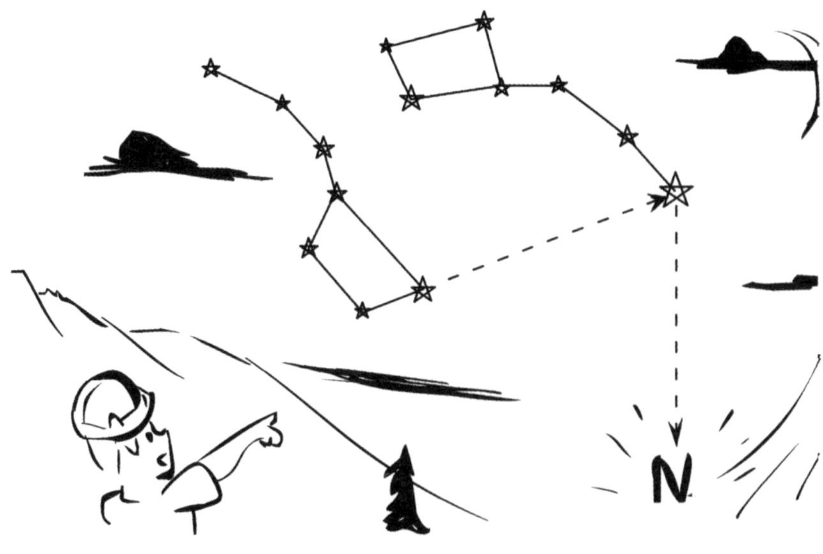

FIGURA 12.2
O Verdadeiro Norte

Um dos melhores objetivos gerais que já vi foi o de uma operadora de saúde que usava o objetivo geral de "*Excelência Acessível*". Representava tanto quem eles eram — um prestador de cuidados de saúde com uma reputação de longa data de excelência na comunidade — quanto o que precisavam fazer para continuar bem-sucedidos na comunidade no futuro, que era tornar o mesmo nível de cuidados mais acessível. Isso foi muito motivador para a equipe da linha de frente, que se relacionava com esses dois aspectos. Também abriu espaço para eles testarem seus planos a respeito. Será que estamos fazendo coisas não consistentes com prover à comunidade serviços de saúde acessíveis e excelentes?

A ÁRVORE DE ATIVIDADE FOCADA

Agora que temos um Verdadeiro Norte, o que vem a seguir? Como isso ajuda uma organização a se alinhar e se concentrar?

Começamos fazendo a pergunta: O que está nos impedindo de atingir o Verdadeiro Norte?

Quais são as pedras que estão bloqueando nosso caminho? Normalmente são problemas que exigem contramedidas que se tornem as principais áreas de foco para trabalharmos.

Até agora, tudo bem, mas o que é diferente?

A chave é dividir o trabalho em dois tipos básicos de atuação:

1. trabalho de rotina,
2. trabalho de melhoria.

O *trabalho de melhoria* refere-se às coisas inovadoras que precisamos fazer para conduzir a organização em direção ao Verdadeiro Norte e alcançar as metas que estabelecemos. O *trabalho de rotina*, por sua vez, consiste em todas as coisas do dia a dia que precisamos fazer para administrar o negócio e entregar valor aos nossos clientes. Também inclui um trabalho cotidiano de melhoria contínua. Coisas que precisamos melhorar, mas que não constituem as melhorias inovadoras que levarão a organização ao Verdadeiro Norte. Muitos desses itens são um tipo de solução de problemas para nos levar de volta a um padrão, e não elevar cada vez mais os padrões. O trabalho rotineiro toma a maior parte do tempo dos funcionários da organização.

Vamos voltar ao exemplo da organização com as 31 melhorias cruciais. Eles tinham uma sala de guerra com gráficos na parede indicando o status das 31 áreas. Assinaladas em vermelho e verde. Havia uma revisão superficial, mas as datas costumavam ser adiadas na maioria dos itens e os comentários sobre o progresso eram fracos. Não havia um foco claro para os funcionários que faziam o trabalho. Eles trabalhavam no que entrasse na pauta ou fosse a questão sensível do momento.

Piores ainda são as organizações que tentam resolver esse problema vinculando o foco das 31 áreas principais a um plano anual de responsabilidade do departamento de recursos humanos. Com cada item valendo cerca de 3% de um número total geral que define a contribuição das pessoas para a organização no ano, como isso pode ajudar no que se concentrar? Não estou dizendo que não se deve estabelecer planos de comprometimento pessoal; mas é preciso configurá-los para deixar claro em quais deles você quer que todos se concentrem.

Ao lidar com organizações ao longo de muitos anos, minha experiência diria que uma empresa só consegue se concentrar em cinco ou seis itens inovadores de cada vez. Portanto, a chave é desbastar a lista e desmarcar certos itens para chegar às poucas áreas vitais de foco que levarão a uma melhoria inovadora. Normalmente, o que observo é que as pessoas pensam que coisas importantes exigem soluções inovadoras. As coisas podem ser importantes, mas só precisamos manter o curso ou fazer pequenas melhorias. Precisamos monitorá-las para que não retrocedam, mas não precisamos focar nelas nossas atividades de melhoria. Elas são importantes, mas meramente um trabalho rotineiro.

A chave é concentrar nossos esforços de melhoria nas poucas coisas que levarão a melhorias inovadoras. Precisamos alinhar as atividades de melhoria da organização para fazer essas coisas. Esse alinhamento é obtido com:

- estrutura: equipes de melhoria,
- comunicação: diálogos que levam ao consenso.

Isso forma uma árvore de atividade focada. O topo é o Verdadeiro Norte, e a base do Verdadeiro Norte são as cinco ou seis áreas de foco principais (Figura 12.3).

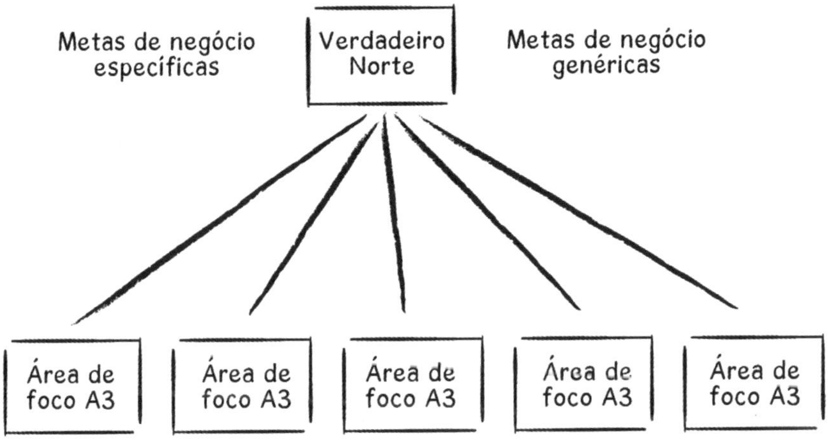

FIGURA 12.3
O Verdadeiro Norte e as áreas de foco.

PLANEJAR, FAZER, VERIFICAR, AGIR (PDCA)

A última coisa que o Hoshin Kanri faz por nós é trazer uma resposta rápida para os problemas. Trata-se do reconhecimento de que "Nenhum plano sai como o planejado". Os problemas são uma coisa natural. A Toyota se destaca na sua capacidade de torná-los visíveis e de atacá-los em massa assim que surgem. Quando trabalho com alguma organização, sempre faço a seguinte pergunta: Alguém já traçou um plano que tenha saído exatamente como o que foi originalmente planejado? Isso sempre provoca alguns sorrisos e risadas. As coisas mudam durante a execução de um plano. Há muitas incógnitas quando o plano estratégico original é montado, e elas causam problemas quando vêm à tona. Sabendo disso, a última parte do Hoshin Kanri é um ciclo PDCA muito rápido, quando aplicamos as fases de Verificar/Agir em ciclos de lotes pequenos e frequentes.

PDCA (Figura 12.4) é a sigla [em inglês] de Planejar, Fazer, Verificar, Agir, o ciclo tornado famoso por W. Edwards Deming, que muitos consideram o "pai do controle de qualidade moderno", baseado em seu estudo sobre o ciclo de Shewhart.

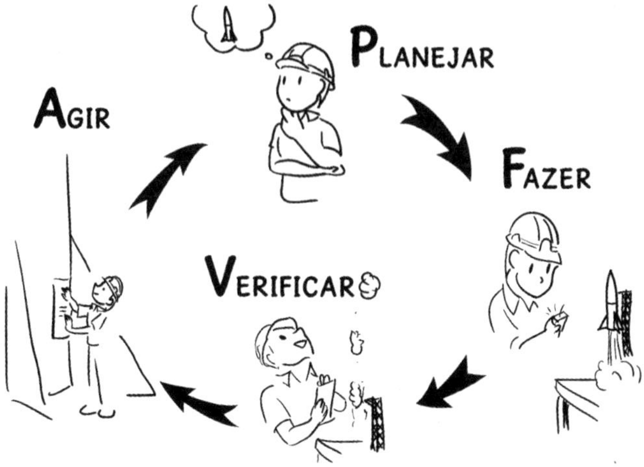

FIGURA 12.4
PDCA.

PDCA é baseado no método científico, que pode ser resumido como

- hipótese,
- experimento,
- avaliação.

Esses itens correspondem a Planejar, Fazer e Verificar; Agir completa o ciclo e nos leva de volta ao início, com mudanças no plano/hipótese com base no que aprendemos.

Ao pensar sobre isso e como se aplica à estratégia, alguns belos exemplos me vêm à mente. Um dos que eu gostaria de destacar é o do general Dwight D. Eisenhower, comandante supremo das Forças Aliadas na invasão da Europa pelas praias da Normandia no Dia D, 6 de junho de 1944. Eisenhower e sua equipe traçaram um plano que continua sendo a maior invasão anfíbia da história. O plano foi sendo implantado em várias unidades, tornando-se cada vez mais tático e detalhado à medida que se aproximava das tropas da linha de frente. Durante o planejamento, eles se depararam com muitas incógnitas preocupantes — condições climáticas, lua, marés e correntezas, poderio e prontidão das forças nazistas. Seria o bombardeio naval eficaz?

Será que eles seguiram rigidamente o plano? Ou tinham um plano geral com objetivos que deviam ser alcançados, mas com táticas de última hora a serem executadas com um rápido processo de Verificar/Agir no dia da batalha?

É claro que houve muitos miniciclos rápidos de Verificar/Agir à medida que aprendiam mais sobre as incógnitas. Os planos detalhados foram alterados para poder atender aos objetivos gerais.

O plano é uma hipótese: "Se realizarmos essas ações nesse período de tempo, tais resultados serão obtidos."

A chave para uma hipótese é ser testável e ser binária. Isso significa que podemos reduzir a hipótese a uma questão de sim/não. Obtivemos ou não os resultados esperados. Muitas vezes eles são expressos em vermelho ou verde, que são ótimos elementos visuais para uma situação binária. Pessoalmente, não sou a favor do âmbar/amarelo, por não ser consistente com o método científico e muitas vezes ser mal utilizado pelas organizações como forma de esconder a verdade.

Minha observação da maioria das organizações é que elas mantêm uma revisão mensal ou trimestral de seus planos estratégicos. As reuniões costumam se desenrolar da seguinte forma:

- A maior parte do tempo é gasto na cor verde ou em itens em boas condições. São formuladas explicações longas e detalhadas e todos se sentem satisfeitos com elas.
- Apenas um curto período de tempo, geralmente cinco minutos ou menos, é deixado para o final da reunião para revisão dos itens na cor vermelha, que precisam de mais cuidado. Não se detalha nenhuma resolução de problemas e uns poucos itens de ação são atribuídos às pressas.

Em resumo, um processo de Verificar/Agir superficial, mesmo nos momentos pouco frequentes em que é realizado.

Como já mencionado, a maioria das empresas passa a maior parte do tempo nas fases Planejar e/ou Fazer. Dedica-se muito pouco tempo a Verificar e Agir, e em geral pouco muda no processo de gerenciamento. Mesmo quando Verificar é aplicado, costuma ser uma verificação dos resultados, não uma verificação completa da hipótese.

Agora compare isso com um processo Toyota de Verificar e Agir.

A hipótese continua a mesma: "Se realizarmos essas ações nesse período de tempo, tais resultados serão obtidos." As perguntas feitas em torno do tema seriam:

- Os resultados esperados foram alcançados?

- Nossos planos foram executados?
- Os prazos planejados foram cumpridos?
- A execução do plano obteve os resultados desejados?

Uau! Isso é muito mais rico, e com muito mais a ser explorado e analisado. Por essa razão, a maior parte do tempo (até 90%) das reuniões de Verificar/Agir trata de lidar com itens de cor vermelha — mas os itens de cor vermelha não são apenas resultados; são qualquer coisa que se desvie do plano. Isso nos permite entrar na fase de Agir, que implica:

- iniciar a resolução de problemas em todas as situações em vermelho,
- padronizar e se concentrar em quaisquer pontos de aprendizado.

Muitas vezes, isso é registrado em um livro de conhecimento, para garantir que a organização continue desenvolvendo sua capacitação.

PROCESSO DE GESTÃO

Em ambos os casos, precisamos refletir sobre por que as coisas tomam a forma de vermelho ou de verde. Essa reflexão a fundo é uma fonte de ideias que ajuda a seguir fortalecendo nossos sistemas.

Esse processo geral se desenvolve no sistema de gestão. O sistema de gestão para a estratégia é centrado no processo anual. Ele segue o seguinte processo:

- Desenvolver o plano:
  - refletir sobre os resultados e a execução do plano do ano anterior,
  - considerar o Verdadeiro Norte e os objetivos e estratégias do ano corrente,
  - determinar as barreiras que impedem a realização dos objetivos,
  - desenvolver contramedidas para essas barreiras ou problemas.
- Implantar o plano:
  - atribuir pensadores-chave,

    - *catchball* [termo usado no Hoshin Kanri para discussão e alinhamento da estratégia],
    - determinar as competências necessárias para os recursos.
- Verificar o plano:
    - ciclos rápidos e velozes,
    - trabalho padronizado para a gestão,
    - tornar o status visual.
- Ajustar o plano:
    - pontos de reflexão e aprendizado,
    - no meio e no final do ano, uma reflexão mais a fundo sobre os objetivos e a execução do plano,
    - identificar sistemas que precisam ser fortalecidos.
- Livro do conhecimento para registrar os aprendizados-chave.

CATCHBALL

Esse mesmo processo básico de gestão existe em todos os níveis da organização. Para vincular os níveis e implantar a árvore de atividade focada dentro da organização, precisamos utilizar um processo chamado *catchball.*

Catchball é um processo que vincula as estratégias à organização funcional e permite que elas sejam implantadas em toda a empresa. É o oposto do gerenciamento com objetivos gerais, como reduzir custos em 5% em toda parte. Baseia-se no princípio de que as pessoas mais próximas ao trabalho sabem mais sobre ele e os problemas associados, e portanto devem estar envolvidas na definição das táticas que permitirão que as estratégias sejam cumpridas. Permite que as estratégias sejam traduzidas à medida que são implantadas em toda a organização. Conforme elas são implantadas, tornam-se cada vez mais concretas à medida que se aproximam do fluxo de valor. Conforme são traduzidas, o *catchball* força um diálogo franco e baseado em fatos sobre a tradução. Ideias são jogadas para a frente e para trás. Todas as partes do plano estão abertas a discussão. As sessões geralmente são curtas e repetidas várias vezes, aproximando cada vez mais as equipes do consenso. Quando se chega ao consenso, os planos são assinados e definidos para o ano. A chave é jogar muitas ideias fora e manter um diálogo bom e aberto sem divagar com histórias pessoais. Isso cria adesão e elimina muitas barreiras organizacionais tradicionais e desculpas para a implantação da estratégia.

O PENSADOR-CHAVE

Para facilitar esse processo e garantir que o plano otimize todo o fluxo de valor e não apenas unidades individuais, usamos um funcionário chamado pensador-chave. Ele deve ser uma pessoa capaz de enxergar todo o horizonte e reunir vários grupos para a obtenção de um consenso. Um pensador-chave deve ser também a consciência do grupo, para garantir que os verdadeiros problemas sejam postos na mesa. Em geral, trata-se de uma pessoa mais antiga na organização, e portanto com experiência e influência política para fazer as coisas acontecerem, mesmo se não tiver uma responsabilidade de linha.

Cada área de foco teria um pensador-chave responsável por:

- facilitar o processo geral de *catchball*,
- captar as ideias decorrentes do *catchball* e retrabalhá-las no plano,
- produzir o relatório A3,
- garantir que os problemas venham à tona no Verificar/Agir,
- apoiar a resolução de problemas.

Exemplos típicos de um pensador-chave seriam:

- um engenheiro-chefe de desenvolvimento ou Shusa,
- um administrador financeiro para custo A3,
- um gerente da cadeia de suprimentos para distribuir o A3.

Em resumo, o pensador-chave precisa ser um funcionário sênior que possa romper barreiras na organização para fazer que o valor flua para os clientes.

A3

Finalmente, para manter as coisas cristalinas, usamos uma metodologia chamada A3 para decantar as coisas à sua pura essência, o que nos permite manter o foco. Lembro-me de uma vez ter perguntado ao meu sensei o que era A3 e vê-lo abrir um sorriso. Achei que era alguma outra técnica da Toyota, e fiquei surpreso ao saber que se referia a uma folha de papel de tamanho A3. Qualquer pessoa fora dos Estados Unidos sabe que A2, A3, A4, etc. referem-se a dimensões de uma folha de papel. Nesse caso, o A3 tem o tamanho de uma folha de papel de 29,7 cm × 42 cm. A especificidade de um A3 é englobar todo o processo de gestão elaborado em um único pedaço de papel. Ele é apresentado da seguinte forma (Figura 12.5):

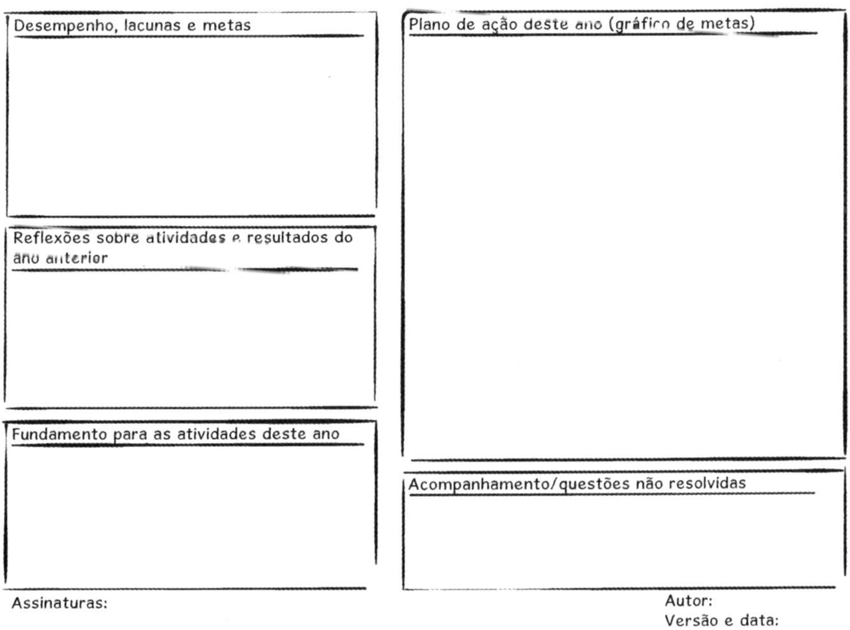

FIGURA 12.5
A3

- O lado superior esquerdo consiste no plano de fundo e um enunciado geral do problema.
- A parte central e inferior esquerda contém o resumo da reflexão, a análise causal e a conclusão apresentada como uma hipótese.
- O lado direito consiste das contramedidas em forma de um plano, incluindo quem faz o quê e quando.
- Por fim, o lado inferior direito mostra problemas não resolvidos que precisam de acompanhamento.

O *catchball* e as reuniões continuam refinando o A3 até cristalizar a estratégia em um plano concreto. Reduzir a estratégia a um A3 permite ao pensador-chave narrá-la como uma história. O Hoshin Kanri aborda a estratégia como uma contação de história. Ouvir uma história interessante, persuasiva e convincente torna-se atraente para os membros da nossa equipe. As pessoas prestam atenção. Relaxam e se sentem livres para dialogar. Entendem a razão e concordam, tornando a execução do plano muito mais suave.

A chave é que a história contada num A3 deve ser um conto, não um romance volumoso como *Guerra e paz*, do grande escritor russo Liev Tolstói. Transformar a história em um conto requer tempo. As sessões de *catchball* ajudam, mas o A3 deve ser refinado até sua essência, o que facilita a comunicação.

Há uma frase famosa de Blaise Pascal que resume o conceito por trás de um A3: "Eu teria escrito uma carta mais curta, mas não tive tempo."

Não tenha pressa em refinar a história. Use diagramas simples, marcadores e recursos visuais — uma imagem vale mais do que mil palavras. Por fim, não caia na armadilha de tentar espremer o máximo possível de informações em um A3 usando fonte tamanho 6. Facilite a leitura. Menos é mais!

Leva tempo para reunir nossos pensamentos para contar uma história curta. Lean é reduzir o desperdício, e o A3 é uma metodologia-chave para ajudar a reduzir o desperdício no processo de gestão. Assim que o A3 é aprovado, podemos usá-lo como base do processo de Verificar/Agir.

O PODER DO HOSHIN

Meu colega Darril Wilburn costuma citar esse exemplo ao explicar o poder do Hoshin de focar uma organização nas coisas importantes e ilustrar a disciplina da Toyota em levar um plano adiante. Em 2000, a Toyota Motor Corporation no Japão estabeleceu sua Visão 2010. Essa visão foi usada para definir itens Hoshin de médio a longo prazos em regiões do mundo todo. Ficou determinado que a região americana deveria ter, como um de seus temas, a "Autossuficiência".

Na época eu trabalhava em recursos humanos na sede americana da fábrica, e fazia parte de uma das equipes encarregadas de entender e implantar parte do Hoshin para lidar com a "Autossuficiência". Primeiro, a liderança considerou o que significava autossuficiência. Foi determinado que uma maneira de medi-la era o número de recursos de engenharia japoneses necessários para conduzir uma grande mudança de modelo. Digamos que no ano 2000 eram necessários cem desses recursos. Se pudéssemos reduzir esse número a zero até 2010, pelo menos por essa medida seríamos considerados autossuficientes. (Havia muitos outros indicadores de autossuficiência.)

Um dos elementos-chave da função *catchball* é conseguir que o nível anterior da organização transmita os objetivos para seu próximo nível, para que se entenda sua importância. Nossa equipe de trabalho multifuncional recebeu o objetivo de recrutar e desenvolver a próxima geração de engenheiros tendo como objetivo a autossuficiência. Continuamos a detalhar esse objetivo e determinamos que, para ser autossuficientes, precisávamos aumentar a capacidade das cooperativas de engenharia e eventuais novas contratações. Houve inúmeras atividades que precederam esse ponto, mas os destaques incluíram selecionar novas universidades nas quais mirar para identificar novos talentos e desenvolver um programa que facilitasse o desenvolvimento rápido de competência e experiência com mudanças de modelo. Chamamos isso de Programa de Engenheiros em Treinamento.

Como acontece muitas vezes, as pessoas da equipe mudam, e essa equipe não foi exceção. Assim que desenvolvemos o plano, fui transferido para outra regional da Toyota. O bom planejamento facilitou a transferência de funções, os programas foram desenvolvidos e o foco de recrutamento, ajustado. O plano continuou acontecendo sem mim.

Em 2008, depois de ter saído da Toyota, fui convidado a voltar para realizar treinamento em resolução de problemas para a equipe de gerenciamento e engenheiros em uma das sedes. Durante uma das aulas, estávamos nos conhecendo e uma das alunas se apresentou como recém-contratada e recém-formada da primeira turma do Programa de Engenheiros em Treinamento. Para mim foi um momento maravilhoso, por várias razões. Primeiro, como culminação de um projeto iniciado muitos anos antes. Segundo, pela disciplina necessária para uma empresa manter o foco num objetivo por tanto tempo, apesar das mudanças na liderança e na composição da equipe. Expliquei à aluna que ela era uma contramedida viva e pulsante para um problema identificado oito anos antes no Japão. Provavelmente ela estava entrando no ensino médio quando foi, de certa forma, "sonhada". Fiquei tão empolgado ao conhecê-la que cheguei a abraçá-la (da maneira menos ofensiva possível e que não infringisse a política da empresa). Não tenho detalhes sobre o sucesso que a Toyota Motor Manufacturing North

America obteve em preencher a lacuna de suporte à mudança de modelo necessária, mas tenho certeza de que ao menos um dos planos foi desenvolvido e implantado.

Esse é o poder do Hoshin: esclarecer as coisas certas a fazer e fornecer a estrutura para a disciplina necessária para que isso aconteça.

RESUMO

O Hoshin Kanri é um sistema simples e elegante para planejamento estratégico de uma organização, mas não é fácil de dominar. Minha experiência mostra que a maioria das organizações leva três anos para aprender o processo, o que parece muito tempo, mas são apenas três ciclos do processo anual. A chave é começar sabendo para onde você está indo e o que o impede de chegar lá.

ÍNDICE REMISSIVO

D

E

F

G

H

L

Q

R

S

ESTE LIVRO FOI COMPOSTO EM MINION PRO CORPO 11 POR 14,6 E
IMPRESSO SOBRE PAPEL AVENA 80 g/m² NAS OFICINAS DA RETTEC ARTES
GRÁFICAS E EDITORA, SÃO PAULO — SP, EM SETEMBRO DE 2023